本著作属于浙江省重点培育
浙江省文化产业创新发展研究院

中国出版业
"走出去"研究

潘文年 著

南京大学出版社

图书在版编目(CIP)数据

中国出版业"走出去"研究 / 潘文年著.—南京：
南京大学出版社，2018.12
ISBN 978 - 7 - 305 - 19610 - 2

Ⅰ.①中…　Ⅱ.①潘…　Ⅲ.①出版业－研究－中国
Ⅳ.①G239.2

中国版本图书馆 CIP 数据核字(2017)第 286367 号

出版发行　南京大学出版社
社　　址　南京市汉口路 22 号　　　　　邮　编 210093
出 版 人　金鑫荣

书　　名　中国出版业"走出去"研究
著　　者　潘文年
责任编辑　郭艳娟

照　　排　南京紫藤制版印务中心
印　　刷　南通印刷总厂有限公司
开　　本　880×1230　1/32　印张 9.25　字数 238 千
版　　次　2018 年 12 月第 1 版　2018 年 12 月第 1 次印刷
ISBN 978 - 7 - 305 - 19610 - 2
定　　价　39.00 元

网　　址　http：//www.njupco.com
官方微博　http：//weibo.com/njupco
官方微信　njupress
销售咨询　(025)83594756

南京大学出版研究院丛书编辑委员会

总　序

商务印书馆元老张元济先生曾言:"盖出版之事,可以提携多数国民,似比教育少数英才尤要。"古往今来,出版早已成为人类文明的播种机、社会进步的发动机。

南京大学是国内最早开展出版教育的高校之一。 1928 年,南京大学前身之一的金陵大学开设了图书专修科,包括"重要书籍研究"、"图书流通"等课程。 1985 年,南京大学恢复图书馆学系。 翌年,图书馆学专业硕士学位点获得批准。 1987年,学校在图书馆学硕士点下设立了编辑出版研究专业方向,开始培养出版方向的研究生。 图书馆学侧重对图书的流通、收藏、利用等方面的研究,而编辑出版学侧重于图书的生产制作。 通过这样的学科设置,一个从图书生产、流通到典藏、利用的完整环节形成了。 1993 年,南京大学编辑出版学本科专业开始招生。 1998 年,南京大学出版科学研究所成立,这是当时全国高校中为数不多的研究所之一。 2003 年,出版科学研究所与南京大学公共管理学的公共管理硕士(MPA)专业合作,联合培养出版管理方向的公共管理硕士(MPA)。 2006年,原国家新闻出版总署设立"新闻出版总署南京大学出版人才培养基地"。 同年,南京大学设立了华东地区第一个出版学博士点。2009年，受国务院学位委员会办公室委托，南京大学出版学学科点与南京大学研究生院牵头论证了我国设置出版硕士专业学位议题。2010年，出版硕士设置方案获国家有关部门批准。2011年，该学科点成为全国出版专业学位研究生教育指导委员会秘书处所在单位，是目前南京大学唯一的一个专业学位秘书处。

2012年，在时任南京大学党委书记洪银兴教授的大力支持下，在原中国出版集团总裁聂震宁编审的努力下，江苏亚东建设发展集团有限公司向南京大学首批捐款200万元，作为南京大学出版研究专项基金，用于筹建南京大学出版研究院。2012年12月，在南京大学编辑出版学学科点的基础上，整合学校相关力量，学校发文成立南京大学出版研究院。

南京大学出版研究院以建设成为国内一流、国际知名的出版研究智库和出版教育培训机构为目标，全力推进出版学研究。编纂出版研究丛书是其中的一项重要战略。作为出版研究院的成果之一，该系列丛书致力于对我国出版理论与历史、出版实务、数字出版与文化产业发展等方面的研究，力求为我国出版业改革发展、提高国家文化软实力提供智力支持。

"多少事，从来急。天地转，光阴迫。一万年太久，只争朝夕。"时下，受技术驱动的出版业，正处于新一轮变革转型期。数字出版、媒体融合、知识服务一日千里。南京大学出版研究院将顺势而为、应时而变，紧扣时代与社会发展需要，为更多"弄潮儿"脱颖而出提供全方位的支持，最终服务于我国文化强国的建设。

南京大学出版研究院丛书编辑委员会

2017年12月

目　录

第一章　绪论 / 001

1.1　研究背景 / 003

1.1.1　"软实力"理论的提出 / 003

1.1.2　中国出版业"走出去"战略的实施 / 005

1.1.3　中国出版业"走出去"的现实状况 / 010

1.2　研究意义 / 012

1.3　研究范围和研究内容 / 013

1.3.1　研究范围 / 013

1.3.2　研究内容 / 014

1.4　研究综述 / 016

1.4.1　国内研究综述 / 016

1.4.2　国外研究综述 / 024

1.5　概念界定 / 024

1.5.1　"走出去" / 024

1.5.2　中国出版业"走出去" / 026

1.6 理论基础 / 031

1.6.1 全球化理论 / 031

1.6.2 "软实力"理论 / 034

1.6.3 出版的双重效应性理论 / 038

1.6.4 新制度经济学相关理论 / 039

1.7 研究方法 / 047

第二章 中国出版业"走出去"的动因与制度安排 / 049

2.1 中国出版业"走出去"的主要动因 / 051

2.1.1 政治动因 / 051

2.1.2 经济动因 / 054

2.1.3 文化动因 / 070

2.2 中国出版业"走出去"的制度安排 / 072

2.2.1 制度现状 / 073

2.2.2 制度激励 / 078

第三章 中国出版业"走出去"的现状分析 / 083

3.1 图书商品输出的现状 / 085

3.1.1 数量分析 / 085

3.1.2 问题分析 / 087

3.2 图书版权输出的现状 / 088

3.2.1 量化分析 / 088

3.2.2 问题分析 / 094

3.3 海外直接投资的现状 / 097

第四章　中国出版业"走出去"的基本模式 / 099

　4.1　图书商品输出：贸易式"走出去"模式 / 101

　　4.1.1　贸易式"走出去"模式的类别 / 101

　　4.1.2　贸易式"走出去"模式的利弊 / 104

　4.2　图书版权输出：契约式"走出去"模式 / 106

　　4.2.1　契约式"走出去"模式的影响因素 / 107

　　4.2.2　契约式"走出去"模式的利弊分析 / 109

　4.3　海外直接投资：投资式"走出去"模式 / 112

　　4.3.1　直接投资模式及其优劣 / 113

　　4.3.2　直接投资模式的基本类型 / 115

　　4.3.3　直接投资模式的比较分析 / 121

第五章　中国出版业"走出去"的主要风险 / 133

　5.1　中国出版业"走出去"的政治风险 / 135

　　5.1.1　中国出版业"走出去"政治风险的内涵 / 136

　　5.1.2　中国出版业"走出去"政治风险的根源 / 137

　　5.1.3　中国出版业"走出去"政治风险的防范 / 142

　5.2　中国出版业"走出去"的经济风险 / 147

　　5.2.1　中国出版业"走出去"经济风险的内涵分析 / 147

　　5.2.2　中国出版业"走出去"经济风险的主要类型和基
　　　　　本功能 / 149

　　5.2.3　中国出版业"走出去"经济风险的防范 / 152

　5.3　中国出版业"走出去"的文化风险 / 157

5.3.1 中国出版业跨国经营文化风险的基本内涵 / 157

5.3.2 中国出版业跨国经营文化风险的产生根源 / 159

5.3.3 中国出版业跨国经营文化风险的主要形式 / 162

5.3.4 中国出版业跨国经营文化风险的影响过程 / 165

5.3.5 中国出版业跨国经营文化风险的防范措施 / 167

第六章 中国出版业"走出去"的策略分析 / 175

6.1 基于政府主管部门的宏观策略 / 177

6.1.1 政府规制：中国出版业"走出去"的制度保障 / 177

6.1.2 角色主导：中国出版业"走出去"的政府策略 / 181

6.1.3 扶持鼓励：中国出版业"走出去"的海外借鉴 / 197

6.2 基于出版行业组织的中观策略 / 203

6.2.1 行业组织作用的理论基础 / 204

6.2.2 中国出版业"走出去"：出版行业组织的作用分析 / 207

6.2.3 中国出版业"走出去"：出版行业组织的策略分析 / 213

6.3 基于图书出版企业的微观策略 / 221

6.3.1 "走出去"出版企业的经营性策略 / 222

6.3.2 "走出去"出版企业的内容性策略 / 242

第七章 结束语 / 257

7.1 研究结论 / 259

7.2 创新之处 / 260

7.3 不足之处 / 262

参考文献 / 264

 1. 中文著作 / 264

 2. 英文著作 / 272

 3. 中文期刊论文 / 275

 4. 英文期刊论文 / 279

 5. 网络文献 / 280

致谢 / 282

第一章 /

绪　论

这一章作为开篇第一章，主要阐述了中国出版业"走出去"的研究背景、研究意义、研究范围、研究内容及研究方法。在对国内外相关研究进行综述性梳理的基础上对"走出去"、"中国出版业'走出去'"等相关概念进行了界定。全球化理论、"软实力"理论、出版的双重效应性理论、新制度经济学相关理论等构成了中国出版业"走出去"研究的理论基础。

1.1 研究背景

1.1.1 "软实力"理论的提出

全球化浪潮汹涌澎湃，正猛烈地拍打着每一个国家。这种浪潮以经济全球化为核心，随之而来的是政治全球化和以文化理念、生活方式、价值观念、意识形态等为基本内涵的精神力量的跨越国界的扩张、交流、碰撞、冲突与融合，这种精神力量就是现在被众多国家及理论研究机构所关注的"软实力"。

1990年，曾在美国克林顿政府时期担任国家情报委员会主席和助理国防部长的哈佛大学肯尼迪政治学院教授约瑟夫·奈（Joseph S. Nye, Jr.）在其出版的《注定领导：美国力量本质的演变》①一书和同年发表在《外交政策》上的一篇名为《软实力》②的文章中第一次提出了"软实力"的概念。他指出，一个国家的综合国力通常包括硬实力和"软实力"两部分。"硬实力"由经济、科技、军事实力等体现出来；"软实力"则由文化、价值观念、社会制度、发展模式、生活方式、意识形态等的吸引力体现出来，它是一种"间接运用力量的方式"，是"同化式力量"，能"使人随我欲"，③它能"不战而屈人之兵"，是制

---

① Joseph S. Nye. Bound to Lead: The Changing Nature of American Power [M]. New York: Basic Books, 1990: 101.

② Joseph S. Nye. Soft Power [J]. Foreign Policy. No. 80, Fall 1990: 153-172.

③ Nye. Bound to Lead: The Changing Nature of American Power [M]. New York: Basic Books, 1990: 31.

胜的最高境界，也是国家战略之精髓，主要存在于文化、政治价值观和外交政策三种资源之中。这种理论提出后，人们对"软实力"在国际事务中的重要作用的认识越来越清晰，"软实力"受到了越来越多国家的重视。

但是，中国经过改革开放40年的发展，政治大国地位日益巩固，综合经济实力不断增强，图书出版产业快速发展[①]的同时，出现了一些与这种蓬勃向上的态势极不相称的现象。一是具有悠久历史的中国文化的海外传播力和国际影响力极其有限，与中国在国际舞台上的政治、经济地位极不相符；二是具有悠久历史的中国图书的海外扩散力[②]和海外影响力极其有限，与中国的图书出版能力和图书出版数量[③]极不相称。显然，这些不相称的现象影响了我国的大国形象，制约了我国国家形象的海外塑造和国家"软实力"的全球提升，阻滞了国家综合实力和国际影响力的总体提高，尤其是在西方文化通过各种途径和方式大量涌入中国的形势下，更是直接威胁到国家的文化安全。而中国文化的海外传播和国家文化"软实力"的总体提升

---

① 据历年《中国出版年鉴》记载，1978年年底，全国有出版社105家，全年共出版图书14987种，总印数37.7424亿册（张）；到2009年年底，全国共有出版社580家（包括副牌出版社35家），全国共出版图书301719种，其中新版图书共168296种，重版及重印的图书共133423种，总印数共70.37亿册（张），总印张共565.50亿印张，折合用纸量达132.93万吨，定价总金额为848.04亿元。

② 图书版权贸易是图书海外扩张力的重要体现。2003—2009年间，中国输往海外的图书版权种数分别是811种、1314种、1434种、2050种、2571种、2440种和3103种；同期，不计输往其他国家，仅美国输往中国的版权就分别是5506种、4068种、3932种、2957种、3878种、4011种、4533种，明显多于中国。

③ 2003—2009年，我国书籍出版种数分别是159716种、170485种、171461种、180979种、192912种、218667种和238868种。

又离不开出版业的快速、健康发展。出版业的最终产品是图书或其他电子出版物。这些出版物所承载的人类知识的共享性和传播性以及肩负的传承人类文明和提升国家文化"软实力"的历史使命使得中国出版业"走出去"成为一种历史的必然，也成为当代中国出版业前进过程中的一种常态。

1.1.2　中国出版业"走出去"战略的实施

中国出版业发展过程中上述不相称现象的出现已引起我国政府的高度重视，它们最终促成中国出版业"走出去"战略的提出，一系列推动出版业"走出去"的重大举措陆续出台了。

2003 年 1 月 15 日在北京召开的全国新闻出版局长会议上，新闻出版总署署长石宗源在报告中提出了推动我国新闻出版业进一步发展的"走出去"战略，此战略与同期提出的精品战略、集约化战略、科技兴业战略和人才战略并称为中国新闻出版业"五大战略"，号召和鼓励国内出版业加快对外开放的步伐，鼓励外向型出版单位特别是实力雄厚的出版集团去海外发展。同年，我国还全面启动了扶持中国图书"走出去"的"金水桥计划"，该计划旨在资助海外出版机构翻译和出版中国图书。

2004 年下半年，借鉴法国政府扶持本国图书输往海外的经验做法，国务院新闻办公室与新闻出版总署共同启动了以"向世界说明中国，让世界各国人民更完整、更真实地了解中国"为宗旨的"中国图书对外推广计划"，这是中国政府第一次资助中国图书的对外推广，以借此推动中国文化产业的"走出去"。该计划主要以资助翻译费的方式鼓励海外出版机构翻译、出版中国图书，使全球读者能够以自己熟悉的文字通过阅读中国图书来更好、更多地了解中国。截至 2009 年年底，"中国图书对外推广计划"工作小组已经与美国、德国、英国、荷兰、俄罗斯、法国、澳大利亚、日本、韩国、越南、巴西等 46 个国家（或地区）的 246 家出版社共签订了 1350 项资助出版协议，总共资助出版图书 1910 种，涉及 26 种语言文本，协议资助总金额共 7000 万元人民币，到 2010 年 3 月已有 559 种图书在海外正式出版。[①]

2006 年年底，新闻出版总署公布《新闻出版业"十一五"发展规划》，提出了推动中国新闻出版业"十一五"期间发展的八大战略。其中第七大战略是积极实施中国出版业"走出去"战略，主要内容有：（1）以海外的汉文化圈和西方主流文化市场为重点对象，采取积极措施努力推进出版业"走出去"、版权"走出去"、新闻出版业务"走出去"及资本"走出去"；（2）"走出去"的具体目标是实现 2010 年的实物出口量比 2001 年翻一番；（3）鼓励和支持国内的单位和个人到海外创立合法的出版、发行和印刷机构，带动中国图书、中国文化走向世界，合资、合作、参股、控股等方式均可灵活运用。

2007 年 3 月，新闻出版总署副署长柳斌杰在"中国图书对外推广计划"工作会议上提出了鼓励中国出版业"走出去"的八大政策。规定凡是实施中国出版业"走出去"战略的图书或者是列入"中国图书对外推广计划"的图书，出版时所需要的书号不受数量上的限制；国内大型出版单位申办图书出口权时，给予大力支持；鼓励国内出版机构创办面向海外市场和海外读者的内容各异、形式多样的外向型外语期刊；制定与"鼓励和扶持文化产品和服务出口的若干政策"相配套的有关文件；外向型出版企业、出版工程项目需要信贷资金支持时，积极协调国内相关金融机构给予帮助和配合；提供更多的政府资金，竭力办好国际书展，努力打造形式多样的中国图书对外推广平台；继续向"中国图书对外推广计划"提供资金支持；适时、积极表彰和奖励在中国图书"走出去"方面取得显著成绩的出版集团和出版社。

---

① 两大计划保驾护航 中国出口图书有望获资金扶持［EB/OL］.［2010 - 04 - 12］. http://news. xinmin. cn/rollnews/2010/04/12/4394465. html.

2007年4月11日，文化部、商务部、外交部、新闻出版总署、广电总局及国务院新闻办共同发布《文化产品和服务出口指导目录》，该目录的宗旨是发挥中华文化的传统优势，支持和鼓励文化企业积极参与国际竞争，提高它们的国际竞争力，带动中国文化产品和服务的出口。 具体做法是各部门在被列入该目录的项目中认定一批有助于弘扬中华民族优秀传统文化、有助于维护民族团结和国家统一、有助于发展中国与世界各国人民友谊，且具有比较优势与鲜明民族特色的"国家文化出口重点项目"；在符合该目录要求的文化企业中认定一批拥有国际文化贸易的专门人才、具有较强的国际市场竞争力以及信誉良好、守法经营的"国家文化出口重点企业"，依据有关规定在技术创新与市场开拓及海关通关等方面创造条件予以支持。

2007年10月，胡锦涛总书记在中共十七大报告中首次明确提出了"提高国家文化'软实力'"的战略思想，这表明我们党和国家已经把提升国家文化"软实力"作为实现中华民族伟大复兴的新的战略着眼点。 文化"软实力"是国家"软实力"的核心因素，主要指一个国家或地区文化的影响力、凝聚力和感召力，是现代社会发展的精神动力、智力支持和思想保证，是一个民族凝聚力和创造力的重要源泉，是一个国家综合国力竞争的重要因素。

从2009年开始，国家在"中国图书对外推广计划"的基础上又全面推动"中国文化著作翻译出版工程"，该工程以资助系列图书产品的出版为主，采取政府资助、联合翻译出版、商业运作发行等方式资助书稿的翻译费用和图书的出版及推广费用，旨在把更多的中国文化介绍给世界，让全世界更多的人了解中华文明、共享中华文明。 此外，国家还将从四个方面继续推动中国出版业"走出去"：一是做好图书商品出口与图书版权贸易工作；二是加大国际合作出版与境外直接出版的力度；三是借用海外力量扩大中国文化的国际影响；四是充分发挥北京国际图书博览会及法兰克福书展的宣传作用。

2009年10月，为了支持和鼓励适合海外市场读者需求的外向型图书的出版，有效地推动中国图书"走出去"，扩大中国文化的海外影响、提升国家文化"软实力"，也为了使中国出版业"走出去"活动趋于规范化、制度化和常态化，新闻出版总署正式启动"经典中国国际出版工程"，到2011年3月，共有207种图书获资金资助。该工程主要采用项目管理的方式资助外向型优秀图书选题的翻译和出版，资助范围涉及社会科学、自然科学、文学、语言、艺术、少儿等领域优秀图书的选题，代表各领域的最高水平，主要以中国经典传统文化和反映当代中国政治、经济、文化、科技和社会等方面发展变化为主要内容的精品图书为主，重点资助"中国学术名著系列"和"名家名译系列"两大子项目工程。

2010年12月9日，为了贯彻、落实国务院制定的《文化产业振兴规划》，提高中国出版物的国际市场份额及国际影响力，开拓中国出版物国际营销渠道，使中国图书更快捷地走向世界，新闻出版总署正式实施"中国出版物国际营销渠道拓展工程"。该工程包括"国际主流营销渠道合作计划"、"全球百家华文书店中国图书联展"以及"跨国网络书店培育计划"共三个子项目，拟在"十二五"期间，建构一个包括国际主流营销渠道、海外主要华文书店和重要国际网络书店在内的中国出版物海外立体营销网络体系，旨在推动数量更多的国内出版社出版的优秀中文版和外文版图书走向世界。目前，该项目中的"国际主流营销渠道合作计划"及"全球百家华文书店中国图书联展"两个子项目已正式开始全面实施。

此外，中国新闻出版总署还在积极筹划、制订"国际畅销书计划"，该计划拟对进入"国际畅销书计划"的图书项目给予包括政策、资金在内的大力扶持，争取在未来5到10年内打造出一批国际畅销书。

2011年12月，为贯彻党的十七大关于加强对外文化交流，增强中华文化国际传播力和影响力的精神，巩固和扩大应对国际金融危机冲击成果，落实《文化产业振兴规划》有关"走出去"的重点任务，结合《新闻出版业"十二五"发展规划》的实施，新闻出版总署制定了《新闻出版业"十二五"时期"走出去"发展规划》，分析了新闻出版业"走出去"的现状、问题和必要性，制定了我国新闻出版业"走出去"的指导思想、基本原则、主要目标和八大重点任务，提出了推动中国新闻出版业"走出去"的十一项政策措施。

2012年1月，为深入贯彻党的十七届六中全会精神，落实《新闻出版业"十二五"时期发展规划》及《新闻出版业"十二五"时期走出去发展规划》，切实提升我国新闻出版业的国际竞争力、传播力和影响力，推动新闻出版强国建设，新闻出版总署制定出台了《关于加快我国新闻出版业走出去的若干意见》，明确加快我国新闻出版业"走出去"的主要目标、重点任务和十项具体措施。

2014年3月，国务院发布《关于加快发展对外文化贸易的意见》，提出了加快我国文化贸易的指导思想、基本原则、发展目标和政策措施，进一步完善《文化产品和服务出口指导目录》，定期发布《国家文化出口重点企业目录》和《国家文化出口重点项目目录》，加大政策扶持力度。同一年，有关目标还相继实施了中外图书互译计划、重点新闻出版企业海外发展扶持计划、边疆新闻出版业走出去计划等，不断加大中国出版业"走出去"的支持力度。

2015年7月，国家新闻出版广电总局制定发布了《"十三五"国家重点图书、音像、电子出版物出版规划》，指出要继续深入实施出版"走出去"战略，加快国际传播能力建设，讲好中国故事，传播好中国声音，努力提高中国出版的国际竞争力，促进人类文明交流互鉴，推出一批不断增强中华文化国际影响力的出版物。

同一年，新闻出版广电总局还号召推进"经典中国"国际出版、"丝路书香工程"等重点工程、加快实施边疆地区新闻出版"走出去"扶持计划，重点翻译资助项目、丝路国家图书互译项目、汉语教材推广项目、境外参展项目、出版物数据库推广项目等，对丝路文化精品图书、中国主题图书、传统文化图书、优秀文学图书和原创少儿图书的翻译推广给予重点资助。

为调动海外版权购买者的积极性，新闻出版广电总局还启动实施"图书版权输出普遍奖励计划"，对已经出版但未获得资金扶持的，包括海外版权购买者在内的图书版权输出实行普遍奖励，全面提高海外版权购买者的版权输出积极性。此外，为充分利用多种对外交流渠道和活动平台，把文艺"走出去"纳入人文交流机制，国家新闻出版广电总局坚持"坚持标准、突出重点、结合实际、讲求效益"的工作原则，积极资助向世界推介我国优秀文艺作品。

2017年1月，文化部《"一带一路"文化发展行动计划（2016—2020年）》公布，该计划以"政府主导，开放包容；交融互鉴，创新发展；市场引导，互利共赢"为基本原则，以健全"一带一路"文化交流合作机制、完善"一带一路"文化交流合作平台、打造"一带一路"文化交流品牌、推动"一带一路"文化产业繁荣发展、促进"一带一路"文化贸易合作为重点任务。

1.1.3 中国出版业"走出去"的现实状况

在提升国家文化"软实力"的迫切需要和一系列支持、鼓励中国出版业"走出去"的政策措施的共同作用下，一方面，中国出版业传统的"走出去"模式——图书版权贸易的数量逐年增加（见表1-1）。

表 1-1　近年来我国图书版权输出一览表

2005	2006	2007	2008	2009	2010	2011	2012	2013	2014	2015	2016
1434	2050	2571	2440	3103	3880	5922	7568	7305	8088	7998	8328

（数据来源：历年《全国新闻出版业基本情况》数据单位：种）

另一方面，中国出版业"走出去"的模式也正由传统的图书商品输出、图书版权输出和图书合作出版逐渐向海外直接投资这一更高的层次迈进，国内一些实力雄厚的大型出版企业开始走出国门直接在海外新建分支机构，或兼并他国的出版企业。国内最早在海外设立的出版分公司是 1990 年科学出版社在美国纽约创建的分公司。2002 年，当时的中国外文局（现为中国国际出版集团）收购了美国的中国书刊社，在此基础上成立长河出版社（Long River Press），开创了 21 世纪中国出版业实体走向海外的先河；同年 6 月，上海外语教育出版社在美国纽约正式设立北美分社。2007 年 4 月 17 日，中国青年出版总社在英国伦敦正式成立中国青年出版社伦敦分社；9 月 19 日，中国出版对外贸易总公司与加拿大利盛公司合资建立中国现代书店列治文分店；9 月 20 日，中国出版集团公司的海外第一家合资出版公司——中国出版（巴黎）有限公司正式挂牌运营；10 月 3 日，中国出版集团公司和澳洲多元文化出版社在澳大利亚的新南威尔士州合资注册成立"中国出版（悉尼）有限公司"；2007 年 10 月，中国出版集团与美国培生教育集团合作成立了中国出版国际公司（纽约）。2008 年，中国出版集团在加拿大温哥华创立中国出版（温哥华）公司；这年 6 月，国内出版业跨国并购首案——湖南出版投资控股集团并购韩国阿里泉出版株式会社顺利完成；7 月 8 日，我国在海外投资成立的第一家医学专业出版机构——人民卫生出版社美国有限责任公司正式成立，同时收购了加拿大 BC 戴克出版公司的全部医学图书资产；8 月 1 日，中国出版集团公司在纽约与美国百盛公司共同投资开设了海外第一家新华书店分店。2009年3月，中国国际出版集团旗下的华语教学出版社在英国伦敦正式注册成立华语教学出版社伦敦分社；6月19日，中国出版集团公司在韩国首尔正式成立"中国出版（首尔）有限公司"（木兰出版社）；7月，杭州出版社在美国纽约成立美国华文出版社；7月13日，科学出版社在日本东京采取独资经营的方式设立科学出版社东京株式会社；11月，浙江省民营书商黄永军在英国伦敦注册成立新经典出版社（New Class Press），在2009年伦敦书展上第一次进入国际出版界的视野。此外，广州俏佳人、天津北洋音像出版社在美国设立了音像店，内蒙古新华书店在蒙古乌兰巴托开设了自己的书店，安徽出版集团在俄罗斯设立了新时代印刷有限公司……①这一切表明，在经济全球化、出版国际化和中国出版业"走出去"的战略背景下，中国出版业"走出去"的程度在逐步加深，步伐在逐步加快，规模在逐步加大，范围也越来越广，参与"走出去"的国内出版企业也必然会越来越多。因此，理论指导和理论研究的需要也越来越迫切，中国出版业"走出去"现象的理论研究已成为国内学术界无法回避的现实课题。

1.2 研究意义

汹涌澎湃的全球化浪潮冲击下，扩大中国文化的海外影响、树立国家的文化形象、提升国家文化"软实力"显得迫切而重要；同时，国际化也是全球化背景下中国出版业无法回避的现实选择，"走出去"必将成为中国出版业国际化、现代化进程中的一种常态。那么，中国出版业"走出去"的动因体现在哪些方面？中国出版业在"走出去"过程中将会遇到哪些特殊的风险？这些风险如何防范？中国出版业"走出去"可通过哪

---

① 潘文年.中国出版企业海外市场投资模式比较分析 [J].中国出版，2009（2）：37-41.

些基本模式来进行？ 如何在这些模式中进行选择？ 国内出版企业是中国出版业"走出去"的主体，但中国出版业"走出去"又离不开政府部门和行业组织的共同参与，那么，理论和现实层面上，面对复杂的国际、国内环境，国内出版企业又可以通过哪些策略的运用更好地促进中国出版业"走出去"？ 鉴于中国出版业"走出去"战略的提出及其实施实际上是以政府主管部门为主导、出版微观企业为主体、相关行业组织为协调而进行的一种制度安排，进行这种制度安排的目的是节省"走出去"过程中的交易费用，更好地推动中国出版业"走出去"。因此，本书拟运用新制度经济学相关理论，采用跨学科研究方法，结合中国出版业"走出去"的现状对中国出版业"走出去"涉及的上述问题进行系统、深入的研究。 理论上的意义体现在一方面是借鉴其他学科理论对中国出版业"走出去"这一当前新闻出版领域的热点问题进行较为系统的理论研究的一种尝试，并促使这一研究继续走向深入，另一方面也填补中国出版业理论研究在这一方面存在的空白；现实上的意义主要体现在中国出版业"走出去"是在中国这样一个特殊的国度、特殊的时期实行的一种文化目的和产业目的兼有而以文化目的为主的文化战略，进行"走出去"的动因分析、风险分析以及"走出去"过程的模式选择，并从宏观、中观、微观的角度提出相应的策略，必将有助于中国出版业"走出去"，有助于中国文化的海外传播，有助于国家"软实力"的总体提升、国家文化形象的国际塑造和国家综合实力的不断提高。

1.3 研究范围和研究内容

1.3.1 研究范围

改革开放以后，我国虽然有一些出版企业的图书产品通过商品贸易、版权贸易以及规模非常小的海外直接投资的方式在"走出去"，但规模、影响和效果都十分有限，在推动中国文化走向世界、扩大中国文化海外影响、提升国家文化"软实力"方面所起的作用也十分有限。 2003 年 1 月，中国政府正式提出中国出版业"走出去"战略并出台一系列支持、鼓励性的政策措施。 自此，中国出版业"走出去"战略上升为国家层面的战略，被纳入国家总体文化战略的一部分。 中国出版业"走出去"战略从企业战略层面上升至国家战略层面之后，受到了中国出版界的普遍关注和高度重视，呈现出良好的发展势头，取得了较为明显的成效。 因此，从时间跨度上看，本书的研究范围限定为 2003 年 1 月中国政府提出中国出版业"走出去"战略之后国内出版企业包括图书商品输出、图书版权输出和海外直接投资等在内的出版业"走出去"行为，尽可能进行全方位剖析。 从内容模式上看，由于中国出版业"走出去"尤其是海外直接投资（新建和并购）尚处于起步阶段，相当长的一段时间内中国出版业"走出去"的内容模式将是图书通过商品贸易、图书版权贸易和海外直接投资三种模式并存，因此这三种模式都被纳入本书的研究范围，也就是广义上的中国出版业"走出去"。 从媒体形态上看，目前人类出版活动的最终媒体形态有报纸、图书、期刊、数字出版物、电子影像出版物、网络出版物等多种类型，为便于研究，本书选取历史最悠久、最具代表性的图书出版业作为研究对象，不涉及其他媒体形态出版活动的"走出去"。

1.3.2　研究内容

由于中国出版业"走出去"是一项工程庞大的系统性工程，涉及的研究领域非常广泛，鉴于研究资料的收集状况、个人研究能力与研究精力的限制和"走出去"现实过程中亟待解决的理论问题和现实指导之所需，在上述研究范围的总体框架内，本书拟主要确定以下五个方面的研究内容：

（1）中国出版业"走出去"的动因分析

2003 年 1 月中国出版业"走出去"战略的提出及一系列扶

持性优惠政策的相继实施，标志着中国出版业"走出去"已经从企业战略的层面上升到国家战略的层面。那么，中国出版业"走出去"的动因主要体现在哪些方面？在这些动因的促进下，中国政府又进行了哪些相应的制度安排？这一部分将就这些问题进行探索。

（2）中国出版业"走出去"的现状分析

2003年1月，新闻出版总署第一次提出推动新闻出版业发展的"走出去"战略，号召国内出版业加快对外开放步伐，鼓励一切外向型新闻出版单位尤其是实力雄厚的出版集团向海外发展。此后，国家相继出台了一系列鼓励中国出版业"走出去"的政策措施。这意味着中国出版业"走出去"从企业微观层面的自觉行为正式上升为国家宏观层面的文化战略。那么，到目前为止，中国出版业"走出去"的发展现状如何？本书拟运用相关数据从图书商品贸易、图书版权贸易和海外直接投资三个方面进行中国出版业"走出去"的现状分析。

（3）中国出版业"走出去"的模式分析

目前中国出版业主要通过图书商品输出、图书版权输出和海外直接投资三种基本途径进行"走出去"。与此对应，分别形成了贸易式、契约式和投资式三种"走出去"的基本模式。本书将运用相关理论着力探讨中国出版业"走出去"三种基本模式的类型、优劣和利弊，旨在提供"走出去"模式选择上的理论指导。

（4）中国出版业"走出去"的风险分析

全球化背景下，中国出版业"走出去"实质是中国出版业的一种国际化经营行为，遭遇来自于政治、商业、文化、法律、语言等一系列的风险在所难免。本书将重点探讨中国出版业"走出去"面临的政治风险、经济风险和文化风险的基本内涵、主要类型、基本来源及防范措施。

（5）中国出版业"走出去"的策略分析

中国出版业"走出去"离不开政府主管部门、出版行业组织和国内出版企业的共同参与，恰当的策略运用将有助于发挥它们各自的角色作用，共同推动中国出版业"走出去"。本书将运用新制度经济学理论从规划制定策略、资源整合策略、平台建构策略等方面探讨政府主管部门的宏观策略，从机构专设策略、角色代表策略、角色宣传策略、角色服务策略等方面探讨出版行业组织的中观策略，从本土化策略、国际化策略、多元化策略、品牌化策略等方面分别探讨国内出版企业"走出去"过程中可资实施的微观策略。

1.4 研究综述

1.4.1 国内研究综述

2003 年 1 月 15 日，新闻出版总署在北京召开的全国新闻出版局长会议上正式提出新闻出版业"走出去"战略，号召国内出版业加快对外开放步伐，鼓励一切外向型新闻出版单位尤其是实力雄厚的出版集团向海外发展。此后，随着出版业"走出去"战略的进一步实施，中国出版业"走出去"的理论研究也受到越来越多的专家、学者的关注，研究成果逐年增多。

中国出版业"走出去"战略提出的初期，学者们研究的重点是"走出去"的战略和策略，关注的是如何使中国出版业"走出去"。最先出现在期刊上的一篇研究论文是龙文善在《出版参考》2003 年 7 月（上旬刊）刊发的《出版"走出去"有哪些战略？》一文，作者指出中国出版"走出去"的战略主要有：（1）中文图书的出口；（2）版权贸易；（3）合作出版；（4）开设书店。[①] 此后，王化鹏于 2003 年 9 月在《出版发行研究》上撰文指出，中国出版"走出去"的方法主要有：（1）要

---

① 龙文善.出版"走出去"有哪些战略？ [J].出版参考，2003（7）
上旬刊：8.

向出版单位宣传"出版走向世界"的重要意义；（2）建立出版物走向世界基金；（3）改进和协调中文图书对外发行多头并进的局面；（4）培养出版物版权贸易的专门人才；（5）实施本土化策略；（6）借船出海。①

随后的几年里，中国出版业"走出去"逐步推进，一些专家学者继续沿着这一思路进行研究，对中国出版业"走出去"的策略、战略和方法进行了自己的思考。如张子辉提出了经济先行的战略和具体的策略措施。②罗家如从版权贸易的角度分析了中国出版业"走出去"的问题后，从政府、出版机构和版权代理机构三个方面提出了推动中国出版"走出去"的策略。③林余荫在分析了我国版权贸易现状和当前我国出版"走出去"战略存在的问题和困难后提出了逐步加快出版业"走出去"的六大策略，分别是进一步认清出版业"走出去"战略的重要意义、政府要扶持、资助文化输出、进一步扩大版权输出地范围、加强行业组织的作用、加大专业人才培养力度和创新版权出口贸易形式。④张洪波、貌晓星分析了中国出版"走出去"的六大认识误区和"中国出版走出去"战略的内涵后提出了实施"中国出版走出去"战略的途径。⑤于永湛指出，可以从六个方面加快中国出版走出去的步伐，分别是创新工作机制、培

---

① 王化鹏.谈谈中国的出版走向世界［J］.出版发行研究，2003（9）：43-47.

② 张子辉.出版走出去，经济可先行［J］.出版发行研究，2008（2）：45-48.

③ 罗家如.从版权贸易看中国出版"走出去"［J］.中国编辑，2005（4）：20-23.

④ 林余荫.从版权贸易看中国出版"走出去"战略［J］.广西民族大学学报，2005（12）：359-361.

⑤ 张洪波，貌晓星.多管齐下，力推"中国出版走出去"［J］.中国编辑，2005（4）：24-27.

育市场主体、加强内容开发、重视人才培养、打造营销网络和
落实扶持措施。① 芦珊珊提出了中国出版业实施差异化方法
"走出去"的必要性以及具体的实施方法。② 李新从加强对中
译外翻译人才的培养、广泛联系国外翻译力量、加强国际出版
合作三个方面，论述了解决出版"走出去"中的翻译问题。③
刘玉军指出了中国出版业"走出去"的四种具体做法，分别是
国际图书市场调研、面向国际图书市场的推介工作、全程国际
运作、吸引欧美主流新闻媒体关注。④ 宋定西则以台湾汉光文
化公司为例，专门分析了台湾图书走向世界的过去和现在的经
营经验和理念。⑤ 朱朝旭提出了加快中国出版业国际化步伐的
八大策略，分别是：制定规划，建立协调机制；出版资助；占领
两个市场；加强信息交流，积极输出版权；以进带出；利用重
大文化交流活动，扩大影响；设立奖励机制，调动各方面的积
极性；建立稳定的海外出版发行网络，实现本土化。⑥ 赵斌认
为，中国出版业要想走向西方主流社会：（1）最好是在当地办
出版社，或者是购买当地出版社；（2）用当地语言出版；
（3）书的包装要和当地出版没有两样；（4）"学会讲洋八股"；

---

① 于永湛.关于中国出版走出去的思考 [J].出版科学，2006（2）：
4 - 7.

② 芦珊珊.论中国出版"走出去"的差异化战略 [J].编辑之友，
2008（4）：32 - 34.

③ 李新.如何解决出版"走出去"中的翻译问题 [J].出版参考，
2008（11）上旬刊：15.

④ 刘玉军.试论全球经济一体化背景下中国图书"走出去" [J].北
京印刷学院学报，2008（5）：12 - 15.

⑤ 宋定西.台湾图书走向世界的经营理念和经验 [J].出版参考，
2003（12）下旬刊：31.

⑥ 朱朝旭.为中国出版走出去出良策 [J].出版参考，2004（8）下
旬刊：19 - 20.

（5）"用放大镜和望远镜，不要用广角镜"；（6）写作角度宁巧毋拙，行文标题宁拙毋巧；（7）百闻不如一见；（8）他山之石，可以攻玉。① 阙道隆指出，中国出版业要想走向世界，需要了解世界文化和外国读者，精心策划走向世界的出版项目，不断提高中华民族的文化创造力，用国际通用语言介绍中国文化。② 余敏主持的"中国出版走向世界"课题组研究了华文出版物与我国的外文出版物在英、德的市场状况，中资图书发行机构在英、德的运营现状，结合"中国出版走向世界"的几个关键问题分析了"中国出版走向世界"的难点，最后对"中国出版走向世界"提出了五点建议。③ 潘文年则分析了中国图书走向世界过程中政府部门的规划制定策略、产业培植策略、资源整合策略、导向鼓励策略和平台建构策略。④

此外，中国出版业"走出去"战略提出以来，国内专家、学者围绕着中国出版业"走出去"还进行了其他几方面的研究。

中国出版业"走出去"途径研究方面。王化鹏指出，中国出版"走出去"的途径主要有通过图书贸易公司向外销售已经出版的国内图书、对外版权贸易、中文合作出版、国内出版外文图书向外发行、在境外直接办出版社、在国外推行出版本土化战略、利用国外出版界现有的渠道帮助中国出版七种途径。⑤ 于永湛撰文指出，中国出版物走出去的主要渠道有出版物出

---

① 赵斌. 中国出版如何走出去 [J]. 出版广角，2004（10）：36-37.

② 阙道隆. 中国出版怎样走向世界 [J]. 编辑学刊，2005（2）：4-5.

③ 余敏. 中国出版走向世界的难点和建议 [J]. 出版发行研究，2004（12）：70-75.

④ 潘文年. 论中国图书走向世界过程中政府的策略 [J]. 中国出版，2009（9）：50-53.

⑤ 王化鹏. 谈谈中国的出版走向世界 [J]. 出版发行研究，2003（9）：43-47.

口、版权贸易和海外办出版。① 刘玉军认为,中国出版业"走出去"有输出版权、合作出版、参与国际出版项目、在当地注册出版社和到当地建立销售网点五大途径。② 潘文年分析了中国图书走向世界的图书商品贸易、图书版权贸易和海外直接投资三种基本模式的特点、优势和缺陷。③ 此外,潘文年还专门撰文分析了中国出版业"走出去"的新建式投资模式,运用国际经济学理论探讨了新建式投资的基本内涵、类型及其选择,分析了这种模式的优劣。④

中国出版业"走出去"的问题研究方面。 罗家如从版权贸易的角度指出,中国出版业"走出去"的问题主要集中在体制、资金、创新能力、市场运作以及人才五个方面。⑤ 刘玉军指出,中国出版业"走出去"应注意五个问题,分别是在"内容为王"原则下的选题问题、国际性的学者和作家问题、翻译问题、跨文化表达问题和编辑问题。⑥ 朱朝旭指出,中国出版"走出去"的制约因素主要集中在意识形态问题、文化差异、

① 于永湛.关于中国出版走出去的思考 [J].出版科学,2006 (2):4-7.
② 刘玉军.试论全球经济一体化背景下中国图书"走出去" [J].北京印刷学院学报,2008 (5):12-15.
③ 潘文年.中国图书走向世界的模式分析 [J].现代传播,2009 (4):92-94.
④ 潘文年.中国出版业"走出去":新建式投资模式分析 [J].科技与出版,2009 (10):16-19.
⑤ 罗家如.从版权贸易看中国出版"走出去" [J].中国编辑,2005 (4):20-23.
⑥ 刘玉军.试论全球经济一体化背景下中国图书"走出去" [J].北京印刷学院学报,2008 (5):12-15.

语言障碍、编辑出版模式差异和缺乏海外出版发行基地五个方面。[①] 任志茜在其硕士学位论文中指出中国图书走出去战略制定的外力是国家政策和支持，内力是出版社制定选题战略，提高版权经营水平。 中国图书走出去要抓住发展热点和重视中文图书出版市场的整合和东南亚市场的拓展。[②]

中国出版业"走出去"的目标研究方面。 洪九来、陈红进撰文指出，中国出版"走出去"的目标取向主要集中在三个方面：(1) 现实的经贸层面：减少版权贸易巨大逆差的需要；(2) 艰难的体制层面：拉动出版业企业化改制的步伐；(3) 深远的文化层面：提升中国"软实力"的国际竞争力。

中国出版业"走出去"具体案例分析方面。 张雨晗分析了河南出版业"走出去"的时代背景、文化资源和四大战略步骤：(1) 加快新闻出版人才队伍建设，提升自身竞争力；(2) 分析海外市场，研究海外读者需求；(3) 寻求国内外出版合作伙伴，强强联合，互利双赢；(4) 在境外建立出版基地。[③] 张洪、田杨则专门分析了辽宁出版集团走出去的实践和对策，总结了辽宁出版集团走出去的三大做法：(1) 体制和机制创新，为辽宁出版集团在国际市场上塑造市场主体地位奠定了坚实的基础；(2) 多元化、阶段化的"走出去"方式，使对话国际出版市场的"辽宁声音"逐渐融入主流；(3) 技术基础和人才资源是辽宁出版集团进入国际市场、实现对外传播的保障。[④]

---

① 朱朝旭. 为中国出版走出去出良策 [J]. 出版参考，2004 (8) 下旬刊：19 - 20.

② 任志茜. 中国出版业走出去发展战略初探 [J]. 河北大学传播学硕士论文，2006.5.

③ 张雨晗. 河南出版"走出去"战略分析 [J]. 出版发行研究，2007 (8)：67 - 69.

④ 张洪，田杨. 辽宁出版集团"走出去"的实践与探索 [J]. 出版发行研究，2006 (12)：62 - 64.

　　中国出版业"走出去"的相关研究。据笔者查阅文献资料，目前如中国出版业海外扩张、中国出版业跨国经营等与中国出版业"走出去"相关方面的研究成果数量非常有限。与中国出版业"走出去"相关的研究主要集中在中国出版业国际化研究方面，出现了一些单篇研究论文。如邵益文撰文认为，中国出版国际化的实质是为了扩大各国间的文化交流，出版业国际化的主要障碍是语言和文字，出版业国际化的目的是更好地为更多读者服务，并提出了具体的服务措施。① 谢清风分析了出版国际化和本土化的辩证关系和出版国际化的必然性，指出出版国际化的核心是打造具有世界影响和作用力的中国出版力量。② 胡守文则探讨了中国出版的地位、制约中国出版业发展的因素，指出中国出版业国际化面临着两大问题：一是现代化的文化追求中，怎样保持中华文化血脉和个性问题；二是在走向世界过程中，怎样依据现实情况最大限度地弘扬中华文化的精髓问题。中国出版业的国际化可以分两步走：一是中国出版要真正走向世界华人圈、华文圈；二是在东亚中日韩三国范围，形成较为热络的中华文化交流圈。③ 姚成龙从科技出版的角度，分析了科技出版国际化的原因、内涵和宏观、微观对策。④ 潘文年撰文对中国出版企业海外市场新建式投资和并购式投资的利弊、影响因素和效应进行了比较研究，认为中国出版企业在进行海外市场直接投资时需要综合考虑多方面因素做

① 邵益文.出版国际化：更好地为更多的读者服务［J］.中国编辑，2005（2）：4-6.
② 谢清风.出版国际化的核心是打造具有世界影响和作用的中国出版力量［J］.编辑之友，2004（6）：25-27.
③ 胡守文.开放的眼光，世界的胸襟——中国出版国际化路径说略［J］.编辑学刊，2005（2）：10-11.
④ 姚成龙.科技出版国际化之我见［J］.科技与出版，2006（4）：29-30.

出最适合自己的选择。① 此外，潘文年还运用新制度经济学理论，借鉴西方出版业发达国家政府部门的经验分析了中国出版业"走出去"过程中我国政府的角色作用②以及中国出版业"走出去"跨国经营的文化风险。③

通过以上分析可以看出，目前国内关于中国出版业"走出去"的研究虽取得了一定的研究成果，但也存在着明显的问题。

第一，研究方法单一。 多数论文往往是就现象谈现象，就问题论问题，几乎没有运用其他领域的相关理论进行跨学科研究。 出版业"走出去"既是一种海外文化传播活动，也是一种国际经济活动，涉及社会学、文化学、国际经济学、国际贸易、国际投资等诸多领域，如何运用这些领域已有的理论来研究中国出版业"走出去"现象，目前国内涉及不多。

第二，研究深度不够。 表现为目前该领域的研究尚无研究专著出现，绝大多数是篇幅非常有限的单篇论文，单一的研究方法导致问题挖掘的深度十分有限，仅有的两篇硕士论文《中国出版业走出去发展战略初探》（河北大学 2006 年）和《中国图书出版业"走出去"现状分析与策略探讨》（华中师范大学2009 年）虽冠以"走出去"之名，但实际上探讨的是图书版权贸易及其逆差，涉及"走出去"策略方面的内容的分析深度和广度明显不够。

第三，研究内容偏窄。 目前国内这方面的研究主要集中在

① 潘文年.中国出版企业海外市场投资模式比较分析 [J].中国出版，2009（2）：37-41.
② 潘文年.论我国政府在出版业"走出去"中的角色 [J].国际新闻界，2009（6）：100-103.
③ 潘文年.中国出版业"走出去"：跨国经营的文化风险分析——以跨文化传播为理论视角 [J].国际新闻界，2010（9）：72-78.

中国出版业"走出去"的策略和战略上，中国出版业"走出去"的途径、问题、目标及其他相关研究涉及不多，即使有所涉及，在论述上也只是蜻蜓点水、泛泛而谈，缺乏理论上的探索和挖掘。 中国出版业"走出去"的理论基础、风险、模式上的理论分析、政府规制、行业规制、企业规制及相应的策略研究、效应分析等众多方面则存在着研究上的空白。

1.4.2　国外研究综述

由于中国出版业"走出去"战略的提出和实施的时间不长，中国出版业、中国图书的海外影响十分有限，因此，国外关于中国出版业"走出去"的研究寥寥无几。 笔者在亚马逊网上书店（www.amazon.com）并没有查到与中国出版业"走出去"有关的海外学术专著；据笔者在 ProQuest（商业信息文摘及全文数据库）和 EBSCO（学术期刊文摘及全文数据库）、LexisNexis Academic（学术大全数据库）、JSTOR（西文过刊全文数据库）及其他相关西文数据库的查询，也没有检索到与中国出版业"走出去"相关的学术专著和学术论文，与"Chinese book trade"和"Chinese book copyright trade"相关的研究论文也只查到 Li Pengyi 在 *Publishing Research Quarterly* 2005 年夏季刊第 21 卷第 49 页上的"Current Situation of Chinese Publishing and Copyright Trade"一文和几篇书评文章。 中国图书商品贸易、图书版权贸易方面的研究文章也寥寥无几。 这从另一个角度说明，中国出版业"走出去"的海外影响还非常有限，尚未引起海外学者的关注。

1.5　概念界定

1.5.1　"走出去"

国际经济学理论认为，"走出去"是中国政府或者企业利用自身比较优势和竞争优势，使自己的产品、服务、资本、技术、劳动力、自然人和管理经验以及企业自身走向国际市场，参与全球化市场竞争和国际化经营，①以"获取发展条件和持续竞争优势的过程"②，是国际化经营或者跨国经营的一种形象化的表述方式，包括广义和狭义两层涵义。广义上的"走出去"包括具有一定比较优势的国内企业在国际竞争中把自己的产品、资本、服务、技术和管理积极主动地推向国际市场，实现从资本到技术、从产品到要素以及从人才到管理的全面、主动的进入海外市场，充分发挥海内外两个市场、两种资源的优势和作用，实行双维开放，③是一种典型的跨国经营行为；也包括企业自身把各种生产要素输往国际市场，直接在海外创办企业，将生产能力向海外拓展和延伸。狭义上的"走出去"指企业通过直接投资方式进入海外市场，积极而主动参与海外市场上的竞争与国际合作以实现提高自身的国际竞争力，进而推动本国经济持续、快速、协调发展的战略目标。一般情况下，"走出去"可分商品输出和资本输出两个阶段。商品输出阶段指货物、技术、服务和管理等商品与要素的输出，主要涉及货物贸易、技术贸易、服务贸易和劳务承包等；资本输出阶段也就是对外直接投资，主要涉及海外投资建厂和投资建店。如果企业的海外投资规模达到一定的程度（在两个或两个以上国家拥有企业），那么该企业就变成了跨国公司。④"走出去"战略则是指中国政府或者是国内企业在"走出去"过程中所贯彻与实施的系统性

① 邓洪波.中国企业"走出去"的产业分析 [M].北京:人民出版社，2004:2.
② 姚望.大国崛起的步伐——中国"走出去"战略 [M].北京:科学出版社，2008:32.
③ 刘英奎.中国企业实施"走出去"战略研究 [M].沈阳:辽海出版社，2005:41-42.
④ 刘英奎.中国企业实施"走出去"战略研究 [M].沈阳:辽海出版社，2005:42.

的方略和措施。①

1.5.2 中国出版业"走出去"

通过"走出去"概念的分析，我们不难发现，一般意义上的中国出版业"走出去"是指国内出版企业利用自身比较优势和竞争优势，把自己生产的图书商品通过不同方式和途径直接或间接地推向国际图书市场以带动中国文化走向世界、促进出版产业发展壮大的一种过程，广义上通常包括图书商品输出、图书版权输出和海外直接投资三种基本模式②，狭义上则仅指海外直接投资。本书论及的中国出版业"走出去"有着特殊的内涵，特殊性体现于它专指 2003 年 1 月新闻出版总署旨在扩大中国文化的海外影响，塑造国家的文化形象，提升国家文化"软实力"，实现中外文化之间、出版产业之间的共融与共生而提出新闻出版业"走出去"战略并陆续出台一系列鼓励性政策措施、进行了一定的制度安排之后，国内出版企业包括图书商品输出、图书版权输出和海外直接投资三种基本模式在内的出版业"走出去"活动。"走出去"战略是中国政府在 21 世纪初期为中国出版业制定的一项重大发展战略。

通过"走出去"及中国出版业"走出去"内涵的上述分析，我们可以从以下三个方面理解中国出版业"走出去"的实质。

（1）中国出版业"走出去"是国内出版企业的一种国际化

---

① 姚望.大国崛起的步伐——中国"走出去"战略［M］.北京:科学出版社，2008:32.

② 有些学者认为国际合作出版也是中国出版业"走出去"的一种模式（如王雪野《国际图书与版权贸易》中国传媒大学出版社 2009 年版，第 219 页）；张洪波、貌晓星《多管齐下，力推"中国出版走出去"》（载《中国编辑》2004 年第 4 期，第 24 - 27 页）等，但笔者不同意这种观点。笔者认为，国际合作出版是中外出版界在图书出版过程中在某些出版环节上进行的一种劳务合作行为，最终要么归结为图书贸易，要么归结为版权贸易。

经营行为

　　国际化经营是企业在立足国内市场的同时，积极面向国际市场，以产品出口或外部资源利用为导向主动参与国际竞争与国际分工，旨在开拓和利用国际、国内两个市场、两种资源的一种企业经营方式，涉及观念国际化、生产国际化、营销国际化、资本国际化、研发国际化、人才国际化等内容，主要包括以下几种经营方式：企业产品国际间的交换（也就是国际贸易）；特许经营，包括商标、专利、专有技术及具有财产价值的知识产权的转让和使用；劳务输出，包括广告、保险、会计、法律服务、信息咨询、货物运输以及管理技术咨询等服务的输出；国际间接投资，包括有价证券及不动产投资等；国际直接投资。国际化经营具有市场构成多元性、经营环境的多变性与复杂性、经营方式的复杂性三个基本特点，[①]一般可分为四个阶段：第一阶段是直接出口，以国内业务为主，同时设立出口部和海外销售机构；第二阶段是国际经营，主要是在海外设立国际部、代理部或建立合资企业（受国内总部控制）；第三阶段是多国经营，这种经营需要企业拥有较大的自主权，国内外业务量相当，在多个国家成立关系较为松散的子公司；第四阶段是全球战略，企业以世界为工厂，以全球为市场，在全球范围内进行资源配置。[②]进行国际化经营的企业可以为自己的产品开拓更广泛的市场空间，可以产生规模效益、降低单位成本；可以在全球范围内以更低的成本获得相关生产要素，实现有限资源的合理配置与使用；可以增加外汇收入，推动产业结构调整

---

① 蒋明新.企业经营战略［M］.成都：西南财经大学出版社，1997：319－320.

② 唐晓华，王伟光.现代国际化经营［M］.北京：经济管理出版社，2006：26－27.

和技术进步，如果从事的是文化产品的生产和经营，还能起到推动文化交流的目的。

中国出版业"走出去"是国内出版企业积极响应国家有关部门提出的"走出去"号召，在相关政策、措施的鼓励下，在立足国内图书市场的同时积极开拓海外图书市场，通过图书商品输出、图书版权输出和海外直接投资的方式参与国际图书市场的竞争和国际分工的行为，它具备一般企业国际化经营的基本特点，经营方式也包括在一般企业国际化经营的范围之内，是国内出版企业的一种国际化经营行为。

（2）中国出版业"走出去"是国内出版企业的一种文化传播行为

中国出版业"走出去"意味着国内出版企业出版的图书及图书版权的"走出去"，意味着国内出版企业走出国门到海外创建出版机构以更好地推动中国图书"走出去"，而图书包含的文化特质及其承载的人类知识的共享性和传播性以及肩负的传承人类文明的历史使命使得中国出版业"走出去"必然伴随着中国文化的"走出去"和中国元素的"走出去"。

2003 年 1 月新闻出版总署提出新闻出版业"走出去"战略之后，有关部门陆续出台了一系列扶持、鼓励中国出版业"走出去"的政策措施，这些政策措施的中心任务就是通过大力推动中国图书走向世界来带动中国文化的海外传播。例如，2004年下半年，国务院新闻办公室与新闻出版总署共同启动了以"向世界说明中国，让世界各国人民更完整、更真实地了解中国"为宗旨的"中国图书对外推广计划"，以促进中国文化"走出去"。这项计划主要是以资助翻译费的方式鼓励各国出版机构翻译出版中国图书，让世界人民能够以自己熟悉的文字，通过阅读图书更多地了解中国。到 2009 年年底为止，"中国图书对外推广计划"工作小组已与 46 个国家（或地区）的 246 家出

版社共签订了 1350 项资助出版协议，总共资助出版图书 1910
种，涉及 26 种语言文本，协议资助总金额共 7000 万元人民
币，到 2010 年 3 月已有 559 种图书在海外正式出版。① 2007
年 4 月 11 日，商务部、外交部、文化部、广电总局、新闻出版
总署、国务院新闻办共同发布《文化产品和服务出口指导目
录》，该《指导目录》的宗旨是为发挥中华文化的传统优势，鼓
励和支持文化企业参与国际竞争，提高文化企业国际竞争力，
带动我国文化产品和服务出口。2009 年开始，国家全面推动
"中国文化著作翻译出版工程"，该工程以资助系列图书产品为
主，采取政府扶持资助、联合翻译出版、商业运作发行等方
式，把更多的中国文化介绍给世界，让全世界更多的人共享中
华文明。2009 年 10 月，为了鼓励和支持适合国外市场读者需
求的外向型优秀图书的出版，有效地推动中国图书"走出去"，
新闻出版总署正式启动"经典中国国际出版工程"，该工程资助
范围涉及社会科学、自然科学、文学、语言、艺术、少儿等领域
优秀图书的选题，代表各领域的最高水平，主要以中国经典传
统文化和反映当代中国政治、经济、文化、科技和社会等方面
发展变化为主要内容的精品图书为主，重点资助"中国学术名
著系列"和"名家名译系列"两大子项目工程。

（3）中国出版业"走出去"是政府部门的一种制度安排

新制度经济学理论认为，制度是规范人们行为的各种规则
和约束，在市场活动中能够起到降低交易费用、帮助个体形成
合理预期、提供便利、提供信息、外部性内在化、共担风险、激
励与促进、抑制人的机会主义行为、减少市场行为中的不确定

---

① 两大计划保驾护航 中国出口图书有望获资金扶持［EB/OL］.
　［2010 - 04 - 12］. http://news. xinmin. cn/rollnews/2010/04/12/
　4394465.html.

性等的作用；制度安排则是"管束特定行动和关系的一套行为规则"①，恰当的制度安排可以充分发挥制度的各种功能，使"特定行动"朝着制度供给者预设的方向发展，发挥制度的最大效益。

20世纪80年代初到2003年1月，中国出版业的图书商品输出、图书版权输出和少量的海外直接投资活动一直在进行，只不过规模很小，产生的国际影响也因而十分有限。2003年1月，为了扩大中国文化的海外影响、树立国家的文化形象、提升国家的文化"软实力"，新闻出版总署正式提出中国出版业"走出去"战略并相继出台了一系列扶持、鼓励性的政策，如2003年全面启动的资助国外出版机构翻译出版中国图书的大型工程"金水桥计划"，2004年启动的以资助翻译费的方式鼓励各国出版机构翻译出版中国图书的"中国图书对外推广计划"，2007年3月新闻出版总署提出的扶持中国出版业"走出去"的八大政策，2007年4月商务部、外交部、文化部、广电总局、新闻出版总署、国务院新闻办共同发布《文化产品和服务出口指导目录》，2009年开始全面推动的"中国文化著作翻译出版工程"，2009年10月新闻出版总署正式启动的主要采用项目管理的方式资助外向型优秀图书选题的翻译和出版的"经典中国国际出版工程"，资助重点是"中国学术名著系列"和"名家名译系列"两大子项目工程。2010年12月新闻出版总署正式实施的包括"国际主流营销渠道合作计划"、"全球百家华文书店中国图书联展"以及"跨国网络书店培育计划"三个子项目在内的"中国出版物国际营销渠道拓展工程"，以及中国新闻出版总署在积极筹划、制订的"国际畅销书计划"，该计划拟对进入"国际畅销书计划"的图书项目给予包括政策、资金在内的大力扶持，争取在未来5到10年内打造出一批国际畅销书。这

① 袁庆明.新制度经济学［M］.北京：中国发展出版社，2005：240.

些政策的陆续出台实际上是政府有关部门为了实现预期效益对中国出版业"走出去"进行的一种制度安排，也意味着国内出版企业的图书商品输出、图书版权输出和海外直接投资从企业层面的日常经营上升为国家层面的文化战略。在这种制度安排下，国内出版企业图书商品和图书版权对外输出的数量明显提高，进行海外直接投资的国内出版社的数量也明显增加，在一定程度上体现了这些制度安排的成效。

由此可见，"走出去"是用具有中国特色的语言对中国出版业的跨国经营、国际化经营进行的一种形象化的表述，具有特殊的内涵和实质。

1.6　理论基础

中国出版业"走出去"并不是中国政府一种随意的、临时性的决定，而是一项复杂的、具有丰富内涵的战略决策。本书以中国出版业"走出去"为研究对象，探讨中国出版业"走出去"的主要动因、现实状况、基本模式、主要风险及相应策略，本书立论的理论基础主要体现在全球化理论、"软实力"理论、出版的双重效应性理论以及新制度经济学的相关理论四个方面。

1.6.1　全球化理论

20世纪后半期以来，科技革命和科技进步的强烈推动使一场汹涌澎湃的现代意义上的全球化浪潮席卷世界。现代科学技术的快速发展和巨大进步极大地促进和方便了全球范围内政治、经济、文化等领域的相互交流，也增强了彼此的合作和依赖，共融与共生成为诸多领域里的一种常态。全球范围内，拥有共同特征的经济、政治和文化范式得以进一步的扩展和普及，并逐渐成为一种全球通行的标准。① 一般认为，全球化是

---

① 周敏凯.国际政治学［M］.上海:华东师范大学出版社,1998:147.

一种经济力量和技术理论共同推动之下的动态的历史过程。这一过程中，世界一步步成为一个共同分享的社会活动空间。一个地区的发展和变化能够对另一个地区人们的生活和生存产生深刻影响，这表明全球化使全球范围内人与人之间、群体与群体之间相互联系的广度、强度、速度和影响都空前加强。[①]

全球化理论从不同的角度对全球化进行阐释。国内学者王鹤认为"经济全球化指生产、贸易、投资和金融等经济行为在全球范围内的大规模活动，是生产要素的全球配置和重组，是世界各个民族、各个国家经济彼此之间高度依赖和融合的一种表现"[②]。传播学家马歇尔·麦克卢汉（Marshal Mcluhan）从信息通讯的角度认为全球化是地球上的人类利用先进的通信技术来克服自然地理因素的制约而进行信息的自由传递过程，并在其于1960年出版的《传播探索》一书中首次提出了"全球村"（global village）这一概念，被认为是全球化技术进步论者的典型代表；美国学者詹姆斯·密特曼则指出，全球化是不同跨国过程和国内结构的相互结合而形成的一国的经济、政治、文化和思想向他国渗透的动态过程，是"一种市场导向和政策取向的过程"，是减少国家、名族之间的隔阂，增加政治、经济文化和社会互动的过程，体现为相互联系、相互依存的日趋增强。[③]沃勒斯坦的世界体系理论从体制的角度对全球化的诠释进行了"最有代表性的尝试"[④]，认为全球化是资本主义的全球化或者

① 周穗明.西方全球化理论与反全球化思潮［J］.岭南学刊，2002（1）：81-86.

② 王鹤.经济全球化与地区一体化［J］.世界知识，2002（1）：17-18.

③ 倪世雄.当代西方国际关系理论［M］.上海：复旦大学出版社，2001：483.

④ 依曼纽尔·沃勒斯坦（Immaneul Wallerstein）.The Modern World-system.第1卷.纽约：学术出版社，1980：3.

是全球资本主义的扩张，"不平等交换"形成了一个"中心——半边缘——边缘"结构的世界体系，该体系的本质内容是资本主义世界经济。此后的美国学者德里克（Dirlik）则认为"全球资本主义"是一种"灵活的生产"，在特殊的规制下，商品、金融以及生产过程本身实现了前所未有的流动，这其实也就是欧内斯特·曼德尔所谓的"晚期资本主义"。① 英国学者斯克莱尔（Sklair）则更直接强调这种资本主义在全球的扩张是一个经济过程，也是一个政治和文化过程，或者说是三者统一的过程。② 英国学者吉登斯（Giddens）从制度的角度把全球化解释为现代性的制度向全球的扩展。认为全球化实际上是全球范围的现代性，"现代性在骨子里都在进行着全球化"③。但他的这种制度主义观点被罗伯逊批评为"忽视了文化和文明在阐释全球化中的意义"④。埃利亚斯（Elias）最早也是最系统地从文化和文明的角度阐述了自己的全球化思想。他认为全球化是人类各种文化、文明发展过程中所欲达到的目标，是一种未来的文明存在的文化；这种思想中的世界是统一的，这种统一不是简单的单质，而是异质或多样性的共存；全球化是一个动态的、不断充斥着矛盾冲突的过程。随后，罗伯逊、费舍斯通（Featherstone）等人也表达了类似的观点。费舍斯通在给一份专题杂志写的导

① 阿里夫·德里克（Arif Dirlik）. After Revolution . 威斯利延大学出版社，1994:2.
② 斯克莱尔（Sklair）. The Global System. 哈威斯特·威特谢夫出版社，1991:5.
③ 安东尼·吉登斯（Anthony Giddens）. The Consequence of Modernity. 剑桥:政体出版社，1993:63.
④ R.罗伯逊，F.莱切纳（Lechner）. Modernization， Globalization and the Problem of Culture in World-system Theory//Theory， Culture and Society. 第 2 卷，1991:108.

言中最早、最系统地指出了全球文化（global culture）出现的可能，①他认为全球文化之间相互联系状态（interrelatedness）的扩展也同样是一种全球化，通过进一步的发展可以促使全球共同体即"文化互动和交流的地区"的产生。此外，还有很多学者从各自不同的角度对全球化进行了独自的思考和诠释，限于篇幅，这里不再赘述。

从上述对全球化不同角度的诠释中，我们不难发现，全球化实质是市场经济机制和体制超越民族国家界限在全球范围内的一种拓展化和纵深化，这一过程中逐渐形成了一种一体化的世界经济体系，进而导致各国政治与文化在全球范围内的互动和影响。市场经济机制的拓展和深化使资本能够在全球范围内自由流动，各种生产要素得以在全球范围内自由配置，从而造就出全球性的金融市场、大型的跨国公司以及世界贸易组织等在世界经济生活中起支配作用的经济共同体；这种经济机制的拓展和深化也使人类超越民族国家的壁垒，在全球范围内实现世界性的自由的普遍的交往，进而构成政治、经济与文化各个方面相互依赖又相互制约的世界体系；这种市场经济机制的拓展和深化还能使人们把全人类当作一个整体进行审视以便通过努力来解决共同面临的、日趋恶化的全球性问题。②

1.6.2 "软实力"理论

"软实力"理论起源于西方早期的国力理论。这一理论产生之初，代表性的古典主义学派积极倡导重商主义和重农主义思想。及至近代，这一理论关注的重点移至民族国家的军事实力。例如，美国学者马汉 1890 年在《海权对历史的影响》一

---

① M. 费舍斯通（Featherstone）. Global Culture: An Introduction// Theory, Culture and Society. 第 7 卷.1990:48.

② 阎孟伟，朱丽君. 全球化的实质和进程与马克思的全球化理论 [J]. 南开大学学报：哲学社会科学版，2007（1）：79-85.

书中提出了著名的"海权论"思想,在西方理论界和政治界产生广泛影响,以至于到第一次世界大战爆发之前,西方很多政治家都明确表示一个国家的国力体现于军事上的总体实力。1945 年之后,随着第二次世界大战的结束,西方国力理论研究的重心转移到精神因素的力量与影响。例如,法国人雷蒙·阿隆于 1966 年在他的《和平与战争:国家关系理论》一书中明确指出:国际舞台上,一个国家的权力明白无误地表现为"把自己的意志强加给其他政治单位的能力"①;美国前中央情报局副局长克莱因于 1980 年在《80 年代世界权力趋势及美国对外政策》一书中更进一步指出,"国际舞台上的实力是一个国家的政府是否具有影响其他国家政府去做它本来不愿意去做某一件事情的能力,或者是使一个国家不敢去做原先跃跃欲试的一件事情的能力,而不管这种影响方式是说服、利诱、威胁甚至明目张胆的诉诸武力"②。

1990 年,曾在美国克林顿政府时期担任国家情报委员会主席和助理国防部长的哈佛大学肯尼迪政治学院教授、美国国策咨询专家约瑟夫·奈在其出版的《注定领导:美国力量本质的演变》③一书和同年发表在《外交政策》上的一篇名为《软实力》④的文章中第一次理论化、系统化地阐述了他的"软实力"理论,并正式提出"软实力"的概念。约瑟夫·奈指出,一个国家的综合国力通常包括硬实力和"软实力"两大部分。"硬实

① 李方. 中国综合国力论 [M]. 合肥:安徽科学技术出版社,2002:37.

② 黄硕风. 综合国力新论:兼论新中国综合国力 [M]. 北京:中国社会科学出版社,1999:82.

③ Joseph S. Nye. Bound to Lead: The Changing Nature of American Power. New York: Basic Books, 1990:16.

④ Joseph S. Nye. Soft Power [J]. Foreign Policy. No. 80, Fall 1990:153 - 172.

力"通常通过经济、科技、军事实力等体现出来;"一个国家可以在国际政治中得到它希望的结果,这是因为其他国家想追随它,这些国家欣赏它的价值观,效仿它的社会模式,渴望达到与它一样的繁荣程度和开放水平。由此可以看出,国际政治中通过议程的制定来吸引他人,与通过威胁或使用军事及经济手段来强迫他人改变立场一样重要。我把这种实力称为'软实力'"。① 由此可见,约瑟夫·奈提出的"软实力"主要通过文化、价值观念、社会制度、发展模式、生活方式以及意识形态等的吸引力体现出来,主要存在于文化、政治价值观和外交政策三种资源之中。通常包括"文化吸引力"、"思想/意识感召力"(价值观)、"政策影响力"(国际政策影响力及国内政策影响力)、"框架(机构体制)约束力"及"跨国公司控制力"五个基本要素。这五种基本要素构成了三种层次关系:第一,核心层。主要指"思想、意识感召力"(即价值观),是一个主权国家主流价值体系及意识形态主张的基本价值观,对国内精英文化阶层及其思想和一般大众文化的领导能力以及在世界范围内对主流文化思潮的总体引领力,是决定一个国家"软实力"的关键要素。第二,结构层。主要指政策影响力以及框架(机构体制)约束力和跨国公司控制力。这是一个中间层次,是一个国家的"思想、意识感召力"在对内对外政策、国际合作机构以及跨国公司中的体现和延伸,是"软实力"影响整个世界的最主要的结构性力量,体现了一个国家在国际社会和国际关系中设置政治议题、制定统一的国际规则的能力,以及使很多其他民族、主权国家愿意遵循与追随这种国际规则与政治议题,愿意以此来约束、协调和规范一切对外活动的能力。第三,外围层。主要指文化吸引力,也就是一个主权国家通过自己的民

---

① 约瑟夫·奈.硬权力与软权力[M].门洪华,译.北京:北京大学出版社,2005:8.

族语言和民族文字、传统的文化艺术和科学、民风民俗和宗教信仰等体现出来的国内与国际的影响力。这种影响力对内表现为民族凝聚力，对外表现为渗透归化力，这是"软实力"的最外层，主要包括精英文化和大众文化。这种文化影响力不受政府控制，但可以通过广泛的传播网络和流行文化对世界各地的文化产生广泛而持久的影响和吸引。约瑟夫·奈认为，"当一个国家（民族）的文化包涵普世价值观，其内外政策也推行其他国家认同的价值观和利益观时，由于相互之间吸引力和责任感的关系的建立，这个国家在国际事务中如愿以偿的可能性就会明显增强"[①]。这表明，"软实力"的五大基本构成要素之间是以"价值观"为核心，以国内外政策为价值观实践体现，以文化为"价值观与实践总和"的相互联系的整体。[②] 总之，"软实力"是一个国家拥有的与以军事、经济、科技等为主要表现形式的硬实力存有显著区别的文化吸引力、价值吸引力和政策主导力，它通过劝导、诱惑他人或他国认同与追随自己的价值观念、社会规范和制度安排，进而产生自己想要的行为或者结果来实现。[③] 它是一种"间接运用力量的方式"，是"同化式力量"，能"使人随我欲"，[④]"不战而屈人之兵"，是制胜的最高境界，也是国家战略之精髓。这种理论提出之后，人们对"软实力"在国际事务中的重要作用的认识越来越清晰，"软实力"受到了越来越多国家的重视。

---

① 约瑟夫·奈.软力量：世界政坛成功之道 ［M］.吴晓辉，钱程，译.北京：东方出版社，2005：11.

② 万君宝.论"软实力"的基本理论模型与中国软实力的最新发展态势——基于国外学者的研究视角 ［J］.上海交通大学学报：哲学社会科学版，2001（5）：5-12.

③ 武铁传.文化软实力理论以及提升我国软实力的方法 ［J］.国外理论动态，2009（6）：110-113.

④ Nye. Bound to Lead. New York: Basic Books, 1990: 31.

1.6.3 出版的双重效应性理论

出版是将文字、图像或其他内容进行加工、整理，通过印刷等方式复制后向社会广泛传播的一种社会活动，出版的过程，是传播人类知识的过程，也是保存人类文化遗产的过程。[①]一方面，出版活动是人类社会的一种生产、经营性活动，具有必然的经济效益，否则，这种活动将无法持续。出版活动的经济效益是指"通过出版发行活动，促进社会生产力的发展，使出版发行者以外的其他国民经济部门、单位及其成员获得经济上的利益"[②]，出版发行业不仅能够为出版社、作者、批发商、零售商和国家直接创造经济效益，还可以间接为读者、为社会创造经济效益。例如，世界图书出版公司引进《富爸爸，穷爸爸》，销售量达到 200 多万册，当年销售码洋从 5000 万元上升到 1.2 亿元；金盾出版社出版发行的农村实用科技普及性图书使很多农民发家致富。又如，浙江余姚县农民不懂养兔技术而使幼兔死亡率高达 40％以上，严重影响了该县养兔业的发展。该县新华书店大力宣传、发行《长毛兔》一书后，幼兔的死亡率下降到 2％，兔毛收购量增加了 8 倍，获得了良好的经济、社会效益。袁隆平的《杂交水稻育种栽培学》走出国门之后惠及世界；美国科学家系统论、控制论、信息量著作的出版更是推动了全球经济的发展，[③]等等。另一方面，出版活动又是人类社会传播知识、传播思想，保存人类文化遗产的一种过程，具有显而易见的文化效益。这种文化效益表现在两个方面：一是通过出版活动，使人类社会的精神产品得以物质化，借助相应

---

① 张志强. 现代出版学 [M]. 苏州：苏州大学出版社，2003:10.
② 罗紫初. 出版学原理 [M]. 武汉：武汉大学出版社，1999:260 - 261.
③ 易图强. 出版学概论 [M]. 长沙：湖南师范大学出版社，2008:192 - 193.

的物质载体进行广泛传播；二是通过出版发行等生产、经营活动的开展使相关的文化产品及其蕴含的知识、思想得以普及与传播。

1.6.4 新制度经济学相关理论

全球化背景下，中国出版业"走出去"是一种必然的潮流和趋势，也是一种无法回避的现实选择。且不说国内出版企业的图书商品输出、图书版权输出由来已久，中国出版业的海外直接投资也早在 20 世纪 90 年代已初现端倪。2003 年 1 月，新闻出版总署提出"走出去"战略并陆续出台一系列鼓励性政策措施之后，图书商品输出、图书版权输出的数量明显提高，海外直接投资也呈现出良好的发展态势。这表明，"制度"在中国出版业"走出去"中的作用日益突出，中国出版业"走出去"开始由国内出版企业的自觉行为演变为政府有关部门的一种制度安排，这种制度安排的直接目的就是降低中国出版业"走出去"的交易成本，推动中国图书、中国文化更好地"走出去"。鉴于此，笔者认为新制度经济学（New institutional economics）也构成本书的理论基础，可运用这一理论中的相关分析工具对中国出版业"走出去"进行研究。

新制度经济学形成和兴起于 20 世纪 30 到 60 年代，它深刻的理论背景是新古典经济学对制度的忽视。这种忽视使得新古典经济学的模型"日趋僵化，如果不进行进一步的修正，很难用于各类重要的问题的分析"[1]。这种僵化引起了新制度经济学家的强烈不满和批判，最终导致新制度经济学的形成。最早认识到新古典经济学忽视对制度的分析的是新制度经济学家科斯，其经典性代表作《企业的性质》就是在认识到新古典经济学对企业制度和市场制度的忽视和冷漠的基础上形成的。他直

---

① 思拉恩·埃格特森.新制度经济学［M］.吴经邦，李耀，朱寒松，王志宏，译.北京：商务印书馆，1996：10.

接指出，新制度经济学就是"运用主流经济学的方法分析制度的经济学"①，主要研究人、制度和经济活动之间的关系，非常强调制度的作用，认为制度在经济发展过程中起着决定性的作用，是影响经济行为效果的好坏以及确定经济行为效果好坏评价标准的最终决定因素。"简言之，制度经济学研究经济生活与制度之间的双向关系。"②它的目标是"研究制度演进背景下如何在现实世界中作出决定和这些决定又如何改变世界"③。 新制度经济学认为，劳动、土地、资本是生产过程中不可缺少的生产要素，但是，它们只有在制度的作用下才能真正发挥功能。 到目前为止，新制度经济学的发展已经初具规模，形成了交易费用经济学、产权经济学、公共选择理论、委托代理理论和新经济史学等若干支流学派，包括交易费用理论、企业理论、产权理论和制度变迁理论四个基本理论。

交易费用理论是新制度经济学理论体系中具有理论基础意义的最基本的范畴和分析工具，包括交易费用的内涵、性质和成因等主要内容。

最早使用"交易"这一概念并分析了它的功能和类别的是古希腊最伟大的思想家亚里士多德。 此后，很多经济学家对这一概念进行过研究。 1934 年，旧制度经济学家康芒斯在其出版的《制度经济学》一书中把交易作为一种比较严格的经济学范畴建立起来，并进行了明确的界定和分类，这标志着交易概念已经相当成熟。 康芒斯认为，交易是制度经济学的最小单位和人类经济活动的基本单位；它不是实际"交货"的那种意义

---

① 卢现祥，朱巧玲.新制度经济学［M］.北京：北京大学出版社，2007:3.
② 柯武刚，史漫飞.制度经济学［M］.北京：商务印书馆，2000:34.
③ 道格拉斯·C.诺思.经济史中的结构与变迁［M］.陈郁，罗华平，译.上海：上海三联书店，上海人民出版社，1994:2.

上的"物品的交换",而是以财产权利为对象,是"人与人之间对自然物的权利的出让和取得,是人与人之间的一种关系"①。最早发现交易中存在交易费用并首创交易费用概念的是新制度经济学家科斯。 1937年科斯《企业的性质》一文的发表标志着交易费用范畴的创立和交易费用理论的初步形成。 科斯指出,交易费用是"利用价格机制的成本",至少包括发现相对价格的工作的费用、谈判和签约的费用以及其他方面的费用。 经济学家张五常认为,交易费用是"所有按需在鲁滨逊·克鲁索经济中不可能存在的成本,在这种经济中,既没有产权,也没有交易,亦没有任何种类的经济组织。 ……简言之,交易成本包括一切不直接发生在物质生产过程中的成本"。② 具体而言,这些费用包括收集和传递有关商品和劳务的价格分布和质量的信息费用;寻找潜在的买者与卖者,获得与他们的行为有关的各种信息的费用;为确定买者和卖者的真实要价而进行的讨价还价的费用;起草、讨论和最后确定交易合同的费用;合同履行的监督费用;合同的履行费用;保护双方权益,防止侵权的费用,等等。③

从新制度经济学家对交易费用的诸多分析中,我们可以发现,交易费用是一种机会成本。 因此,按照经济理性原则,生产者总是按照自己的条件性约束,选择对其来说交易费用最小的组织生产和交易的制度结构;交易费用是经济主体之间知识、信息不完全、不对称的结果,是利益冲突和调和过程中对人类社会财富和稀缺资源的一种损耗。 因此,那些能使信息获取变得容易、便宜的制度,使时空得以缩小的政策与措施,以

① 袁庆明.新制度经济学 [M].北京:中国发展出版社,2005:36.
② 思拉恩·埃格特森.新制度经济学 [M].吴经邦,李耀,朱寒松,王志宏,译.北京:商务印书馆,1996:16.
③ 袁庆明.新制度经济学 [M].北京:中国发展出版社,2005:42.

及人们思想观念的改变等都能使交易费用得以降低；高昂的交易费用可以减少或者抵消本来有利可图的交易行为的预期效益，交易费用虽然不能彻底消除，但是可以通过一定的办法使其降低，例如制度的一项重要功能就是降低人们交易过程中的交易费用。 新制度经济学家诺思指出，随着人类社会的不断发展，交易行为变得越来越复杂，这要求人类社会的相关制度也必须随着进行相应的变化，以实现降低交易费用的目的。"它们从那些解决简单交易问题的制度，扩展到跨时空和无数人的制度。 ……当交易的成本和不确定性很高时，非专业化就是一种保险的形式。 专业化及有价属性的数量与可变性越大，投入可信制度的权重就越大，它们能使个人从事复杂合约时的不确定性最小化。 在现代经济中，交换是由许多延伸了很长时间的许多可变属性构成的，它们必须要有制度的可信性，而这些制度在西方经济中是逐渐形成的。"[1]

新制度经济学代表性人物威廉姆斯把交易费用的成因归结为两大类。 一类是交易特性要素，包括资产专用性、不确定性和交易频率等，它们决定了交易合约方式以及交易合约关系中采取的规制结构。 如果人们能够为他们所要完成的交易选定恰当的规制结构，就一定能使交易费用最小化；另一类是人的因素，主要指人的有限理性和交易中的机会主义倾向，这是交易费用产生的根本性原因。 人的有限理性在反映客观现实的同时，也反映了人的经济特性：个人不会不顾成本地去搜集信息以实现信息的全面和完整；也不会不顾成本地去处理所有获得的信息；人的脑力是一种稀缺资源，必须进行节约和合理使用以使其发挥最大的效益。 这种有限理性的存在使得人们的交易过程离不开集团、组织和制度，离不开分工和合作，离不开法

---

[1] 道格拉斯·C·诺斯.制度、制度变迁与经济绩效［M］.刘守英，译.上海:海三联书店，1994:46.

律和契约，所有这些都有利于对付个人在复杂性和不确定性面前的理性不足。机会主义倾向指交易中的经济人会以狡黠的方式追求个人利益，会投机取巧、随机应变，会有目的、有策略地（包括使用欺骗、隐瞒、撒谎等不正当手段）利用获取的信息，尤其是在信息不对称、小数目谈判、专用性资产的交易等条件下最容易实施。这些行为导致的交易费用或交易费用的提高则主要依靠不同类型制度提供的激励和约束机制来降低。①

新制度经济学的制度基本问题主要涉及制度的定义、制度的类型及其区别、制度的功能以及制度变迁等方面的内容。

新制度经济学家对制度下了不同的定义，但实质往往大同小异。新制度经济学家比较一致地认为，制度"是在一个特定的群体内部得以确立并实施的行为准则，这种行为准则抑制着个人可能出现的机会主义行为，使人的行为变得较为容易预见"②。制度的这一定义显示出它具有三个方面的基本内涵：第一，制度是约束人们行为的一系列规则的总和，它抑制着人际交往、经济活动中可能出现的任意行为和机会主义行为。第二，制度与制度供给者的动机、行为有着内在的联系。历史上的任何制度的制定与实施，都是制度供给者与相关利益群体的利益及其选择与博弈的结果。第三，制度是一种"公共物品"，它在发挥作用的群体中通常是共同的知识。制度为一个共同体所共有，并依赖于相应的激励或惩罚手段得以实施，由此把群体行为导入可合理预期的轨道。③

新制度经济学家根据不同的标准对制度进行了分类，这些分类中有些是合理的，有些则存在着一定的缺陷，而正式制度

---

① 罗必良.新制度经济学［M］.太原：山西经济出版社，2005：396 - 397.

② 罗必良.新制度经济学［M］.太原：山西经济出版社，2005：85.

③ 同上.

与非正式制度的区分是这些分类中相对合理和重要的制度分类。 正式制度指人们（主要是政府、国家或统治者）根据自己的需要有意识创造的一系列政策法规。 新制度经济学代表诺思认为，正式制度包括政治规则、经济规则和契约，它们构成一个等级结构，共同约束着人们的行为；①非正式制度是人们在长期的日常交往和经济活动中无意识形成的规则，是人类代代相传的文化的一个组成部分，它具有长久的生命力。 具体包括价值信念、道德观念、伦理规范、意识形态、风俗习惯等，其中意识形态处于非正式制度的核心地位，在日常行为中有可能取得优势地位或以"指导思想"的形式构成正式制度安排的"理论基础"和最高原则。② 正式制度与非正式制度的区别主要体现在三个方面：第一，正式制度的变革速度快，它可以在短时间内形成、变更或者废止；非正式制度的形成则是一个漫长的过程，与正式制度相比，它的改变也要困难得多；第二，正式制度的实施一般通过政府的强制或激励的办法来进行，非正式制度的实施则取决于社会成员之间的作用和他们的自觉；第三，非正式制度内在具有的历史沉淀性和传统根源性使其很难在不同的国家与民族之间移植，相比较而言，正式制度则有着比较大的流动性与移植性。③

制度的功能是指制度有助于解决个人、团体或社会经常面临的、需要解决的问题。 新制度经济学家对此进行了不同的分析。 总体上说，"制度决定了社会和经济的激励结构"④，其功能主要体现于降低交易成本、为经济提供服务、为合作创造条

---

① 道格拉斯·C·诺斯.制度、制度变迁与经济绩效 [M].刘守英，译.上海：上海三联书店，1994:64.
② 袁庆明.新制度经济学 [M].北京：中国发展出版社，2005:244.
③ 袁庆明.新制度经济学 [M].北京：中国发展出版社，2005:245.
④ 罗必良.新制度经济学 [M].太原：山西经济出版社，2005:113.

件、提供激励机制、提供保险功能、外部利益内部化等几个方面。 很显然，制度功能的正常发挥能给市场中的经济人提供经济行为的动因，并通过抑制市场中经济人的机会主义行为、提供有效信息、降低不确定性、直接降低交易费用、外部性内部化等具体途径来实现这种激励功能。 通常情况下，"一切制度安排的调整都有可能影响到原有的收入分配和资源配置效率的格局"①，因此，在现有的制度安排下，当制度的上述功能无法正常发挥或发挥的效益非常有限，难以获得制度的潜在效益，同时制度创新者也认识到现有制度安排的改变有助于获得原有制度安排下难以得到的利益时，便产生了新的制度需求。 这种情况下，相对产品和要素的价格、宪法秩序、偶然事件、技术进步、市场规模和偏好的变化（指群体的偏好，包括共同的爱好、价值观念、意识形态等）影响制度需求的因素直接使制度安排的预期收益发生变化，从而诱致了制度变迁的产生。

新制度经济学理论认为，市场经济条件下，"制度最核心的功能是给市场经济中的经济人提供激励和约束"②。 这是因为，作为经济人的个体只有在受到一定刺激的情况下才会去积极从事合乎社会需要的活动，由此产生了资源配置效率的改善、比较利益的取得、经济效益的增长等相应的活动结果。 一般而言，经济人的激励途径不外乎有两种。 一是降低经济人从事经济活动的成本。 这种经济活动成本的降低主要取决于交易费用的降低，而交易费用在很大程度上又是由个体的机会主义行为、信息的不安全、交易的频率和不确定性等因素决定的，因此，那些为经济人提供有效的市场信息、抑制个人的机会主义行为、有利于降低交易频率的制度通常就能够降低经济活动中的不确定性和交易费用，进而对经济人产生激励与约束作

① 罗必良. 新制度经济学 [M]. 太原：山西经济出版社，2005:134.
② 袁庆明. 新制度经济学 [M]. 北京：中国发展出版社，2005:259.

用。 二是提高经济人从事经济活动的收益。 主要是通过能够把正外部性内部化的制度来提高经济人从事合乎社会需要的活动的效益，如专利制度、奖励制度等就是把经济人的一部分创造性劳动的外部性（社会效益）转化为经济人的内部收益，从而达到激励创新的作用；税收制度、补偿制度等则是把经济人在经济活动过程中产生的一部分负外部性内化到经济人身上，从而起到提高此类经济活动成本、约束其经济行为的作用。①

新制度经济学的政府规制理论认为，政府是国家这一共同体的领导者或代表国家共同体行使其拥有的强制权力的合法组织，是实现国家潜在利益的组织或者工具。 诺思认为，政府的基本职能是进行制度供给，包括设计、推行、监督及执行各种外在制度。② 政府权力具有"普遍性"和"强制性"的特点，这使得政府具有"禁止或者允许的优势"，向社会提供服务存在规模经济以及节约交易成本和组织成本的优势，而且政府拥有庞大的财政实力，可以承担起任何社会组织或个人无法承担的巨额债务和沉滞资本，拥有独特的财政货币权力。 因此，当政府机构的组织及发展都比较严密但市场并没有得到相应的充分发展时，当国家共同体潜在利益的获取受到其他财产权的阻碍而必须依靠政府的强制力量才能够进行时，以及"当制度创新实行后获得的收益不归于从事创新的个别成员，这样的创新只能由政府来进行时"③，政府进行制度创新、提供相应的政府规制最具有优越性。 政府规制是"政府根据相应规则对微观经济

① 袁庆明. 新制度经济学 [M]. 北京：中国发展出版社，2005:260.
② 新制度经济学理论中的外在制度指由统治国家共同体的政治权力机构自上而下设计出来、强加于社会并付诸实施的制度，包括外在行为制度、各种特殊的规定、指令等。
③ 罗必良. 新制度经济学 [M]. 太原：山西经济出版社，2005:636 - 637.

主体行为实行的一种干预"，是"规制者（政府或规制机构）利用国家强制权依法对被规制者（主要是企业）进行直接或间接的经济、社会控制或干预，其目的是克服市场失灵，实现社会福利的最大化，即'实现公共利益的最大化'"①。 出版业是我国政府规制体系中规制内容较为广泛、规制程度较为深刻、规制手段较为严格的一个产业，政府规制对其运行和发展以及"走出去"进行国际化起着至关重要的作用。

1.7　研究方法

为保证本研究的顺利进行并取得预期效果，除人文社会科学研究一般的研究方法外，本书拟着重采用以下四种方法进行研究，在集思广益的基础上，力求研究成果的最优化。

（1）文献阅读法。 通过广泛收集国内外与出版业"走出去"、图书版权贸易、图书商品贸易、出版对外投资、出版业跨国经营、出版业海外扩张有关的文献资料及相关的经济学、管理学、社会学文献资料，进行深入研读，了解、掌握最新的研究动态和相关的基本理论。

（2）专家咨询法。 通过向国内外的出版业人士，出版研究专家及经济、管理领域专家咨询，把握中国出版业"走出去"的最新走向、研究动态、政策策略和经济、管理学理论在本项目研究中的适应性问题，并征询他们对本课题进一步研究和完善的意见和建议。

（3）考察调研法（包括网上调研和实地调研）。 通过利用国内外的一些数据库、重点出版机构网站、一些大型图书馆、"走出去"成效较为出色的大型出版机构以及新闻出版总署及有关省市的新闻出版局进行考察调研，获取有关资料，掌握中国

① 马云泽.规制经济学［M］.北京：经济管理出版社，2008：7.

出版业"走出去"最新发展动态和研究动态。

（4）多学科研究法。 为了对中国出版业"走出去"进行深入、全方位的探讨，实现预期的研究目标，本书拟运用新制度经济学、国际经济学的有关理论分析和探讨中国出版业"走出去"这一现实问题，以透过现象探究本质，促进中国出版业更好地"走出去"。

第二章 /

中国出版业"走出去"的动因与制度安排

出版业在树立国家形象、巩固政治大国地位中的特殊作用，构成了中国出版业"走出去"的政治动因。现实上的经济动因是图书出版产业具有经济促进功能、经济服务功能和产值构成功能；比较优势理论、规模经济理论、不完全竞争理论、国际投资理论、需求偏好理论等构成了中国出版业"走出去"理论上的经济动因。图书出版业的文化功能以及中国文化海外传播的现实状况构成了中国出版业"走出去"的文化动因。鉴于此，我国政府进行了一系列的制度安排以推动中国出版业"走出去"。

进入 21 世纪之后，中国政治大国的形象日益突出，政治大国的地位日益巩固。同时，在西方发达国家经济发展困难重重、步履维艰的情况下，中国取得的经济成就令世界瞩目。那么，在这样一种国际、国内环境下，中国政府为什么要提出出版业"走出去"战略？这种战略提出与实施的内在动因主要体现在哪些方面？在这些动因的促进下，中国政府又为此进行了哪些相应的制度安排？这一章拟对此进行重点分析。

2.1 中国出版业"走出去"的主要动因

进入 21 世纪，中国政府为什么在中国政治大国地位日益巩固、经济实力日益增强的总体态势下提出出版业"走出去"战略？细究其动因，主要集中于政治动因、经济动因和文化动因三个方面。

2.1.1 政治动因

汹涌澎湃的全球化浪潮下，出版业在树立国家形象、巩固政治大国地位中的特殊作用构成了中国出版业"走出去"的政治动因。

20 世纪后半期以来，科技革命和科技进步的强烈推动使一场汹涌澎湃的现代意义上的全球化浪潮席卷世界。现代科学技术的快速发展和巨大进步极大地促进和方便了全球范围内国家间政治、经济、文化等领域的相互交流，也增强了彼此的合作和依赖，共融与共生成为诸多领域里的一种常态。全球范围内，拥有共同特征的经济、政治和文化范式得以进一步的扩展和普及并逐渐成为一种全球通行的标准。① 一般认为，全球化是一种经济力量和技术理论共同推动之下的动态的历史过程。这一过程中，世界一步步成为一个共同分享的社会活动空间。一个地区的发展和变化能够对另一个地区人们的生活和生存产生深刻影响，这表明全球化使全球范围内人与人之间、群体与群体之间相互联系的广度、强度、速度和影响都空前加强。② 从全球化理论对全球化不同角度的诠释中，我们不难发现，全球化实质上是市场经济机制和体制超越民族国家界限在全球范围内的一种拓展化和纵深化，这一过程中逐渐形成了一种一体化的世界经济体系，进而促使各国政治与文化在全球范围内的互动和影响。市场经济机制的拓展和深化使资本能够于全球范围内自由流动，各种生产要素得以在全球范围内自由配置，从而造就出像全球性的金融市场、大型的跨国公司以及世界贸易组织等这样的在世界经济生活中起支配作用的经济共同体；这种经济机制的拓展和深化也使人类超越民族国家的壁垒，在全球范围内实现世界性的自由的普遍的交往，进而构成政治、经济与文化各个方面相互依赖又相互制约的世界体系；这种市场经济机制的拓展和深化还能使人们把全人类当作一个整体进行审视以便通过努力来解决共同面临的、日趋恶化的全球性问题。③

在这种背景下，出版业在全球化过程中在树立国家形象、

① 周敏凯. 国际政治学 [M]. 上海：华东师范大学出版社，1998：147.

② 周穗明. 西方全球化理论与反全球化思潮 [J]. 岭南学刊，2002（1）：81-86.

③ 阎孟伟，朱丽君. 全球化的实质和进程与马克思的全球化理论 [J]. 南开大学学报：哲学社会科学版，2007（1）：79-85.

巩固政治大国地位中的特殊作用直接构成了中国出版业"走出去"的政治动因。出版是"将文字、图像或其他内容进行加工、整理,通过印刷等方式复制后向社会广泛传播的一种社会活动"①。出版活动既是大众传媒,又是一种宣传手段和宣传方式,其实质内容是进行人类精神食粮的生产,是一种含有精神生产特征的活动,具有意识形态的特殊性。因此,出版活动不可能不与政治发生紧密联系,它在受到社会政治的影响与制约的同时,也对政治产生积极影响。出版物的知识内容可以使社会成员的思想在潜移默化、不知不觉中产生影响和变化,能使社会成员于不自觉中调整、改变和规范自己的情感与行为;含有一定知识内容的出版物的广泛传播有利于形成一定的舆论氛围,进行舆论导向,久而久之能够使社会成员主动、自觉地改变自己的思想方式和行为方式。出版活动以及出版活动的成果——出版物——的上述特点使得"走出去"的出版活动在树立国家形象、巩固政治大国地位方面具有特殊的作用。另一方面,中国经过改革开放 40 年的发展,在政治大国地位日益巩固,综合经济实力不断增强,图书出版产业快速发展的同时,②也出现了一些与这种蓬勃向上的态势极不相称的现象,如具有悠久历史的中国文化的海外传播力和国际影响力极其有限,与中国在国际舞台上的政治、经济地位极不相符。很显然,这种

---

① 张志强.现代出版学［M］.苏州:苏州大学出版社,2003:10.
② 据历年《中国出版年鉴》记载,1978 年年底,全国有出版社 105家,全年共出版图书 14987 种,总印数 37.7424 亿册（张）;到2009 年年底,全国共有出版社 580 家（包括副牌出版社 35 家）,全国共出版图书 301719 种,其中新版图书共 168296 种,重版及重印的图书共 133423 种,总印数共 70.37 亿册（张）,总印张共565.50 亿印张,折合用纸量达 132.93 万吨,定价总金额为 848.04亿元。

不相称的现象影响了我国的大国形象，制约了我国国家形象的海外塑造和国家"软实力"的全球提升，阻滞了国家综合实力和国际影响力的总体提高，从而为中国出版业"走出去"提供了强劲的政治动因。

2.1.2 经济动因

经济学意义上的中国出版业"走出去"实质上是国内出版企业通过不同方式把自己生产的图书产品推向国际市场的一种过程，是国内出版企业的一种跨国经营行为。这种跨国经营行为的经济动因体现在现实上的经济动因和理论上的经济动因两方面。

一、现实上的经济动因

中国出版业"走出去"，现实上的经济动因源于出版发行活动的经济功能。图书出版业的最终产品——图书的知识性、共享性和传播性的特点使图书出版业具有经济促进功能、经济服务功能和产值构成功能。这三项功能中，与中国出版业"走出去"密切相关的是图书出版业的产值构成功能。这一功能表明，图书出版业是我国国民经济的重要组成部分，每年的产值是我国国民生产总值构成中不可缺少的一个部分。据笔者根据历年《中国出版年鉴》的数据统计，2003—2016 年的 14 年间，我国图书出版业的总产值、销售额都在逐年增加（见表 2-1）。出版业的产值、销售额的大小与出版业的生产规模、市场规模密切相关，出版业的产值、销售额越大，意味着出版业对国民生产总值的贡献也越大。中国出版业"走出去"意味着"走出去"的出版企业规模效益的产生，意味着中国出版业总体市场规模的扩大和销售总额的提高，意味着出版业将对国民生产总值的构成做出更大贡献，由此形成了中国出版业"走出去"现实上的经济动因。

表 2-1　2003—2016 年间中国图书出版业总产值、
总销售额、增长率一览表

年 份 \ 类 别	总产值（亿元）	总产值增长率（%）	总销售额（亿元）	总销售额增长率（%）
2003	561.82	5%	1070.2	7.67%
2004	592.89	5.5%	1131.35	5.71%
2005	632.28	6.6%	1229.81	8.7%
2006	649.13	2.67%	1290.94	4.97%
2007	676.72	4.24%	1366.67	5.87%
2008	791.43	16.95%	1456.39	6.56%
2009	848.04	5.68%	1556.95	6.90%
2010	936.01	10.37%	1754.16	12.67%
2011	1063.06	13.57%	1953.49	11.36%
2012	1183.37	11.32%	2159.88	10.57%
2013	1289.28	8.95%	2346.15	8.62%
2014	1363.47	5.75%	2415.52	2.96%
2015	1476.09	8.26%	2563.74	6.14%
2016	1580.96	7.10%	2771.34	8.10%

（注释：1. 数据来源：历年《全国新闻出版业基本情况》；2. 表中总产值指每年出版图书的定价总额，包括初版、重版和重印；总销售额指全国新华书店系统、出版社自办发行系统的出版物总销售额）

二、理论上的经济动因

中国出版业"走出去"理论上的经济动因主要表现为国际经济学的比较优势理论、规模经济理论、不完全竞争理论、国际投资理论以及其他相关理论，为中国出版业"走出去"进行国际化经营提供了理论上的支撑，构成了中国出版业"走出去"的理论动因。

（1）比较优势理论

一般认为，传统意义上的比较优势理论包括亚当·斯密的绝对优势理论、大卫·李嘉图的相对优势理论和赫克歇尔-俄林的资源禀赋理论。

1776年，英国经济学家亚当·斯密在其专著《国民财富的性质和原因的研究》（也译为《国富论》）中第一次系统、全面地提出了绝对优势理论。亚当·斯密认为，在利益的驱动下，市场经济中的微观主体在主观上为自己工作和劳动的同时，实际上也在通过各种方式客观地为社会提供服务。国际贸易和国际分工的基础是各自拥有的有利的技术和劳动生产率。这些优势可以使一个国家生产某些产品的成本远低于其他国家生产同样产品的成本。国与国之间按照彼此拥有绝对优势的生产条件进行国际间的生产分工并进行国际贸易，必然会使各个国家的自然资源、劳动力和资本发挥最大的效用，极大地提高劳动生产率，增加整个社会的物质财富。① 正因为如此，亚当·斯密的这种理论被称为绝对优势理论，这种绝对优势可以是自然形成的，也可以是后天培育的。亚当·斯密绝对优势理论的前提是进行国际贸易的国家与国家之间技术和劳动生产率的差异导致在某种产品的生产成本上存在着绝对差异，也就是说，一个国家必须有一种产品的成本绝对低于贸易伙伴国的同种产品，同时还有另外一种产品的成本绝对地高于贸易伙伴国的同类产品。只有这样，双方才能进行国际贸易。但是，当一个国家的两种（或多种）产品的生产成本都绝对地高于或低于另一个国家，而这两个国家仍然在进行国际贸易时，亚当·斯密的绝对优势理论无法给予理论上的解释。

为了解决国际贸易中的这一理论问题，大卫·李嘉图于

---

① 陈同仇，薛荣久. 国际贸易 [M]. 北京：对外经贸大学出版社，1997：55.

1817 年在亚当·斯密的绝对优势理论的基础上提出了相对优势理论，也是主流经济学家倡导的比较优势理论的内核。 这一理论以劳动价值论为基础。 劳动价值论认为任何商品的价值都取决于这种商品的劳动成本。 李嘉图指出，一个国家虽然在两种商品的劳动成本上都处于劣势地位，但只要这种劣势的程度存在差异，通过比较发现总有一种商品生产在劳动成本上的劣势要少一些，也就表明这个国家在此种商品生产的劳动成本上具有了相对优势。 如果一个国家利用这种相对优势从事专业化分工和生产，进行国际交换，交换双方同样都能够从这种国际交换中得到好处。 这意味着，如果一个国家在所有商品生产上的劳动成本或劳动生产率都比别国低，处于绝对劣势地位，但只要这种劣势存在着程度上的相对差异，就可以进行国际分工、生产，并通过国际交换使交换双方都从国际贸易中获益。 大卫·李嘉图的相对优势理论继承和发展了亚当·斯密绝对优势理论的核心思想，但比绝对优势理论具有更广泛的普遍性和适用性。 亚当·斯密和大卫·李嘉图从技术和劳动生产率的角度提出了国际分工和国际贸易的形成依据，但未能揭示出国际分工和国际贸易形成与发展的本质原因，没有进一步深入探讨绝对成本优势和相对成本优势的来源，因而存在着一定的局限性。

在亚当·斯密和大卫·李嘉图理论的基础上，20 世纪前半期，瑞典经济学家赫克歇尔-俄林在《地区间贸易和国际贸易》中提出各国之间存在绝对成本优势和相对成本优势的必要条件是彼此存在的生产资源的相对差异这一理论主张。 该主张的理论假设是生产函数相同，即不同国家生产相同的商品时需要消耗同样数量的生产资源，也就是用实物形态来衡量劳动生产率的相同。 他们认为影响一个国家或地区商品成本高低的核心因素是该国或地区生产资源的相对丰裕度。 如果一个国家或地区某种资源的供给量相对充裕，它的价格就会相对较低，生产大量使用这种资源的商品的成本就相应降低，从而显示出非常明显的成本优势。 例如，土地资源充裕的国家或地区由于地租相对低廉而在土地密集型产品上具有成本优势，劳动力资源充裕的国家或地区由于劳动力价格的低廉而在劳动密集型产品上具有比较优势。 如果用 w、r 分别表示 a、b 两个国家或地区的工资率与地租率，则有：

$$W_a/R_b < W_b/R_b$$

这个公式表明，当 A 国的劳动力资源和 B 国的土地资源相对便宜时，如果 X 是劳动密集型产品，Y 是土地密集型产品，那么 A 国在 X 商品生产、B 国在 Y 商品生产上具有各自比较优势。赫克歇尔-俄林进一步指出，如果每一个国家或地区都利用它相对富足的生产资源从事商品生产，那么一定会处于相对比较有利的地位；反之，当一个国家或者地区利用它相对稀缺的资源从事某种商品的生产时，则会处于相对不利的地位。 由于这个原因，每一个国家或者地区在国际分工和国际贸易体系中应当主动生产和输出自己处于有利地位的产品，输入自己处于不利地位的产品。

这一理论试图用一个国家或地区资源禀赋的差异来解释产品的相对成本优势，被主流经济学派称为资源禀赋理论。 很显然，亚当·斯密和大卫·李嘉图理论中的成本优势与赫克歇尔-俄林的资源禀赋理论的成本优势的源泉各不相同。 实际上，资源禀赋理论是对亚当·斯密的绝对优势理论和大卫·李嘉图相对优势理论的扩展和补充，把国际贸易理论研究提升到一个新的高度。 此后，以萨缪尔森(1996)为代表的其他后续经济学家又对这一理论进行了进一步的修正和完善，得到了系统、全面的表达，随后半个世纪一直处于国际贸易理论中的绝对统治地位。

（2）规模经济理论

规模经济的概念最早可追溯到工业革命时代。1890年，英国经济学家阿弗里德·马歇尔（1842—1924）在其被称为与亚当·斯密的《国富论》、大卫·李嘉图的《赋税原理》齐名的划时代的经济学著作《经济学原理》中第一次提出了规模经济的概念并对它进行了系统、全面的论述。马歇尔以制造业为例论述了大规模生产的好处。他指出，大企业的优势主要表现为专业化机械的使用和改进、原材料的采购与产品的销售、生产的专门技术以及企业经营管理工作的不断规范。"大规模生产的主要优势与好处是技术的经济、机械的经济及原料的经济，但是，与其他两项相比，最后一项的重要性正在迅速失去。"①马歇尔这里所提及的经济规模主要指生产规模，核心是技术设备的经济规模。此后，规模经济理论在张伯伦、贝恩等一系列新古典经济学家的研究和补充下不断趋于完善。

规模经济理论的核心理念是指企业在进行产品生产时，随着生产规模的扩大，投入必然也相应地增加。当产出增加的比例大于投入增加的比例时，单位产品的平均成本会随着产量的增加而下降，这就是规模效益（或规模报酬）递增，这种情况下的经济活动被称为规模经济（Economies of Scale）；当产出增加的比例小于投入增加的比例时，单位产品的平均成本会随着产量的增加而上升，这就是规模效益（或规模报酬）递减，这种情况下的经济活动被称为规模不经济（Diseconomies of Scale）。规模经济理论认为，规模经济主要体现在四个方面：第一，生产型规模经济。生产规模扩大时，单位产品上分摊的厂房、设备、管理等固定成本会相应降低。第二，交易型规模经济。一次大规模的交易活动比分批次进行的小规模的交易活动加起来更

---

① 阿弗里德·马歇尔.经济学原理［M］.廉运杰，译.北京：华夏出版社，2005：168.

能节省时间、交易成本和运输成本。 第三，仓储型规模经济。原材料购买之后和产品出售之前都需要集中存放，单位存放的成本会随存放数量的增多而降低。 第四，专业分工型规模经济。 从生产和交换的动态过程看，长期性的大批量生产和交换，会使生产分工更加专业化、细分化和精密化，进而产生新的技术和新的设施，提高生产效益。

规模经济理论认为规模经济分为内部规模经济和外部规模经济。 马歇尔在《经济学原理》中指出，"我们可以把任何一种商品由于生产规模的扩大而发生的经济分为两种类型：第一类是有赖于整个行业的一般发达的经济；第二类是有赖于从事这个行业的个别企业的资源、组织及经营效率的经济。 我们称前者为外在经济，后者为内在经济"①。 按照规模经济理论的观点，内部规模经济最核心的观点是一个企业随着生产规模的扩大和产量的提高，单位平均成本呈下降趋势。 但新古典经济学家认为，内部规模经济常态的平均成本曲线呈"U"型曲线分布。 因此，规模经济效益不是无限扩大的，单位产品的平均成本达到最小时的产量水平是规模经济效益的最佳状态。 如果产量超过这个最佳结合点所对应的产量水平时，平均成本便会上升，企业生产将由规模经济转变为规模不经济。 因此，单个企业在总体规模不断扩大的过程中将经历规模报酬递增、规模报酬不变和规模报酬递减三个效益阶段。 规模效益递增的原因是生产资源的共享和节约，如专业化生产和分工，存在于技术装备的采用、销售、资金以及研究和开发等方面的不可分性，先进技术和先进工艺的采用，高效率生产组织的建构、原材料批量采购和储存时费用的节约等方面。 此外，生产企业的规模越大，企业在筹集资金，吸纳人才，购买原料、设备及零部件和

① 阿弗里德·马歇尔.经济学原理［M］.廉运杰，译.北京：华夏出版社，2005：168.

半成品，组织产品销售等方面都具有明显的优势，有时还可以在企业内部利用行政行为代替市场行为以节约交易费用，等等。这一系列因素的共同作用必然导致企业产品平均成本的下降，产生规模效益的递增。

外部规模经济主要指企业外部、行业内部的规模经济，又称"地区集中化经济"（Localization economy）、"行业规模经济"，也就是同行业企业在同一个地理范围内集中配置，当同行业企业的数量不断增加和该行业总产出的规模不断扩大时，整个行业所有企业的平均成本将会呈现出下降趋势。这主要是因为同一行业的众多企业向特定地区的集中，必然会加速这一地区同行业间的技术交流、信息传递，产生"免费搭车"效益，同时生产工艺的仿效和彼此竞争的激烈也会导致平均成本的节约和总体效益的提高，进而造成区域性的行业繁荣。

规模经济理论重点研究了生产规模和经济效益之间的关系，探讨和分析了经济效益和生产成本的变化过程。从经济效益的角度看，随着企业规模的扩大，企业的规模经济经历了规模效益递增→规模效益不变→规模效益递减的三个变化过程；从生产成本的角度看，随着企业规模的扩大，企业的生产成本也相应地经历了平均成本降低→平均成本不变→平均成本增加的三个变化过程。一般意义上的规模经济主要是指规模效益递增或平均成本下降这一经济现象，也就是经济收益增加的幅度大于生产规模扩大的幅度，临界点位于经济效益增加与生产规模增加相等的位置。

（3）不完全竞争理论

西方竞争理论最早可追溯到一百多年前的古典经济学派，代表人物是亚当·斯密。当时经济学家们对竞争的理解和研究的假设是完全竞争。以马歇尔为代表的新古典学派承袭了这种假设并最终形成了完全竞争理论。该理论认为，市场上有大量的卖者和买者；产品都是同质的，具有完全的替代性；资源都可以在各行业之间自由流动；经济主体具有完全信息。

　　但是，当资本主义国家由自由竞争阶段发展到垄断阶段时，完全竞争理论已无法对大规模企业、垄断现象的客观存在这种现实经济做出合理的解释，马歇尔的竞争理论也受到很多西方经济学家的质疑。 1933 年，美国经济学家 E·H·张伯伦（1899—1967）《垄断竞争理论》和英国经济学家 J·罗宾逊《不完全竞争经济学》两书的同时出版，标志着不完全竞争理论的正式形成。 张伯伦的《垄断竞争理论》从产品差异性的角度提出了垄断竞争的普遍存在；罗宾逊的《不完全竞争经济学》从产品可替代性和消费者偏好出发提出了不完全竞争理论。 不完全竞争理论者认为，完全竞争市场只是一种理想化的模型，现实的市场既不是完全垄断，也不是完全竞争，而是二者的混合，即不完全竞争，也就是垄断竞争。 现实生活中大量存在的是"不完全竞争市场"。

　　不完全竞争理论认为，国际贸易中不完全竞争的形成原因主要体现在四个方面。 第一，规模化经济导致不完全竞争。与存在众多小型企业、市场份额相对有限、不足以左右市场价格及形成垄断的完全竞争市场不同，具有相当经营规模的大型企业可以享有大规模生产带来的经济效益，从而显示出众多小企业无法比拟的优势。 这些大型企业对生产的垄断以及事实上规模经济的客观存在自然而然地导致了不完全竞争的出现。 大量国际贸易事实表明，一个国家往往倾向于出口那些规模经济条件下进行生产的大型企业的产品，包括大型企业集团和巨型跨国公司。 第二，进入性壁垒导致不完全竞争。 进入壁垒来自对一些难以替代的关键性生产要素（例如专门人才、技术专利、独特的管理模式、专有的销售渠道以及特殊的自然资源等）的垄断性占有。 这种垄断性占有会构成市场进入性障碍，把其他企业拒之于行业的大门之外。 政府出于国家整体战略利益的考虑也会有意识地利用关税、配额等工具进行人为的干预，封闭市场，造成不完全竞争的国际贸易格局。 在这里，进入壁垒构成了不完全竞争的关键性形成要素。 第三，差异化产品导致不完全竞争。 向消费者提供别具一格的差异化产品以迅速占领市场是企业生产经营中经常使用的一种非价格性竞争策略。 这种产品的差异性可能来自产品自身的新颖的内容、更高的质量、先进的功能、独特的外观以及商品、品牌、广告促销等因素。 差异化产品意味着生产型企业竞争性市场规模的缩减及此类产品生产者垄断权力的增加，实现市场占有率的迅速提高。这表明，差异化产品的存在、大型跨国生产经营公司的出现产生了国际贸易中的不完全竞争。 第四，生产性集中导致不完全竞争。 当市场中产品的生产、销售和国际贸易都集中在少数几家大型公司时，便形成了市场结构中的寡头垄断，导致不完全竞争；当国内企业为了促进产品出口继续国际贸易而相互联合与合作，组成卡特尔式的企业集团，也更容易得到政府的鼓励和扶持，形成不完全竞争。 总之，上述因素的出现会使国际市场结构发生一种内生的扭曲，从完全竞争逐步蜕变为不完全竞争，相应的，处于不完全竞争状态中的企业行为也必然受其影响和制约。

不完全竞争理论分析的核心问题是市场结构问题。 该理论认为，不完全竞争的市场格局包括完全垄断市场、寡头垄断市场和垄断竞争市场三种基本模式。 完全垄断市场是指一个行业里只有唯一的一家生产厂商，生产的产品具有完全的不可替代性，具有极高的行业进入壁垒。 规模经济产生的垄断效应、政府的特许和扶持、特殊的专利和知识产权等因素都可能导致完全垄断市场的形成。 但是，这种市场结构与完全竞争市场结构一样，都是一种极端的市场结构模式，现实世界中很少存在。寡头垄断市场是指一个行业的生产和销售都处于少数几家厂商控制之下的市场结构。 厂商数量少（至少有两个）、产品无差别（也可以有差别）、行业进出难度大、厂商彼此依存度高是这一市场结构的基本特点。 不完全竞争理论在市场结构方面探讨的重点是垄断竞争市场。 这是一种垄断与竞争相结合、垄断因素与竞争因素相交融的市场结构，市场中存在着数量众多的生产和销售有差异的同种产品的生产厂商。 厂商数量比较多、产品存在差异性、行业壁垒较为松散、市场信息较为完备是这一市场结构的主要特点。 垄断竞争理论的代表性人物张伯伦认为，垄断竞争市场格局中，新企业可以通过生产与现有企业有差异的产品的方式进入这个市场，在规模效益递增的假设前提下，这些新进入的企业由于提供了差异性的替代产品，必将使原有生产企业的利润降低到正常水平，从而最终消弭行业中原来存在的任何垄断利润，形成一种差异化产品由拥有垄断权但没有垄断利润的数量众多的企业共同进行生产的市场格局。

不完全竞争理论认为，垄断竞争市场格局下，国际贸易使一国突破了国内市场的空间限制进入了更加广阔的国际市场，这种市场规模的拓展对一个处于垄断竞争市场格局中的产业将会产生两方面影响。 第一，市场规模的扩大意味着单个厂商的市场需求也会相应增加，进而厂商的生产利润会相应提高，从而会吸引数量众多的生产厂商加入，致使垄断利润趋于消减直至消失，但也必然增加了可供消费者选择的产品数量。 第二，新厂商的进入在增加产品数量的同时，也必然增加特色产品的种类，使消费者可选择的替代品的数量及品种不断增加，进一步提高消费者差异性产品的价格需求弹性。 这表明，国际贸易的开展、国际市场的开辟，一方面使国内外消费者拥有了更大的产品选择范围；另一方面，市场的扩大导致企业生产规模的扩大，形成规模经济和规模效益降低产品的平均成本，这会使消费者购买同质同量产品所需支付的价格相应降低，增加了消费者剩余，从而使国际贸易在比较利益之外开辟了一个新的利益源泉。① 由此可以看出，不完全竞争理论在贸易利益来源的探讨上进行了新的尝试，开辟了新的途径，认为随着国际竞争的引入、国际市场的拓展，贸易双方除了从资源、技术、劳动力等方面的差异中获取国际交换的好处外，还可以从异质产品的生产分工中得到好处，在增加产品多样化的同时实现了规模经济效益，从而使贸易国双方的消费者能"以最低价格享受同类产品不同品种的选择和消费，强化了自由贸易优于闭关自守的结论"②。

（4）国际投资理论

20 世纪 50 年代之后，以跨国公司为主体的国际直接投资的迅速发展引起了西方经济学家的广泛关注，他们从不同的角度对国际直接投资行为进行了深入研究，形成了理论派别众多的国际直接投资理论，这些理论直接或间接地为目前中国出版业的"走出去"提供了理论依据。代表性的国际投资理论主要有：

垄断优势理论。1960 年，美国麻省理工学院教授海默（S. H. Hymer）在其博士论文《国内企业的国际化经营：关于海外直接投资的研究》中第一次提出了垄断优势理论，这也是最早独立研究对外投资的理论。此后，经过金德尔伯格（C. Kindleberger）、凯夫斯（R. E. Caves）等后续学者的研究和补充而发展成为一个较为完整的理论体系。该理论以不完全竞争市场结构为基本假设前提，认为国内和国际市场的不完全性造成了跨国公司在管理经验、融资渠道、销售能力、专业技术等方面具有相应的垄断优势，这种垄断优势使跨国公司在进行海外

---

① 夏申. 论不完全竞争与国际贸易（下）[J]. 对外经济贸易大学学报，1994（2）：71-75.

② 夏申. 论不完全竞争与国际贸易（下）[J]. 对外经济贸易大学学报，1994（2）：71-75.

经营时能够抵御来自东道国同行企业的竞争，维持一定的垄断价格和垄断利润，形成不完全竞争或寡头独占的市场格局，这是跨国公司从事国际直接投资的主要动因。由此可以看出，该理论认为国际直接投资是跨国企业经营决策的一种结果，强调市场的不完全性对跨国公司国际直接投资决定因素的影响，形成了传统直接投资行为的理论突破，奠定了西方国际直接投资理论研究的基础。

产品周期理论。20世纪60年代中期，美国经济学家弗农（R.Vernon）以垄断优势理论为基础，在《产品周期中的国际投资和国际贸易》一文中利用产品周期的变更，详细分析了比较优势和投资行为的海外变动过程以及每一个阶段对国际贸易格局的影响，揭示出海外直接投资的动因和基础除了取决于企业拥有的垄断优势外，还取决于企业一定时期内在东道国的区位优势，第一次提出了国际投资的产品周期理论。该理论把一种产品的生命周期划分为创新期、成熟期和标准化三个阶段，不同的阶段决定着公司产品成本和生产区域以及国际贸易策略和国际投资策略的不同选择。产品周期的第一阶段是创新阶段，这一阶段，产品创新性的技术垄断使产品拥有非常低的价格需求弹性，生产成本的差异对公司生产区域的选择没有大的影响，此时最有利的生产安排是在国内生产并通过产品出口满足国际市场的需要。产品周期的第二阶段是成熟阶段。这一阶段，产品生产技术相对稳定，跟风模仿者和竞争者相继出现，产品价格需求弹性的增大使降低生产成本成为竞争胜负的关键。这种情况下，产品原创企业开始创建国外子公司从事生产，进行国际直接投资。产品周期的第三阶段是标准化阶段。这一阶段，产品的生产技术业已普及，产品原创企业的技术优势完全丧失，是否拥有价格优势成为产品竞争的基础，企业需要通过国际投资的方式把产品生产转移到劳动力成本最低的国家或地区。

内部化理论。 20 世纪 70 年代中期，英国学者巴克莱（Peter Buekley）和卡森（Mark Casson）及加拿大学者拉格曼（Allan M. Rugman）共同提出了内部化理论，这是目前解释国际直接投资行为的一种比较流行的投资理论。 该理论认为，市场的不完整性、生产过程中外部市场机制的存在导致中间产品（如技术、经验、原材料、知识、半成品等）交易成本上升，为了改变这种低效率的交易状态，生产企业需要通过有效的组织手段——行政结构把中间产品的外部市场进行内部化，也就是说，内部化是在企业内部建立中间产品市场的一种过程，旨在以生产企业中间产品的内部市场来代替外部市场，这种跨国公司中间产品的内部市场能有效地克服外部市场及市场不完整造成的风险与损失。 市场内部化过程取决于产业、区位、国家以及公司四个方面的特定因素，有效的中间产品市场内部化能给企业带来多方面的收益。 可见，内部化理论强调企业在中间产品交易上建立跨国公司的内部市场以降低交易成本、提高交易效率的能力，认为由此导致的企业生产效益的提高和市场风险的降低是企业进行国际直接投资的真正动因。 这种中间产品交易内部化原理的引入使国际直接投资理论研究更接近投资实践。

国际生产折衷理论。 1977 年，英国经济学家邓宁（Dunning, John）在以垄断优势理论为代表的产业组织理论、以证券投资风险分散理论为代表的金融理论和以厂商理论为代表的内部化理论存在一定局限性的基础上，提出了国际生产折衷理论，用以解释跨国公司进行国际投资的意愿，此后又对这一理论进行了系统的整理和阐述。 该理论认为，一个企业要从事国际直接投资，必须同时具有所有权优势、内部化优势和区位优势三方面优势。 所有权优势指企业拥有的大于国外企业的优势，主要包括生产技术优势、组织管理优势、企业规模优势、资本优势、研发优势及市场销售优势等。内部化优势主要指企业把拥有的资产通过内部化的方式转移给国外子公司比通过外部市场交易的方式转移给国外子公司或其他企业能够获得更多的收益，有效地节约了交易成本。区位优势指可供进行国际投资的地区是否在某些方面比在国内投资更具优势，主要包括劳动力成本、市场容量和市场需求、自然资源、运输成本、关税及非关税壁垒、东道国政府的政策优惠等方面的优势。

根据国际直接投资理论的研究成果，国际直接投资的动机错综复杂，但代表性的投资动机主要集中在市场导向、降低成本、技术与管理、分散投资风险以及优惠政策五个方面。①

（5）其他相关理论

除了上面介绍的比较优势理论、规模经济理论、不完全竞争理论、国际投资理论四种经济学理论外，需求偏好相似理论与引力模型这两种经济学分析的理论工具也对中国出版业"走出去"起到了一定的理论支撑作用。

需求偏好相似理论。1961年，瑞典经济学家林德（Linder）在《论贸易与转变》一书中，提出了需求偏好相似理论，又叫收入偏好相似理论。该理论从国家之间需求结构的相似来解释工业制成品的双向流动，第一次从需求方面探讨国际贸易的形成原因。林德认为，国际贸易可划分为初级产品贸易和制成品贸易两大类，资源禀赋理论只适用于解释初级产品贸易，而不能用来解释发达国家之间大量进行的制成品贸易。因此，他另辟蹊径，独创性地提出了需求偏好相似理论。这一理论主要包括以下三项内容：第一，产品的出口是国内生产和消费的延伸。具有大规模国内需求的产品才会拥有相对优势和国

---

① 卢进勇. 海外直接投资的动机和理论分析 [J]. 山东对外经贸，1996（5）：6-11.

际竞争力，是这种产品出口的前提条件，任何一家企业都不可能去生产国内没有进一步扩大需求的产品。　第二，需求偏好越相似，需求结构就越相近。　两国需求的重叠部分越大，则两国之间的国际贸易量也越大。　第三，平均收入水平是影响一个国家或地区需求结构的最主要因素，是衡量两国需求结构或需求偏好相似程度的主要指标。　一般而言，高收入国家对高价值、高技术含量、深加工程度的高档商品、奢侈品存在着比较大的需求，低收入国家则在以低档商品为主的生活必需品消费上存在比较大的需求。　根据这一理论，一个国家或地区应当选择国内需求规模大的"具有代表性需求"的产品，向需求偏好相似、收入水平相当的国家或地区进行出口，以实现国际贸易的效益最大化。

引力模型。 1962 年，诺贝尔经济学奖获得者丁伯根（Tinbergen）在国际贸易的经验性研究中第一次引入了引力模型，后来经过其他经济学家的不断实践和完善，被证明是一个非常有效的经验分析模型，成为一种国际贸易实证研究的流行工具，广泛运用于国际贸易、国际直接投资、旅游、移民、文化贸易（当然包括图书贸易和版权贸易）等国际流量的实证研究中。　引力模型是指两个国家或地区之间的单项贸易流量与它们各自的经济规模成正比例关系，与它们之间的空间距离成反比例关系。　这种模型与经典物理学理论万有引力定理所描述的两个星体之间的引力与它们的质量成正比例关系而与它们之间距离的平方成反比例关系非常类似，故而得名。　引力模型的基本公式是：

$$T_{mn} = K \cdot GDP_m \cdot GDP_n \cdot L_{mn} \cdot C_{mn}/D_{mn}$$

上式中，m、n 分别代表两个国家，K 是常数，GDP_m 和 GDP_n 分别指 m、n 两个国家或地区的经济规模，也就是国民生产总值（GDP），L_{mn} 指两个国家或地区的语言趋同指数，C_{mn} 指两个国家或地区的其他相关因素趋同指数（如共同的文化历史、共同的边界等），D_{mn}指两个国家或地区之间的空间距离指数。德国康士坦茨湖大学教授舒尔茨（Gunther G. Schulze）曾运用这一模型对全球 49 个最大贸易国的文化贸易进行了实证分析，发现 T_{mn} 对 GDP_{export}、GDP_{import}、L_{mn}、C_{mn} 和 D_{mn} 弹性指数分别是 1.037、1.073、1.477、-0.018、-1.053。[①] 在这里，T_{mn} 对 GDP 的弹性系数均大于 1，表明随着两个国家或地区 GDP 的增长，它们之间的文化贸易将会以更大的幅度增长；两个国家或地区的空间距离越远，它们之间文化贸易下降的幅度更大；语言的同一性越强，则两个国家或地区文化贸易的增长幅度越大，这一点非常明显。引力模型的实证分析表明，语言、习俗、文化、空间距离越近以及收入水平越高的国家或地区开展文化贸易的动力更大。引力模型理论为中国图书版权输出的国别数量提供非常明确的理论依据。

2.1.3 文化动因

中国出版业"走出去"的文化动因源自于图书出版业的文化功能以及中国图书文化和中国文化海外传播的现实状况。

图书出版业是一种文化产业，有其与生俱来的文化功能。这种文化功能主要体现在四个方面：第一，文化积累功能。图书出版业通过图书的出版、发行活动把一个国家或民族的各种文化现象和文化活动记录、贮存起来，并借助一定的物质载体进行大量的复制和广泛的传播。第二，文化创造功能。图书出版业在组织图书产品的生产过程中，能够按照国家或民族文化生产的总体要求对数量众多而分散的社会文化创作行为进行规划、组织和协调，组织实施精神文化生产的重点工程，实现原作品基础上的文化再创造，构建适应社会需要的文化体系。

---

① Gunther G. Schulze. International Trade in Art［J］. Journal of Cultural Economic. 23，1999：109 - 136.

第三，文化选择功能。 出版业在组织出版物再生产过程中遭遇到的"文化存在的多样性与文化传播的方向性的矛盾、知识生产的个体化与出版物消费的群体性的矛盾，以及精神产品创作的自由性与社会文化生产的计划性的矛盾等"①，决定了出版业必不可少的文化选择功能。 这种选择功能主要体现于选题和组稿过程中的文化选择、审稿加工过程中的文化选择和发行传播过程中的文化选择。 第四，文化传播功能。 出版业通过一定的编辑、出版、发行活动的进行能够使作者创作的精神文化转化为便于传播的文化产品，并通过图书市场的发行与销售使这种文化产品得以大规模传播，这就是出版业的文化传播功能。②

　　图书出版业的这种文化功能决定了图书出版业具有传播、展示、提升和彰显一个国家或民族文化"软实力"的功能。 但是，与近年来中国政治大国地位日益巩固，综合经济实力不断增强，图书出版产业快速发展③极不协调的是具有悠久历史的中国文化"软实力"的海外传播力和国际影响力极其有限，具有

---

① 罗紫初，汪林中，宋少华.出版发行学基础［M］.太原：山西经济
　 出版社，2000：75.
② 罗紫初，汪林中，宋少华.出版发行学基础［M］.太原：山西经济
　 出版社，2000：75-80.
③ 据历年《中国出版年鉴》记载，1978 年年底，全国有出版社 105
　 家，全年共出版图书 14987 种，总印数 37.7424 亿册（张）；到
　 2016 年年底，全国共有出版社 584 家（包括副牌出版社 33 家），
　 全国共出版图书 499884 种，其中新版图书共 262415 种，重版及重
　 印的图书共 237469 种，总印数共 90.37 亿册（张），总印张共
　 777.21 亿印张，折合用纸量达 182.66 万吨，定价总金额为 1580.96
　 亿元。

悠久历史的中国图书的海外扩散力①和海外影响力极其有限，与中国的图书出版能力和图书出版数量②极不相称。很显然，这种现象在相当程度上影响了我国的大国形象，制约了我国国家形象的海外塑造和文化"软实力"的全球提升，阻滞了国家综合实力和国际影响力的总体提高，尤其是在西方文化通过各种途径和方式大量涌入中国的形势下，更是直接威胁到国家的文化安全。而中国文化的海外传播和国家文化"软实力"的总体提升又离不开出版业的快速、健康发展。出版业的最终产品是图书或其他电子出版物。这些出版物所承载的人类知识的共享性和传播性以及肩负的传承人类文明和提升国家文化"软实力"的历史使命直接构成了中国出版业"走出去"的文化动因，使中国出版业"走出去"成为一种历史的必然，也成为当代中国出版业前进过程中的一种常态。

2.2　中国出版业"走出去"的制度安排

上述分析表明，中国出版业"走出去"有其内在的政治动因、经济动因和文化动因。为了使这种内在的、理论上的动因转化为现实行动，必须制定一系列与其配套的政策、制度，进行适时、适度的制度安排。

---

① 图书版权贸易是图书海外扩张力的重要体现。2003—2009 年间，中国输往海外的图书版权种数分别是 811 种、1314 种、1434 种、2050 种、2571 种、2440 种和 3103 种；同期，不计输往其他国家，美国仅输往中国的版权就分别是 5506 种、4068 种、3932 种、2957 种、3878 种、4011 种、4533 种，明显多于中国。

② 2003—2009 年，我国书籍出版种数分别是 159716 种、170485 种、171461 种、180979 种、192912 种、218667 种和 238868 种，2016 年年底则为 410438 种。

2.2.1　制度现状

中国出版业"走出去"战略提出之前，围绕着图书商品输出、图书版权输出及海外直接投资进行的制度安排除一般商品与投资都适用的相关贸易规则、投资规则外，主要集中于《出版管理条例》、《保护文学艺术作品伯尔尼公约》和《世界版权公约》。这种制度安排很难适应全球化背景下推动中国文化走向世界、扩大中国文化海外影响、提升国家文化"软实力"的国家战略之需，难以发挥原有制度的潜在效益，产生了制度变迁的强烈需求。在这种背景下，政府有关部门提供了适时、适度的制度供给和制度安排。

2003年1月15日在北京召开的全国新闻出版局长会议上，新闻出版总署署长石宗源在报告中提出了推动我国新闻出版业进一步发展的"走出去"战略，此战略与同期提出的精品战略、集约化战略、科技兴业战略和人才战略并称为中国新闻出版业"五大战略"，号召和鼓励国内出版业加快对外开放的步伐，鼓励出版单位积极开拓海外市场。同时还全面启动了大型图书出版工程"金水桥计划"，该计划旨在资助海外出版机构翻译、出版中国图书。

2004年下半年，借鉴法国政府扶持本国图书输往海外的经验做法，国务院新闻办公室与新闻出版总署共同启动了以"向世界说明中国，让世界各国人民更完整、更真实地了解中国"为宗旨的"中国图书对外推广计划"，这是中国政府第一次资助中国图书的对外推广，以借此推动中国文化产业的"走出去"。该计划主要以资助翻译费的方式鼓励海外出版机构翻译、出版中国图书，使全球读者能够以自己熟悉的文字通过阅读中国图书来更好、更多地了解中国。截至2016年底，"中国图书对外推广计划"工作小组成员单位已由原来的20家增加到38家，成员单位版权输出总量增长到48522项，与十年前相比增长了4倍多。与美国、德国、英国、荷兰、俄罗斯、法国、澳大利

亚、日本、韩国、越南、巴西等 72 个国家（或地区）的 603 家
出版机构共签订 2676 项资助出版协议，涉及 2973 种图书、47
个文版。①

2006 年年底，新闻出版总署公布《新闻出版业"十一五"
发展规划》，提出了推动中国新闻出版业"十一五"期间发展的
八大战略。 其中第七大战略是积极实施中国出版业"走出去"
战略，重要内容包括：（1）鼓励国内出版单位和个人通过合
资、合作、参股、控股等不同类型的合作方式创办海外出版分
支机构；（2）积极推进国内出版企业"走出去"、出版业务"走
出去"、图书版权"走出去"和出版业的资本"走出去"，这种
"走出去"的重点是汉文化圈和西方主流文化市场；（3）中国
出版业"走出去"的具体目标到 2010 年实现实物出口量比 2001
年翻一番。

2007 年 3 月，新闻出版总署副署长柳斌杰提出鼓励中国出
版业"走出去"的八大政策。 规定国家将提供更多的政府资金
努力办好有国内出版社参展的国际书展，打造出形式多样、内
容丰富的中国图书对外推广平台；适时、积极地表彰和奖励在
中国图书"走出去"方面取得显著成绩的国内出版单位；凡是
被列入"中国图书对外推广计划"或实施"走出去"战略的图
书出版时需要的书号不受数量上的限制；制定与"鼓励和扶持
文化产品和服务出口的若干政策"的配套文件；支持国内的重
点出版企业申办图书产品的出口权；继续向"中国图书对外推
广计划"提供资金支持；支持国内出版单位积极创办面向海外
读者市场、适合海外读者阅读和了解中国文化与中国现状的外
语期刊；协调国内金融机构向涉及中国出版业"走出去"的各

---

① 张雁彬."中国图书对外推广计划"工作小组 2016 年度工作总结和
下一步工作建设.2017 - 09028 09：01.中国图书对外推广网：
http://www.chinabookinternational.org.

类活动、出版工程以及外向型出版企业提供所需要的信贷支持。

为了充分发挥中华文化的传统优势与比较优势，倡导、支持和鼓励国内各种类型的文化企业积极、主动地参与海外文化市场上的国际竞争，提高海外市场上的竞争能力，带动文化产品与服务的出口，2007 年 4 月 11 日，新闻出版总署、外交部、商务部、文化部、广电总局和国务院新闻办共同发布《文化产品和服务出口指导目录》。该《指导目录》的具体做法是上述各部门将在列入目录的项目中认定一批有利于发展中国同世界各国人民友谊、有利于弘扬中华民族优秀传统文化、有利于扩大中国传统文化的海外影响、有利于维护国家统一和民族团结且具有比较优势和鲜明民族特色的"国家文化出口重点项目"；认定一批守法经营、信誉良好、拥有国际文化贸易专门人才、在国际文化市场上具备较强的国际市场竞争力的"国家文化出口重点企业"，各地区、各部门在资金支持、人才支持、技术创新、市场开拓及进出口时的海关通关等方面尽可能创造条件予以积极支持。

2007 年 10 月，胡锦涛总书记在中共十七大报告中首次明确提出了"提高国家文化'软实力'"的战略思想，这表明我们党和国家已经把提升国家文化"软实力"作为实现中华民族伟大复兴的新的战略着眼点。文化"软实力"是国家"软实力"的核心因素，主要指一个国家或地区文化的影响力、凝聚力和感召力，是现代社会发展的精神动力、智力支持和思想保证，是一个民族凝聚力和创造力的重要源泉，是一个国家综合国力竞争的重要因素。

以"中国图书对外推广计划"为基础，从 2009 年开始，我国政府又全面推动"中国文化著作翻译出版工程"。该工程以资助系列图书产品的出版为主，采取政府资助、联合翻译出版、商业运作发行等方式资助书稿的翻译费用和图书的出版及推广费用，旨在把更多的中国文化介绍给世界，让全世界更多的人了解中华文明、共享中华文明。此外，国家还将从四个方面继续推动中国出版业"走出去"：一是做好图书商品出口与图书版权贸易工作；二是加大国际合作出版与境外直接出版的力度；三是借用海外力量扩大中国文化的国际影响；四是充分发挥北京国际图书博览会及法兰克福书展的宣传作用。

2009年10月，为了鼓励和支持适合海外市场读者需求的外向型图书的出版，有效地推动中国图书"走出去"，扩大中国文化的海外影响、提升国家文化"软实力"，也为了使中国出版业"走出去"活动趋于规范化、制度化和常态化，新闻出版总署正式启动"经典中国国际出版工程"，到2011年3月，共有207种图书获得资金资助。该工程主要采用项目管理的方式资助外向型优秀图书选题的翻译和出版，资助范围涉及社会科学、自然科学、文学、语言、艺术、少儿等领域优秀图书的选题，代表各领域的最高水平，主要以中国经典传统文化和反映当代中国政治、经济、文化、科技和社会等方面发展变化为主要内容的精品图书为主，重点资助"中国学术名著系列"和"名家名译系列"两大子项目工程。

2010年12月9日，为了贯彻、落实国务院制定的《文化产业振兴规划》，提高中国出版物的国际市场份额及国际影响力，开拓中国出版物国际营销渠道，使中国图书更快捷地走向世界，新闻出版总署正式实施"中国出版物国际营销渠道拓展工程"。该工程包括"国际主流营销渠道合作计划"、"全球百家华文书店中国图书联展"以及"跨国网络书店培育计划"共三个子项目，拟在"十二五"期间，建构一个包括国际主流营销渠道、海外主要华文书店和重要国际网络书店在内的中国出版物海外立体营销网络体系，旨在推动数量更多的国内出版社出版的优秀中文版和外文版图书走向世界。目前，该项目中的"国际主流营销渠道合作计划"及"全球百家华文书店中国图书联展"两个子项目已正式开始全面实施。

此外，中国新闻出版总署还在积极筹划、制定"国际畅销书计划"，该计划拟对进入"国际畅销书计划"的图书项目给予包括政策、资金在内的大力扶持，争取在未来 5 到 10 年内打造出一批国际畅销书。

2011 年 12 月，为贯彻党的十七大关于加强对外文化交流，增强中华文化国际传播力和影响力的精神，巩固和扩大应对国际金融危机冲击成果，落实《文化产业振兴规划》有关"走出去"的重点任务，结合《新闻出版业"十二五"发展规划》的实施，新闻出版总署制定了《新闻出版业"十二五"时期"走出去"发展规划》，分析了新闻出版业"走出去"的现状、问题和必要性，制定了我国新闻出版业"走出去"的指导思想、基本原则、主要目标和八大重点任务，提出了推动中国新闻出版业"走出去"的十一项政策措施。

2012 年 1 月，为深入贯彻党的十七届六中全会精神，落实《新闻出版业"十二五"时期发展规划》及《新闻出版业"十二五"时期走出去发展规划》，切实提升我国新闻出版业的国际竞争力、传播力和影响力，推动新闻出版强国建设，新闻出版总署制定出台了《关于加快我国新闻出版业走出去的若干意见》，明确加快我国新闻出版业"走出去"的主要目标、重点任务和十项具体措施。

2014 年 3 月，国务院发布《关于加快发展对外文化贸易的意见》，提出了加快我国文化贸易的指导思想、基本原则、发展目标和政策措施，进一步完善《文化产品和服务出口指导目录》，定期发布《国家文化出口重点企业目录》和《国家文化出口重点项目目录》，加大政策扶持力度。同一年，有关目标还相继实施了中外图书互译计划、重点新闻出版企业海外发展扶持计划、边疆新闻出版业走出去计划等，不断加大中国出版业"走出去"的支持力度。

2015年7月，国家新闻出版广电总局制定发布了《"十三五"国家重点图书、音像、电子出版物出版规划》，指出要继续深入实施出版"走出去"战略，加快国际传播能力建设，讲好中国故事，传播好中国声音，努力提高中国出版的国际竞争力，促进人类文明交流互鉴，推出一批不断增强中华文化国际影响力的出版物。

同一年，新闻出版广电总局还号召推进"经典中国"国际出版、"丝路书香工程"等重点工程，加快实施边疆地区新闻出版"走出去"扶持计划，重点翻译资助项目、丝路国家图书互译项目、汉语教材推广项目、境外参展项目、出版物数据库推广项目等，对丝路文化精品图书、中国主题图书、传统文化图书、优秀文学图书和原创少儿图书的翻译推广给予重点资助。

为调动海外版权购买者的积极性，新闻出版广电总局还启动实施"图书版权输出普遍奖励计划"，对已经出版但未获得资金扶持的，包括海外版权购买者在内的图书版权输出实行普遍奖励，全面提高海外版权购买者的版权输出积极性。此外，为充分利用多种对外交流渠道和活动平台，把文艺"走出去"纳入人文交流机制，国家新闻出版广电总局坚持"坚持标准、突出重点、结合实际、讲求效益"的工作原则，积极资助向世界推介我国优秀文艺作品。

2017年1月，文化部《"一带一路"文化发展行动计划（2016—2020年）》公布，该计划以"政府主导，开放包容；交融互鉴，创新发展；市场引导，互利共赢"为基本原则，以健全"一带一路"文化交流合作机制、完善"一带一路"文化交流合作平台、打造"一带一路"文化交流品牌、推动"一带一路"文化产业繁荣发展、促进"一带一路"文化贸易合作为重点任务。

2.2.2 制度激励

中国出版业"走出去"实际上也是在市场经济条件下进行

的一种交易行为，为了降低这种交易行为的费用，政府有关部门出台了一系列激励性制度措施。 通过对这些激励性制度措施的分析，笔者发现它们主要从降低交易费用的角度对中国出版业"走出去"这一经济行为产生激励作用，具体表现为通过提供有效信息以降低"走出去"的交易费用和直接降低交易费用两个方面。 交易费用是新制度经济学理论中具有理论基础意义的最基本的范畴和理论分析工具。 尽管其内涵和外延有很多的诠释，但总体而言其实它"无非就是交易前、交易中和交易后的各种与交易有关的费用"①。

第一，通过提供有效信息降低中国出版业"走出去"过程中的交易费用以产生激励作用

这方面的制度、措施主要是通过提供有效信息降低"走出去"的不确定性从而达到降低交易费用的作用。 如 2003 年 1 月新闻出版总署提出新闻出版业"走出去"战略，号召国内出版企业加快"走出去"的步伐，鼓励外向型出版机构尤其是实力雄厚的出版集团向海外发展。 2006 年年底，新闻出版总署公布的《新闻出版业"十一五"发展规划》明确提出积极实施中国出版业"走出去"战略，战略的主要内容有：（1）以汉文化圈和西方主流文化市场为重点，积极推进版权"走出去"、出版业"走出去"、出版业务"走出去"和资本"走出去"；（2）"走出去"的具体目标是到 2010 年实现实物出口量比 2001 年翻一番；（3）鼓励出版机构和个人通过合资、合作、控股、参股等方式到海外设立与出版、印刷有关的合法性机构。 2007 年 4 月 11 日，商务部、文化部、外交部、新闻出版总署、广电总局、国务院新闻办共同发布《文化产品和服务出口指导目录》，认定一批有助于弘扬中华民族优秀传统文化、有助于维护民族团结和国家统一、有助于发展中国同世界各国人民友谊且具有

———————

① 袁庆明. 新制度经济学 [M]. 北京：中国发展出版社，2005：42.

比较优势和鲜明民族特色的"国家文化出口重点项目";在符合本目录要求的企业中认定一批拥有国际文化贸易专门人才、具备较强国际市场竞争力、守法经营及信誉良好的"国家文化出口重点企业",各部门、各地区依据有关规定在市场开拓、技术创新、海关通关等方面创造条件予以支持,等等。 上述制度性措施实际上是传递了一种"走出去"的明确信息,国内出版社可据此进行适当的战略性调整,以适应国家文化战略的总体要求。

第二,通过直接降低中国出版业"走出去"过程中的交易费用以产生激励作用

中国出版业"走出去"过程中的交易费用也就是"走出去"过程中产生的与交易有关的各种成本,这种成本的直接降低将会对"走出去"的主体产生激励作用。 如 2003 年全面启动了资助海外出版机构翻译、出版中国图书的大型工程"金水桥计划";2004 年下半年,新闻出版总署与国务院新闻办公室联合启动"中国图书对外推广计划",这种我国以政府名义首次资助推动中国图书的对外推广,促进中国文化产业"走出去",该计划主要以资助翻译费的方式鼓励海外出版机构翻译、出版中国图书,让海外读者能够以自己熟悉的文字,通过图书的阅读更多、更好地了解中国;2007 年 3 月,新闻出版总署提出了鼓励、支持中国出版业"走出去"的八大政策,规定凡列入"中国图书对外推广计划"或实施"走出去"战略的图书出版项目需要的书号不受数量限制;大力支持重点图书出版企业申办出口权;支持国内出版机构创办面向海外的外向型外语期刊;制定与"鼓励和扶持文化产品和服务出口的若干政策"相配套的有关文件;协调国内金融机构向外向型图书出版企业和出版工程项目提供发展所需的信贷资金;提供政府资金,竭力办好国际书展,打造中国图书推广的国际平台;为"中国图书对外推广计划"提供后续资金支持。 从 2009 年开始,国家采取政府扶

持资助、商业运作发行、联合翻译出版等多种方式，以资助系列图书产品为主，全面推动"中国文化著作翻译出版工程"，在资助书稿的翻译费的同时也资助图书的出版及推广费用，以期把更多的中国文化介绍给海外读者，让全世界更多的读者通过阅读来共享中华文明。　此外，国家还将继续努力做好图书商品出口与图书版权贸易工作，加大国际合作出版与境外直接出版的力度，借用海外力量扩大中国文化的国际影响，充分发挥北京国际图书博览会及法兰克福书展的宣传作用，不断大力推进中国出版业"走出去"。　2009年10月，新闻出版总署正式启动"经典中国国际出版工程"，主要采用项目管理的方式直接资助外向型优秀图书选题的翻译和出版，资助范围涉及社会科学、自然科学、文学、语言、艺术、少儿等领域优秀图书的选题，代表各领域的最高水平，以中国经典传统文化和反映当代中国政治、经济、文化、科技和社会等方面发展变化为主要内容的精品图书为主，重点资助"中国学术名著系列"和"名家名译系列"两大子项目工程。　毫无疑问，上述资助性制度措施明显降低了中国出版业"走出去"的交易成本，将对"走出去"的国内出版企业产生积极而有效的激励作用。

此外，国家有关部门出台的有些政策措施能使中国出版业"走出去"过程中的外部性内部化，从而对相关主体产生激励作用。　如2007年3月，时任新闻出版总署副署长的柳斌杰在"中国图书对外推广计划"工作会议上提出了扶持中国出版业"走出去"的八大政策，其中有一个政策是适时表彰、奖励图书"走出去"取得成绩的出版集团和出版社。　这项措施能使"走出去"的正外部性产生内部化效果，从而产生激励作用。

第三章 /

中国出版业"走出去"的现状分析

中国出版业"走出去"的现状可以从图书商品输出、图书版权输出和海外直接投资三个方面体现出来。这一章进行了图书商品输出的数量分析和问题分析，图书版权输出的量化分析（包括输出数量分析、输出地区分析、输出省份分析和输出内容分析）和问题分析（包括贸易数量失衡、贸易省区失衡、贸易区域失衡），以及海外直接投资的基本现状。

2003 年 1 月 15 日，当时的新闻出版总署署长石宗源在北京召开的全国新闻出版局长会议上所做的报告中第一次提出了加快新闻出版业发展的"走出去"战略，号召国内出版企业加快"走出去"步伐，鼓励一切外向型出版单位特别是实力雄厚的出版集团向海外发展。此后，国家相继出台了一系列鼓励中国出版业"走出去"的政策措施。这意味着中国出版业"走出去"从企业微观层面的自觉行为正式上升为国家宏观层面的文化战略。那么，到目前为止，中国出版业"走出去"的发展现状如何？这一章拟对此问题进行大致的探讨。

3.1 图书商品输出的现状

中国图书商品输出源头久远。20 世纪 80 年代改革开放之后，随着出版、发行体制改革的逐步完成、市场化体制的逐步建立和完善，以及在中国出版业"走出去"战略的带动下一系列鼓励图书出口优惠政策的相继实施，中国出版业通过图书商品贸易方式"走出去"的规模不断扩大，成效初步彰显。

3.1.1 数量分析

近年来，中国图书商品贸易的主要流通组织者，有隶属于国家和地方的 30 多家图书进出口公司以及一部分拥有图书进出口权的出版社和民营书店、网上书店。中国图书商品贸易的对象国或地区主要是日本、韩国、美国、加拿大和中国港台地区。此外，英国、新加坡、马来西亚、荷兰、德国、法国的图书市场上也有一些中国图书。中国图书商品的海外客户主要是各地的图书馆以及中文书店，除一部分直接用外文写作或者被翻译成外文出版的图书外，通过这种模式走向世界的大部分中国图书的读者对象主要是海外华人和华侨以及一部分海外汉学家。

　　根据历年《中国出版年鉴》载有的数据资料，2003 至 2016 年的 14 年间，中国出版业出口图书数量累计 13001 万册，年均 928.6 万册（同期间累计进口图书数量 9600 万册，年均进口 685.7 万册）；出口金额累计 51121 万美元，年均 3651.5 万美元（同期间图书进口累计金额 128766 万美元，年均进口金额 9197.6 万美元）。2003 年中国政府推出中国出版业"走出去"战略、积极扶持中国图书"走出去"之后，中国图书通过商品贸易方式走向世界的规模总体呈上升态势。2003 年至 2016 年的 14 年间，中国图书出口数量由 2003 年的 465 万册增长到 2016 年的 1450 万册，增长了 211.8%，出口金额由 2003 年的 1867 万美元增长到 2016 年的 5407 万美元，增长了 189.6%。（见表 3 - 1）。

表 3 - 1　近 14 年来中国图书商品进出口数量、金额一览表

类别 年份	出　口		进　口	
	数量	金额	数量	金额
2003	465	1867	285	3750
2004	469	2085	338	3870
2005	518	2921	404	4197
2006	735	3192	361	4324
2007	714	3298	366	7813
2008	653	3131	438	8155
2009	625	2962	533	8317
2010	707	3232	569	9402
2011	856	3277	755	11667

续表

年 份 \\ 类 别	出 口		进 口	
	数量	金额	数量	金额
2012	1326	4250	744	13708
2013	1738	5216	858	12055
2014	1466	5061	978	12588
2015	1279	5222	1419	14499
2016	1450	5407	1552	14421
合计	13001	51121	9600	121146
年均	928.6	3651.5	685.7	9197.6

（数据来源：历年《全国新闻出版业基本情况》。表中单位：数量：万册；金额：万美元）

3.1.2 问题分析

在中国图书商品输出数量上的繁荣背后，也存在着语言、渠道和品种这三大不容忽视、亟须解决的现实问题，妨碍着中国图书走向世界。语言方面，目前，直接以外文方式出版并走向世界的中国图书的数量还非常有限，输往海外市场的成品图书大部分仍然是中文图书，流通范围也局限于海外华人、华侨、海外汉学家及一部分图书馆，难以进入西方社会的主流渠道，产生的文化影响还非常有限；渠道方面，我国的图书出口并不是按照国际惯例进行分国别、分区域授权营销，而是通过多种渠道进行无规则销售，难以进入海外主流市场。我国虽然已经在世界各地的近百个国家和地区设立了1000多个发行网点，出口的图书可发行到180多个国家和地区，但与出版业发达国家相比，网点的数量和规模仍然十分有限，网点类型和网点结构也很不合理。这些网点大部分是中小型书店或个人代销户，铺面小，品种少，资金薄弱，人力和影响力有限，没有打入这些国家的传统发行渠道，如大型书店、连锁店等，极大地制约了中国图书的海外扩张和中国文化的海外传播；品种方面，近年来我国图书可供品种逐年增多，但相当一部分是选题重复、平庸的图书和教材教辅，剩下的那些图书中又由于国内出版机构海外市场意识的淡薄而使得真正适合外国人阅读、满足海外读者阅读需求的外向型图书品种相当有限。此外，除图书进出口公司外，一些出版社、书店和个人在从事图书出口业务的过程中，时常引发图书出口的恶性竞争，导致出口图书价格不断下降，市场风险明显提高。

3.2 图书版权输出的现状

20世纪90年代初期，我国相继加入《伯尔尼公约》与《世界版权公约》。这标志着我国真正意义上的图书版权贸易的开始，同时也标志着我国真正意义上的图书版权输出的开始。此后，我国图书版权贸易取得较快发展，图书版权输出总体上呈现上升态势，2003年国家提出中国出版业"走出去"战略之后这一态势更为明显。下面我们利用新闻出版总署公布的历年版权贸易统计数据，对近12年来中国图书版权输出的现状和问题进行大致的分析。

3.2.1 量化分析

（1）输出数量分析

从输出数量上看，2003年到2016年的近14年来我国图书版权输出的规模总体偏小，这与中国经济的快速发展、与中国在国际上的大国形象、与中国博大深厚的文化底蕴以及与中国的图书版权引进数量相比都极不相称。据国家新闻出版广电总局官方网站公布的数据，2003—2016年间，中国通过出版社输出的图书版权共计62810种，与同期引进的190582种图书版权相比存在着巨大的贸易逆差，与国外出版业发达国家的图书版权输出相比也存在着巨大差异（见图3-1）。这14年间，我国图书版权输出的平均增长率17.2%，其中2004年增长率最高，达到 62％，2011 年增长率次之，为 52.6％。 14 年间 2003 年增长率大幅下降了 37.5％，此后 13 年中，只有 2008、2013 和 2015 年我国图书版权输出量较前一年略有下降，增长率分别为 −5.10％、−3.5％和 −1.1％，其余年份均呈上升趋势（见图 3−2）。

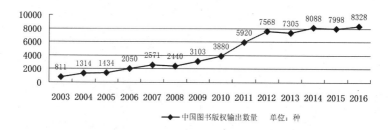

图 3−1 2003—2016 年中国图书版权输出数量示意图
（数据来源：国家版权局官方网站）

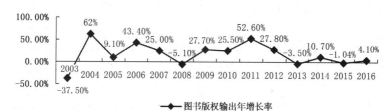

图 3−2 2003—2016 中国图书版权输出年增长率变化示意图
（数据来源：新闻出版广电总局官方网站）

（2） 输出地区分析

从输出地区上看，2003 至 2016 年间，我国共输出图书版权 65464 种。 位于中国图书版权输出前十位的国家和地区分别是台湾地区、美国、韩国、香港地区、英国、日本、德国、新加坡、法国和俄罗斯，14 年间共向这些国家和地区输出图书版权 47962 种，占输出总数的 73.3％（见表 3−2）。 台湾地区和美国一直是中国图书版权输出的最主要地区，14 年间共向台湾地区输出图书版权 16909 种，占总数的 25.8％；向美国输出图书

表 3 - 2 2003—2016 年图书版权输出国家与地区示意图（单位：种）

国别 / 年份	美国	英国	德国	法国	俄罗斯	加拿大	新加坡	日本	韩国	中国香港地区	中国澳门地区	中国台湾地区	其他地区
2003	5	2	1	0	1	0	9	15	89	178	0	472	26
2004	14	16	20	4	0	0	30	22	114	278	94	655	67
2005	16	74	9	7	6	0	43	15	304	169	1	673	117
2006	147	66	104	14	66	25	47	116	363	119	53	702	228
2007	196	109	14	50	100	13	171	73	334	116	38	630	727
2008	122	45	96	64	115	29	127	56	303	297	47	603	536
2009	267	220	173	26	54	10	60	101	253	219	10	682	1028
2010	1147	178	120	121	11	86	375	214	360	534	6	1395	1144
2011	766	422	127	126	40	15	131	161	446	366	19	1644	1659
2012	1021	606	352	130	104	104	173	401	282	440	1	1781	2173
2013	753	574	328	184	124	46	171	292	656	402	24	1714	2037
2014	734	410	304	313	177	67	248	346	623	277	13	2284	2292
2015	1185	708	467	199	135	144	262	285	619	311	31	1643	2680
2016	932	290	262	110	356	87	184	353	576	486	56	1848	2788
总数	7305	3720	2377	1348	1289	626	2031	2450	5322	4192	393	16909	17502

（数据来源：国家新闻出版广电总局官方网站）

版权 7305 种，占输出总数的 11.2％（见图 3-3）。 从区域分布上看，14 年间中国图书版权输出主要集中在亚洲地区（占输出总数的 47.8％）和欧美地区（占输出总数的 25.5％），亚洲地区所占份额处于绝对优势地位，但最近几年，输往欧美国家的图书版权呈明显上升势头，表明我国的图书已经越来越得到欧美国家的认可和青睐，图书版权输出渐呈冲出亚洲、走向世界之势，显示了中国出版业通过版权贸易方式"走出去"的初步成效。

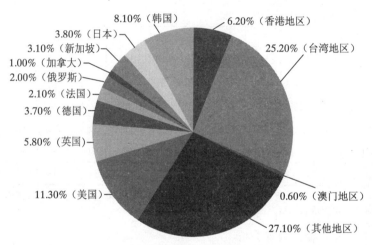

图 3-3　中国图书版权输出地区输出数量占比示意图
（数据来源：根据表 3-2 计算所得）

（3）输出省份分析

从输出省份看，根据国家版权局官方网站公布数据的不完全统计，2005—2014 的十年间除青海省外，其他所有省份都涉及了图书版权输出。 十年间，中国图书版权输出数量前十位的省市分别是北京、上海、安徽、江苏、江西、湖北、浙江、辽宁、广东和湖南，这十个省区（市）十年间累计输出图书版权 25383 种，占十年间图书版权输出总数的 86.7％；其中输出最多的是北京市，六年间共输出图书版权 13286 种，占输出总数的45.3%，处于图书版权输出的绝对优势地位；其次是上海，十年间共输出图书版权4488种，占输出总数的15.3%；输出最少的是湖南省，十年间共输出图书版权589种，占输出总数的2.0%。（见表3-3）

表3-3　2005—2014年间中国图书版权输出总数前10位
省市输出数量（种）及所占比例

	北京市	上海市	安徽省	江苏省	江西省	湖北省	浙江省	辽宁省	广东省	湖南省
2005	868	354	10	18	0	16	46	37	12	5
2006	1188	214	59	60	61	38	20	85	30	69
2008	1232	216	114	120	102	28	74	93	27	97
2010	2316	1826	196	130	109	145	40	102	95	192
2013	3351	220	887	193	210	295	322	234	186	116
2014	4331	1658	912	382	420	306	324	211	271	110
总计	13286	4488	2178	903	902	828	826	762	621	589
占比	45.3%	15.3%	7.4%	3.1%	3.1%	2.8%	2.8%	2.6%	2.1%	2.0%

（2007年、2009年、2011年、2012年、2015年、2016年数据不详，数据来源：国家版权局官方网站 http://www.ncac.gov.cn）

（4）输出内容分析

近年来，我国版权输出图书的内容主要集中于传统文化与语言艺术两个方面，而以旅游风光、古今建筑、名胜古迹、古籍整理、工艺美术画册、历史、文学和医药等为主。例如，我国于2003年输出的811种图书中，地理、历史类有179种，科、教、文、体类有148种，医药、卫生类有93种，这三类就占了我国2003年输出图书总数的一半以上（见表3-4）。此外，根据不同国家文化背景的不同，图书版权输出的内容也有所差别。如欧洲国家对中国的传统医学和艺术感兴趣，故向德国输出了《西藏风貌》、《中医内科学》、《中医保健推拿图谱》等，向意大利输出了《中国瓷器绘画艺术》、《长寿之谜》等，向法国输出了《敦煌吐蕃文集成》等。 亚洲地区的新加坡、马来西亚对我国的少儿、语言类图书比较感兴趣，故向这些国家输出的作品主要有《绘图本中国古典文学》、《中华民间故事大画册》和《汉语拼音彩图故事》；日、韩等国对中国的文学、哲学和传统医学类图书感兴趣，故向这些国家输出了《中国哲学大纲》、《中国武侠史》、《中国药膳大词典》等图书。 美国从中国输入的图书版权相对比较分散，涉及内容较广，像《气功精要》、《中国金鱼画册》、《三松堂》、《中国历代名著全译》、《企业信用的再创造》等都在美国引进的图书版权之列。 我国当代政治经济与科技方面的图书在版权输出中也占有一定比例，但输出的国家数量有限而集中，如《经济白皮书：中国经济形势与展望（1994—1995）》、《中国国家能力报告》和《中国农业发展报告（1995）》等被输出到日本、英国，《孤立子理论与应用》、《非线性阶偏微分方程》被分别输出到德国与美国；文艺类作品的输出则主要集中于茅盾、鲁迅、老舍、巴金、郭沫若、曹禺等现代著名作家，当代作家如杨继军、王蒙等也有图书版权输出。

表3-4　2003年全国版权输出图书类别情况统计

类别	A：马列主义	B：哲学	C：社会科学	D：政治、法律	E：军事	F：经济	G：文、教、科、体	H：语言、文字	I：文学	J：艺术	K：历史、地理
数量	0	19	13	58	0	10	148	54	93	16	179

类别	N：自然科学	O：数理科学和化学	P：天文学	Q：生物科学	R：医药、卫生	S：农业科学	T：工业科学	U：交通运输	V：航空航天	X：环境科学	Z：综合性图书
数量	39	2	1	5	93	24	8	3	8	0	38

（数据来源：国家版权局官方网站 http://www.ncac.gov.cn）

3.2.2 问题分析

纵观自 2013 年中国出版业"走出去"战略的提出到 2016 年年底的近 14 年来我国图书版权输出的现实情况，我国图书版权输出在一系列"走出去"优惠政策鼓励下取得明显成效的同时，也暴露出一些问题，主要集中在以下三个方面：

（1）贸易数量失衡

20 世纪 90 年代以来，中国图书版权的引进和输出一直存在着巨额逆差。进入 21 世纪以后，这种失衡现象依然存在。从版权引进和输出数量的比例上看，2000、2001、2003 三年都在 10∶1 以上，2003 年则更是高达 15.4∶1。2003 年以后这种贸易逆差状况有所改观，并且版权引进与输出比在逐步减小中（见表 3-5）。在 2007 年，我国图书版权引进与输出比首次降到 4 倍以下，2008 年有所反弹，此后逐年降低，到了 2011 年降到 3 倍以下，为 2.48∶1，2015 年则降到 2 倍以下，为 1.93∶1。目前，这种逆差虽然有其存在的必然性且在短时间内难以彻底消除，但近几年已呈现逐渐降低的向好趋势。

表 3-5　2000—2014 年中国图书版权贸易逆差状况统计

年份	图书版权输出数量(种)	图书版权引进数量(种)	图书版权引进与输出比
2000	630	7343	11.66∶1
2001	653	8250	12.63∶1
2002	1297	10235	7.89∶1
2003	811	12516	15.43∶1
2004	1314	10040	7.64∶1
2005	1434	9328	6.50∶1
2006	2057	10950	5.32∶1
2007	2571	10255	3.99∶1
2008	2440	15776	6.47∶1
2009	3103	12914	4.16∶1

年份	图书版权输出数量（种）	图书版权引进数量（种）	图书版权引进与输出比
2010	3880	16602	4.28：1
2011	5922	14708	2.48：1
2012	7568	16115	2.13：1
2013	7305	16625	2.28：1
2014	8088	16695	2.06：1
2015	7998	15458	1.93：1
2016	8328	16587	1.99：1

（数据来源：国家版权局官方网站：http://www.ncac.gov.cn）

（2）贸易省区失衡

这种失衡主要体现在，在国内绝大多数省、区（市）广泛参与的基础上，图书版权贸易交易量的大部分主要集中在少数省、区（市）。据一方面，参与图书版权贸易的省、区（市）不断增加，2005—2014 年间，除西藏未参与版权引进以及青海未参与版权输出，其他省份和直辖市、自治区都参与了版权贸易（见表 3-6）。① 另一方面，中国图书版权引进和输出数量的绝大部分又主要集中在少数几个省、区（市），呈现出明显的相对集中的趋势。 图书版权引进方面，仅 2005—2014 年间，位于中国图书版权引进前十名的十个省、区（市）共引进图书版权 81006 种，这 10 个地区占 2005—2014 年这十年间图书版权引进总数的 87.45％。 位于前三名的北京、上海和广东三个省市共引进图书版权 67529 种，占这一时期引进总数的 70.9％；图书版权输出方面，根据表（3-6）的统计，仅 2005—2014 年间，位于中国图书版权输出前十名的十个省、区（市）

---

① 由于国家版权局官方网站公布的分省版权贸易情况数据不完整，这里的分析只能以现有数据为基础，以反映近年来我国图书版权输出的大致情况。

共输出图书版权 25383 种，占这一时期输出总数的 86.7%，位于前三名的北京、上海、安徽三个省市共输出图书版权 19952 种，占这一时期输出总数的 68%。显然，这种不平衡必然在一定程度上减慢中国出版业的国际化进程，延缓中国出版"走出去"的步伐。

表 3-6　2005—2014 年中国图书版权贸易参与省、区（市）状况统计

项目 年份	参与版权输出的省、区(市)数量	未参与版权输出的省、区(市)数量	未参与版权输出的省、区(市)	参与版权引进的省、区(市)数量	未参与版权引进的省、区(市)数量	未参与版权引进的省、区(市)
2005	23	8	晋、蒙、黑、赣、琼、贵、藏、青	28	3	蒙、藏、青
2006	26	5	贵、藏、青、宁、新	29	2	藏、青
2007	不详	不详	不详	30	1	藏
2008	29	2	西、青	28	3	藏、青、贵
2010	23	8	蒙、琼、贵、藏、甘、青、宁、疆	28	3	藏、青、甘
2013	28	3	西、青、宁	29	2	藏、青
2014	25	6	蒙、琼、贵、藏、青、宁	29	2	藏、青

（数据来源：国家版权局官方网站：http://www.ncac.gov.cn）

（3）贸易区域失衡

从表 3-2 可以看出，2003 到 2016 年间，我国图书版权输出的主要地区是以中国台湾地区、中国香港地区和韩国、日本为代表的亚洲地区，14 年间向这些地区共计输出图书版权 31297 种，占我国同期图书版权输出总数的 47.8%，向欧美地

区输出的版权占输出总数的 25.5％。 可见，我国图书版权输出也同样存在着输出地区相对集中的问题。 显然，这种状况不利于中国文化的对外传播和文化"软实力"的提升，不利于中国出版"走出去"。

3.3　海外直接投资的现状

国内最早采用直接投资方式在海外设立的出版分公司是1990 年科学出版社在美国纽约创建的分公司。 2002 年，当时的中国外文局（现为中国国际出版集团）收购了美国的中国书刊社，在此基础上成立长河出版社（Long River Press），开创了21 世纪中国出版业实体走向海外的先河；同年 6 月，上海外语教育出版社在美国纽约正式设立北美分社。 2003 年 1 月，新闻出版总署提出新闻出版业"走出去"战略，并陆续出台一系列扶持性政策鼓励有实力的国内出版企业走出国门到海外创建出版机构之后，近几年国内出版企业的海外直接投资数量明显增多。 2007 年 4 月 17 日，中国青年出版总社投资的中国青年出版社伦敦分社正式成立；9 月 19 日，中国出版对外贸易总公司与加拿大利盛公司合资建立中国现代书店——列治文分店；9 月20 日，中国出版集团公司的海外第一家合资出版公司——中国出版（巴黎）有限公司正式挂牌运营； 10 月 3 日，中国出版集团公司和澳洲多元文化出版社在澳大利亚的新南威尔士州合资注册成立"中国出版（悉尼）有限公司"；2007 年 10 月，中国出版集团与美国培生教育集团合作成立了中国出版国际公司（纽约）。 2008 年，中国出版集团在加拿大温哥华创立中国出版（温哥华）公司；这年 6 月，国内出版业跨国并购首案——湖南出版投资控股集团并购韩国阿里泉出版株式会社顺利完成；2008 年 7 月 8 日，我国在国外投资成立的第一家医学专业出版机构——人民卫生出版社美国有限责任公司正式宣布成立，同时收购加拿大 BC 戴克出版公司的全部医学图书资产；8 月 1

日，中国出版集团公司与美国百盛公司共同投资联合在纽约华人聚居区法拉盛开设海外第一家新华书店分店。2009年3月，中国国际出版集团旗下的华语教学出版社在英国伦敦正式注册成立华语教学出版社伦敦分社；6月19日，中国出版集团公司在韩国首尔正式成立"中国出版（首尔）有限公司"（木兰出版社）；7月，杭州出版社在美国纽约成立美国华文出版社；7月13日，科学出版社在日本东京采取独资经营的方式设立科学出版社东京株式会社；11月，浙江省民营书商黄永军在英国伦敦注册成立新经典出版社（New Classic Press），在2009年伦敦书展上第一次进入国际出版界的视野。此外，广州俏佳人、天津北洋音像出版社在美国设立了音像店，内蒙古新华书店在蒙古乌兰巴托开设了自己的书店，安徽出版集团在俄罗斯设立了新时代印刷有限公司……①这一切表明，在市场化进程逐渐加快和中国出版业"走出去"的战略背景下，中国出版业"走出去"的基本模式正由贸易式的图书商品输出、契约式的图书版权输出逐渐向直接投资这一中国出版业"走出去"和中国图书走向世界的更高级别的模式迈进。虽然中国出版业通过海外直接投资的方式"走出去"尚处于起步阶段，海外直接投资的规模还非常有限，具体的投资数据也无法获取，但可以肯定的是，中国出版业"走出去"、中国图书走向世界基本模式发生的这种转变对中国出版业的长远发展具有里程碑式的重要意义。可以预见，随着中国文化海外传播和国家文化"软实力"提升的迫切需要以及中国出版"走出去"战略的进一步深化，还将不断地有中国出版企业以直接投资的方式推动中国出版业"走出去"，推动中国图书、中国文化走向世界。

---

① 潘文年.中国出版企业海外市场投资模式比较分析［J］.中国出版，2009（2）：37-41.

第四章 /

中国出版业"走出去"的基本模式

目前，中国出版业"走出去"的基本模式主要有贸易式"走出去"模式、契约式"走出去"模式和投资式"走出去"模式三种类型。这一章分析了贸易式"走出去"模式的类别（包括直接出口、间接出口及其优劣分析）和利弊，契约式"走出去"模式的影响因素和利弊，投资式"走出去"模式的直接投资模式、优劣、基本类型（新建式投资和并购式投资），进行了直接投资模式的比较分析（包括优劣比较、因素比较和效应比较）。

中国出版业正在"走出去"。上一章进行的中国出版业"走出去"的现状分析及一系列的数据和事实表明，目前中国出版业主要通过图书商品输出、图书版权输出和海外直接投资三种基本途径进行"走出去"。与此对应，分别形成了贸易式、契约式和投资式三种"走出去"的基本模式。从经济学的角度进行观照，不论上述哪一种模式，最终都可以归结为一种国内出版企业用自己拥有的图书版权或生产的图书产品在海外市场上与海外读者或相关机构进行的交易行为，同样存在着交易费用。这一章拟运用新制度经济学交易费用理论重点分析上述三种模式各自的优劣、利弊，旨在说明国内出版企业通过这三种"走出去"模式的比较，可以实现"走出去"过程中交易费用总体上的节约，为国内出版企业在进行"走出去"的模式选择时提供理论参考。

4.1　图书商品输出:贸易式"走出去"模式

国内图书出版企业把在国内编辑、出版的成品图书以图书商品输出的方式推向世界的"走出去"模式被称为中国出版业"走出去"的贸易式模式，它是中国出版业"走出去"、中国图书走向世界的一种最直观的方式，介入海外图书市场的程度最低，风险最小，一般情况下是国内出版企业初涉海外图书市场时的首选模式，可分为间接出口和直接出口两种基本类型。

4.1.1　贸易式"走出去"模式的类别

中国出版业之贸易式"走出去"模式主要有间接出口和直接出口两种基本类型，下面分别对这两种出口类型及其优劣状况进行分析。

（1）间接出口及其优劣

图书商品的间接出口是指国内出版企业通过本国图书进出口公司或其他类似中间商把自己在国内出版的图书通过商品贸易的方式销往海外图书市场的一种图书商品出口形式。目前，国内图书进出口公司主要有中国图书进出口总公司、中国国际图书贸易总公司、中国出版对外贸易总公司和中国教育图书进出口总公司以及部分省市经营图书进出口业务的公司。如中国国际出版集团就是通过中国国际图书贸易总公司把自己出版的图书销往100多个国家和地区。

这种出口形式下，出版企业与海外图书市场不发生直接联系，也不涉及海外图书市场上的具体业务活动，不需要增加新的投资和改变现有的管理模式，几乎没有市场、外汇和政治风险，也不会影响出版企业的国内图书市场占有率和销售利润。此外，国内出版企业还可以通过出口图书在国际图书市场上的销售状况不断调整图书结构和选题内容，学习和探索外向型图书的策划和出版技巧，进入新的图书细分市场，进一步转化为直接出口。因此，很多情况下，图书商品的间接出口被国内出版企业当作推动中国图书走向世界的跳板和进入海外图书市场的摸索和尝试。同时，由于投资小、易管理，这种形式也被一些有一定海外市场图书经营经验的出版企业作为推动其非主打图书产品走向海外市场的一种辅助手段。

图书商品间接出口的优势主要体现在：出版企业可以利用原有的出版能力、出版资源和出版组织形式，不需要专门花费人力和物力；借助专业性很强的图书进出口公司的海外图书市场信息、操作经验和广泛的销售渠道要比自己寻找海外合作伙伴节省很多时间和精力，能够在短时间内迅速把自己的图书推向海外市场；国内出版企业的资金投入少，在国际图书市场调研、图书销售渠道开辟方面节省了大量费用；灵活性大、风险小，可以根据国际图书市场行情的变化及时做出策略上的调整；通过间接出口的积极参与、业务环节的不断熟悉，出版企业还可以逐步获得直接出口所需要的各种信息、经验和技巧。

但是，这种形式也存在着自身的缺陷。在这种形式下，出版企业严重依赖于图书进出口公司，无法控制本版图书进入海外图书市场的过程，无法获得本版图书海外市场的销售信息和经营经验，不利于出版企业海外图书市场经营经验的积累，进而导致图书产品难以适应国际图书市场的变化，影响在海外图书市场上的竞争能力。

（2）直接出口及其优劣

图书商品的直接出口是指国内出版企业经由自己设立的专门出口部门把自己在国内出版的图书通过国外代理商或经销商转售、国外分公司或子公司直接销售、直接出售给国外读者等方式销往海外图书市场的一种图书商品出口形式。如中国国际出版集团在美国、英国、德国、日本、比利时、埃及、墨西哥和中国香港等国家和地区都设有分支企业，它们承担着中国国际出版集团出版的图书在这些国家的直接销售任务。中国出版集团的新加坡上海书局、纽约书店和多伦多书店以及国外其他地方的很多中文书店也同样都承担着集团出版的中国图书的对外推广任务。

在这种图书出口方式下，国内出版企业与海外图书代理商、经销商乃至海外读者直接接触，海外图书市场的图书营销活动，如开辟销售渠道、寻找代理商或经销商、图书市场调研、海外读者调研、图书分销策略和定价策略的确定等，都由国内出版企业本身专门的内部企业进行处理。很显然，这种方式与图书商品间接出口的根本区别是国内出版企业在不同程度上直接参与了本版图书的国际图书市场营销活动。

图书商品直接出口的优势主要有：与间接出口一样，国内出版企业可以直接利用原有的出版能力、出版资源和组织企业；能够获得比间接出口大得多的利润；可以直接进入海外图书市场准确获取图书市场信息，把握海外图书市场上的需求变化，有针对性地进行图书的选题策划；直接介入海外图书市场的营销活动有利于进行品牌营销和营销控制，及时进行经营策略上的调整，有利于海外图书市场国际化经营经验的获取和积累，有利于出版企业国际经营人才的培养，提高自己的国际市场经营能力。

但是，这种方式也同样存在着缺陷。主要表现在：进行图书商品直接出口的国内出版企业需要独立承担海外市场风险，需要支付更多的市场费用，易于受到目标国的限制和遭遇贸易壁垒；国内出版企业必须在拟出口图书产品的内容、形制、价格等方面具有独特的竞争优势才能有效进入海外市场，从而对国内出版企业图书产品的生产提出了更高的要求；如果选择海外代理商或经销商，则国内出版企业的图书出口业务容易受到这些海外中间商的影响和控制；如果自己设立海外分支企业或分公司，则需要更多的资本投入和一批熟悉国际图书市场经营的专门人才，而这些问题对于一般的国内出版企业来说则难以解决。

由此，中国图书走向世界商品贸易模式之直接出口和间接出口的主要区别可以进行如下概括：

表 4-1　间接出口与直接出口主要区别一览表

	间接出口	直接出口
国内出版企业的资源投入	少	多
国内出版企业的控制能力	小	大
国内出版企业的经营风险	小	大
与海外图书市场的联系	间接	直接
图书市场国际化经营人才的培养	少	多

4.1.2　贸易式"走出去"模式的利弊

贸易式"走出去"模式是中国出版业"走出去"进行国际化经营、推动中国图书走向世界的一种最简单、风险最小的海外市场进入模式。 国内出版企业通过这种方式"走出去"的好处主要体现在：国内出版企业可以从范围广泛的国际图书市场获取额外的经营收入和营业利润，在国内图书市场经营效益不佳时同样能够进行正常的图书生产，从而增强抵御市场风险的能力，降低国内图书市场不振而产生的消极影响；这种模式下，国内出版企业面向国内、国际两种图书市场，在保持原有图书出版规模的情况下可以充分利用原有的出版资源和出版能力，降低图书出版的边际成本，产生规模经济；这种模式风险小、成本低、回款速度快、比国内市场销售利润相对较高。 因此，近年来，这种模式也渐受到通过其他模式"走出去"、推动中国图书走向世界方面有一定建树的一些国内出版企业的青睐。 如安徽出版集团把成品图书的实物出口作为集团 2008 年大力推进的重点工作之一，到 2008 年 6 月，集团成品书出口已实现 200 万元码洋的销售收入，一改此前皖版集团成品书出口方面基本空白的局面。 辽宁出版传媒集团也已经完成了从单一的版权出口到成品书出口，从小批量成品书到规模性出口的转变，成品书出口规模已由原来的每年 20 种发展到 2008 年的上百种，成品书的出口贸易额已超过版权出口的贸易额。①

　　但是，这种模式也有其缺陷。 国内出版企业采取这种模式"走出去"推动中国图书走向世界时需要应对海外图书市场各种贸易和非贸易的限制，会遇到一定的输出障碍。 由于是一种商品贸易方式，国内出版企业难免需要支付与图书商品出口相关的各种费用，如运输费、保险费以及为应对不同贸易障碍需要支出的各种额外费用等，从而加重国内出版企业的经济负担。 汇率的变动会使国内出版企业的图书出口面临较大的风险，如随着人民币对美元汇率的提高，2008 年中国图书进出口

————————

① 姚红. 图书出口：暗流涌动 规模初现 [J]. 出版商务周报，2008 - 10 - 27.

（集团）总公司的图书商品出口减少了10％—20％，中国国际
图书贸易总公司则至少损失了1000万元人民币。① 国内图书进
出口公司或国外图书代理商、经销商很难做到市场信息的及时
反馈，国内出版企业不能及时掌握海外图书市场读者需求的变
化信息，这必然降低这些国内出版企业的海外市场适应能力，
影响本版图书的海外市场竞争力；除一部分以外文方式出版的
图书外，通过这种模式"走出去"的中国图书由于大多数是面
向海外华人、华侨的中文图书，很难进入西方主流社会，产生
的文化影响十分有限。 此外，中国出版业、中国图书通过这种
模式"走出去"还要受到语言障碍、国内目前的供销体制、海
外流通渠道和发行网点、可供图书品种数量、充分市场经济条
件下的贸易环境以及书业信息共享等一系列因素的制约。

4.2 图书版权输出：契约式"走出去"模式

新制度经济学家认为，契约是交易当事人之间在自由、平
等、公正等原则基础上签订的转让权利的规则，契约的本质是
"交易的微观制度"②，"契约的概念是新制度经济学的核
心"③。 契约式"走出去"模式指国内出版企业通过图书版权
输出的方式进行国际化经营，也就是国内出版企业通过签订许
可合同或转让合同把自己拥有的图书版权授予海外目标国（或
地区）的出版机构，允许其在支付相应报酬的情况下在一定的
时间和范围内使用自己的版权从事相应图书的出版经营活动。
这种模式与贸易式模式的主要区别是，它是国内出版企业通过

① 王坤宁.中图国图多项举措力避图书出口贸易风险［OL］.［2009-
　　02-20］.www.jyb.cn.2009.2.20.
② 袁庆明.新制度经济学［M］.北京：中国发展出版社，2005：170.
③ 思拉恩·埃格特森.新制度经济学［M］.吴经邦，李耀，朱寒松，
　　王志宏，译.北京：商务印书馆，1996：44.

图书版权输出的方式"走出去"来推动中国图书走向世界,贸易式模式则是国内出版企业通过图书商品直接输出的方式"走出去"来推动中国图书走向世界。 与海外直接投资模式的主要区别是国内出版企业不需要在海外进行直接的资本投资,是一种非股权安排。

4.2.1　契约式"走出去"模式的影响因素

契约式模式属于国际服务贸易中的技术贸易范畴,对外输出的主要是知识产权、技术、技能与工艺,而非实体产品,图书版权输出是一种典型的技术贸易。 图书版权贸易分为版权许可和版权转让两种基本形式。 版权许可是指图书版权持有人(许可方)通过签订版权许可合同的方式把版权中的一项或多项经济权利让渡给引进方(受让方)的版权贸易过程;版权转让是图书版权持有人(转让方)把他拥有的版权中的经济权利的部分或全部转让与他人(或机构)的一种贸易行为,很多国家规定被转让作品作者的人身权不可以转让。 版权许可是"版权贸易中最基本、最重要的交易方式"①,与其相比,版权转让"在现实生活中则并不十分普遍"②,因此,图书版权输出中更多的是版权许可贸易。

采取契约式模式进入海外图书市场时,国内出版企业的业务参与程度与资源(指图书出版、发行过程中所需的各种资源)投入程度都相对较低。 决定一个出版企业是否采取这一模式"走出去",主要受到来自四方面因素的影响。

第一,输出对象国(或地区)的国家(或地区)因素

这些因素主要有图书版权拟输往的国家或地区的投资环境状况以及对来自海外投资的政策性鼓励或限制,有没有针对文化产业企业投资的特殊规定等,如有的国家或地区支持来自其

---

① 徐建华. 版权贸易新论 [M]. 苏州:苏州大学出版社,2005:14.
② 徐建华. 版权贸易新论 [M]. 苏州:苏州大学出版社,2005:16.

他国家或地区的投资（包括出版领域的投资）并出台了一系列引进投资的优惠政策，而有的国家或地区则设置了一定的进入障碍。如果在某个国家或地区采取直接投资的方式创办海外出版企业，是否将面临比较大的政治风险（这种政治风险的大小因国家或地区实际状况的不同而有所差别）。海外目标对象国（或地区）图书市场存在着一定的不确定性因素，因而存在着一定的潜在性市场风险，市场规模偏小、容量有限，不适宜进行图书商品输入和在当地直接创设出版企业；存在着一定的关税和非关税壁垒，明显提高了图书商品输出和直接投资创办出版企业的交易成本，图书版权输入在这种情况下成为一种较为可行的进入方式。如加拿大《投资法》规定，外国投资者只有履行事先政府通知的义务，如果愿意在加拿大建立新企业一般情况下不受限制，但对投资于包括出版业在内的传统文化产业则另行规定了较高的审核门槛。

第二，拟输出图书的版权因素

拟输出的图书版权在国内出版时产生了较为明显的市场效应，成为一段时期内同类题材中的畅销书，国内读者普遍反映很好，而且其内容具有国际性意义，适合在更为广泛的读者范围内传播，如《狼图腾》一书蕴含的"自由独立"、"直面竞争"、"不屈不挠"、"不自由毋宁死"的精神以及人与自然在斗争中求和谐的生存理念等人类共有的通性成为该书版权畅销欧美的关键性原因。某种图书版权的输出，有利于输出版权的出版社在与其他国家或地区出版公司围绕该图书版权的翻译、编辑、装帧设计和版式设计以及营销方案的制定等方面的洽谈过程中，学习到新的编辑技术和编辑理念、经营理念和管理方法。

第三，国内出版企业因素

这方面因素主要有企业规模因素，指拟"走出去"进行国际化经营的国内出版企业的规模是否存在着一定的限制，不足以支持其通过直接投资的方式直接到海外创设出版机构。选题策划能力因素，指国内出版企业有着比较强的选题策划能力和市场调研、分析能力以及强大的作者队伍，但只限于国内图书市场，很难到国外图书市场进行直接出版。 为了充分发挥这些选题的效益而又不想在海外进行巨额资产的直接投资时，版权输出成为一种理想的选择。 市场竞争因素，指国内出版企业策划出一个外向型的、具有国际意义的图书选题，当这一选题在国内市场反响强烈、取得巨大成功吸引了一定的跟风著作时，为了防止跟风图书抢占海外市场而率先进行版权输出。 被许可方的依赖性因素，指海外出版机构在版权许可协议期限结束后，由该版权许可产生的影响依然存在，从而形成对国内出版企业一定程度的依赖。

第四，版权许可贸易的成本因素

国内出版企业是否采取契约式模式"走出去"，除受上述三方面因素影响外，还要考虑许可证贸易的交易成本因素，即不考虑选题策划本身的成本，由签订版权输出许可协议引起的其他交易成本，这是版权输出中必须考虑的一个重要因素。 图书版权输出许可的交易成本因素包括两大类，一是达成版权许可协议所需要的成本，包括寻找合适被许可方的费用，与许可协议当事人之间的沟通费用，对拟输出选题的市场评估与预测费用，为被许可方进行的适当的选题分析和解释费用，以及与协议签订有关的其他相关费用。 二是版权许可协议的维持成本，包括许可协议执行期间对被许可方履行协议情况的定期审查费用，被许可使用版权的图书在目标国图书市场的经营情况与读者反映调查方面的费用，提供与此选题相关的翻译、内容修改、装帧设计等技术性支持方面的费用，以及涉及在目标对象国与版权保护相关的费用，等等。

4.2.2 契约式"走出去"模式的利弊分析

通过版权输出的方式推动中国图书"走出去"是以图书版权得到保护为前提的，国内出版企业的图书版权只有在海外市场得到相应的保护才能够使用这种模式推动中国图书走向世界。通常情况下，当国内出版企业或者确认自己的图书版权在目标国或地区不会受到侵害或损失，或者与海外出版机构建立了合作伙伴关系或利益联盟，或者拟输出版权的图书在本国已处于衰退期但在目标国或地区处于成长期时，都可以选择利用这种模式推动中国图书"走出去"。

国内出版企业采取这种模式推动中国图书"走出去"的好处主要体现在：第一，有利于国内出版企业有效地绕开目标国或地区的贸易壁垒或投资限制。海外有些国家或地区在图书商品贸易或者文化产业引进外资方面有一定的限制措施，但在图书版权的引进方面则非常宽松。如为了防止外国文化尤其是美国文化的入侵，保护加拿大出版业的民族特色，1992年加拿大政府规定外国投资者只能采取合资的形式投资加拿大的出版业并处于加拿大政府的严格审批和控制之下；加拿大出版企业不得向国外投资者出售自己的企业；①加拿大政府制定的《加拿大投资法》则要求其他国家投资加拿大图书出版与发行业时应与加拿大的国家文化政策一致，应给加拿大及加拿大控股部分带来净收益，规定生产的文化产品中必须有一定比例的"加拿大内容"，从而限制了其他国家或地区对加拿大文化产业的投资和经营。② 第二，有利于国内出版企业有效地规避国际化经营的政治风险、投资风险和经营风险，如通货膨胀、汇率变动、政府管制等，适合于那些资金不足、缺乏国外投资经验和海外图书市场经营管理经验的国内出版企业。第三，有利于国内出版企业对目标国或地区图书市场进行测试性开发。当国内出版

---

① 魏玉山，杨贵山.西方六国出版管理研究［M］.北京：中国书籍出版社，1995:87.

② 余敏.国外出版业宏观管理体系研究［M］.北京：中国书籍出版社，2004:53-60.

企业不太熟悉和了解目标国或地区的图书市场、读者需求、市场容量、对自己的企业品牌和图书品牌在目标国或地区的影响力没有确定把握，以及对是否采取风险更大的直接投资方式进入目标国或地区图书市场难以决断而又十分渴望打入目标国或地区图书市场时，可以采用这种模式对目标图书市场进行测试性开发，以了解目标图书市场的需求状况和自身的品牌效应，为进一步的直接投资收集决策信息。　第四，有利于国内出版企业带动与拟输出版权相关的其他附属产品的出口，如中文版图书、影视剧等。　第五，有利于国内出版企业市场调研、选题开发、组稿审稿等前期费用的分摊。　第六，有利于国内出版企业实现对海外图书市场的快速渗透和大面积占领。　在经济全球化、出版国际化趋势日益明显的形势下，中国出版业面临的竞争必然是一种全球范围内的国际性竞争。　当国内出版企业面临海外出版机构竞争需要抢在竞争对手前面大面积进入目标图书市场时，版权贸易以其无须国内出版企业投资、管理相对简单的优势理所当然地成为国内出版企业实现这一目的的理想手段。

　　但是，这种模式也同样有其弊端，主要表现在图书版权输出的收益相对较低，出版企业通过这种方式获得的经济利益非常有限。　国内出版企业在把自己的图书版权输出给目标国或地区时，有可能利用自己的图书品牌和企业品牌在无意之中培养着自己潜在的竞争对手，当对方逐渐成熟壮大时有可能会中断双方的合作关系，甚至进一步发展成自己开拓海外图书市场的障碍，妨碍了中国图书的进一步走向世界。　版权输出图书在海外市场的营销手段、发行方式、销售状况等，国内出版机构无法进行有效的控制，不能及时获得相关的市场反馈信息。　国内出版企业把图书版权授予海外出版机构后不能参与该图书的生产经营活动，无法控制该版权图书的生产制作质量和市场营销活动，在著作权保护不完善的国家或地区容易遭受侵权的危害。 在图书版权贸易领域市场竞争日趋激烈的情况下，不拥有良好的企业品牌和满足海外读者阅读需求的品牌图书的国内出版企业，很难得到海外出版机构的青睐，难以通过这种方式推动中国图书走向世界。

4.3 海外直接投资：投资式"走出去"模式

近几年，在中国出版业市场化进程逐步加快和中国出版业"走出去"战略的共同推动下，中国出版业"走出去"的基本模式已由贸易式的图书商品输出、契约式的图书版权输出开始逐渐向海外直接投资这一更高的层次迈进，通过海外直接投资模式"走出去"的国内出版企业的数量明显增加。 毫无疑问，中国出版业"走出去"、中国图书走向世界基本模式发生的这种转变对中国出版业的长远发展具有里程碑式的重要意义。 可以预见，随着中国文化海外传播和国家文化"软实力"提升的迫切需要以及中国出版"走出去"战略的进一步深化，还将不断地有中国出版企业以直接投资的方式推动中国出版业"走出去"和中国图书走向世界。

海外直接投资是中国出版业"走出去"和中国图书走向世界的一种高级模式，是国内出版企业一种跨越国界的经济行为，投资者面临一个完全陌生的环境，承受比较大的投资风险。"国际直接投资是当代资本运动的基本形式"①，也必然是经济全球化、出版国际化环境下中国出版业"走出去"的一种必然选择和无法回避的投资方式，②而"投资模式的选择是企业

---

① 郭铁民，王永龙，俞姗.中国企业跨国经营［M］.北京：中国发展出版社，2002：90.

② 周斌.国际直接投资［M］.北京：中国对外经济贸易出版社，2003：2.

最关键的国际市场战略决策之一。它将直接影响企业进入国际·市场以后的经营活动以及一定数量资源的投入"①，决定着国内出版企业海外经营的成败。

4.3.1 直接投资模式及其优劣

中国出版业"走出去"的直接投资模式是指国内出版企业通过直接投资的方式在海外形成生产性出版分支机构（子公司）以带动中国图书走向世界的目标国（或地区）图书市场，包括企业新建和跨国并购两种基本进入方式。

与贸易式模式和契约式模式相比，直接投资模式的优势主要体现在以下五个方面：

第一，控制优势

这种模式的最大特点是国内出版企业在进入海外目标国（地区）出版市场的过程中实行了股权参与，这使得它对自己在海外进行的图书选题策划、编辑出版、市场营销等一系列图书产品的生产经营活动拥有更大的经营控制权和管理控制权，可以在中国图书走向世界方面发挥更大的作用，在很大的程度上弥补了上述几种模式的缺陷和不足。

第二，资源优势

这种模式下，国内出版企业的海外分公司可以充分利用目标国（地区）的人才资源、出版资源和先进的经营管理经验，聘用当地的编辑策划人员和经营管理人员进行选题、组稿、设计和营销等一系列本土化运作，具有商品贸易和版权贸易两种模式无法比拟的资源优势。

第三，渠道优势

这种模式下，国内出版企业的海外分公司策划、出版的图

---

① 唐晓华，王伟光.现代国际化经营［M］.北京：经济管理出版社，2006：74.

书可以很方便地利用目标国（地区）的主流图书销售渠道进入图书市场，还可以利用这种渠道向其他渠道、其他国家或地区延伸，与前述两种模式相比有着明显的渠道优势。

第四，信息优势

这种模式下，国内出版企业的海外分公司可以方便地进行目标国（地区）出版市场信息、图书出版信息、出版公司信息、读者阅读信息、作者信息、畅销书信息等一系列与图书的选题策划、出版营销有关市场信息的收集、整理和利用，具有得天独厚的信息优势。

第五，政策优势

这种模式下，国内出版企业的海外公司可以轻易地绕过目标国（地区）政府在图书商品贸易和版权贸易方面设置的种种政策障碍，同时还能获得目标国政府为引进外资而给予的一系列优惠政策。

但与此同时，这种模式也有其无法回避的劣势，主要体现在经营管理方面：

第一，管理成本高

通过直接投资方式"走出去"的国内出版企业在对海外出版分支机构的经营管理控制能力增强的同时，也必然伴随着更多的人力、物力、财力资源的投入，管理成本明显加大。

第二，管理难度大

随着进入目标国（地区）图书出版市场深度的逐步加大、市场占有率的逐步提高和市场复杂性逐渐增加，中国出版企业海外出版分支机构的日常经营和管理难度会不断加大。

第三，管理风险多

由于是在海外出版市场进行图书产品的生产经营活动，通过这种模式"走出去"的国内出版企业必然面临着比国内更大的货币风险、市场风险、政治风险及经营风险，撤出海外市场

的障碍和成本明显提高。(见表4-2)

表4-2 中国图书走向世界不同模式相关要素大小比较

	跨国并购	海外新建	图书版权贸易	图书直接出口	图书间接出口
市场进入深度	最大	>	>	>	最小
市场份额大小	最大	>	>	>	最小
资源投入规模	最大	>	>	>	最小
风险性	最大	>	>	>	最小
复杂性	最大	>	>	>	最小
撤出障碍	最大	>	>	>	最小

(注：笔者自己整理，表中">"号表示"大于")

4.3.2 直接投资模式的基本类型

目前，中国出版业"走出去"在海外市场进行的直接投资主要有新建式投资和并购式投资两种基本类型。

（1）新建式投资及其基本类型

新建式投资是指国内具备一定规模的出版企业利用自有资本或中长期信贷在海外直接投资新建出版分公司，进行从图书选题策划到发行营销的真正意义上的本土化运作的一种投资模式，投资的直接结果是投资企业出版能力的增强和流通渠道的拓展，目标直指中国图书走向世界和中国文化的海外传播。 在刚开始涉及海外直接投资时，"早期的跨国公司大都倾向于选择新建投资方式"①。 当前，"我国对外直接投资的最大特点就是新设投资占据绝对的比例，而跨国并购的数量、总金额在对外

---

① 卢汉林.国际投资学［M］.武汉：武汉大学出版社，2005：51.

直接投资中的比重都非常小……绝大多数都属于中小项目"①。
国外很多大型出版集团在其形成的最初阶段由于国内发展缓
慢，海外经营的实力和经验相对不足，往往也采取这种投资规
模小、股权结构简单、易于管理的方式进入海外出版市场、从
事跨国经营，带动本国图书走向世界。目前，中国出版业的海
外投资也明显地呈现出这一特点。出版企业采取这种模式进行
海外图书市场的直接投资时必须具备两个条件：第一，出版企
业在国内已有一定的发展规模、占有相当的市场份额以保证其
现有的市场开拓能力，不至于在开拓海外出版市场过程中出现
后顾之忧而限于困境；第二，目标国（或地区）的投资环境、经
营环境必须相对稳定，这可以降低因环境变化而产生的投资风
险，保证获取稳定的投资回报。

　　新建式投资是形成国际直接投资的传统途径，是对外直接
投资的初始活动。它适合以下两种情形：第一，当国内出版企
业具有丰富的选题资源、富有吸引力的图书版权和很强的选题
策划能力，在图书的选题策划、编辑出版、营销发行方面拥有
强大的以母国为基础的竞争优势时，在目标国（或地区）投资
新建海外出版分公司实行独资经营以避免出版资源的流失和滥
用，将是进入海外图书市场的有效方式。第二，当国内出版企
业发展到一定阶段进入企业发展的缓慢期时，由于实力渐显不
足，海外图书市场经营经验有限，这种情况下比较适合选择投
资规模相对较小、管理相对简单的新建式投资。这种模式的主
要特点是它能够给投资企业最大的自由度和主动权，是克服商
品贸易模式和版权贸易模式一些弊端的有效方法，但比图书商
品出口更能深入打入目标国（地区）的图书市场，更有利于中
国图书走向世界，营利的机会和经营的利润也要比图书版权贸

---

① 廖运凤.中国企业海外并购［M］.北京：中国经济出版社，2006：
　　81.

易更多；国内出版企业通过这种模式可以更加熟悉当地出版机构的经营管理方式和图书销售网络；可以充分利用和享受东道国提供的用来吸引外资的各种优惠政策，如良好的基础设施、优惠的税收政策和宽松的政治法律环境等。这些特点使得一段时期内新建式投资成为海外大型出版集团进入海外图书市场实行跨国经营的重要方式。但是，随着时间的推移，海外图书市场的新建式投资耗资大、周期长、速度慢、不确定因素多等弊端日益彰显，最终使这种模式在 20 世纪 80 年代以后在全球范围内逐步让位于另一种新的海外图书市场投资模式——并购式投资模式。

新建式投资模式下，国内出版企业可采取独资经营和合资经营两种方式创建海外分公司进行"走出去"，由此形成了新建式投资的两种基本类型。

独资经营是指国内出版企业出于核心出版资源的有效控制和出版经营过程的有效控制两方面考虑，在目标国（地区）直接投资开办新的出版企业的一种海外市场进入模式。通过这种方式形成的独资型海外分公司的全部股权由国内投资母公司控制，国内母公司独立承担一切投资费用以及投资经营风险，掌握独资分公司所有出版业务的经营权和管理权并负责分公司的资本盈亏。

独资经营的三大特征是高投入、高控制能力、高风险，[①]这种经营方式的好处主要体现在，从战略目标上看，国内出版母公司对独资型出版分公司全部经营管理权的拥有使分公司的所有经营管理活动符合国内母公司的战略利益，保证战略目标的实现；从资产维护上看，国内出版母公司转移给海外独资型出版分公司的有形资产和无形资产（如出版社品牌、图书品牌、

---

① 鲁桐. 中国企业跨国经营战略 [M]. 北京：经济管理出版社，2003：245.

经营管理方式、发行手段等）都会得到很好的维护和利用；从协调管理上看，这种方式有利于海外独资型出版分公司在经营目标、经营方式、机构设置、管理思想、管理方法上的协调和一致，防范内部不经济。

但是，这种经营方式也有其弊端，主要表现在：第一，资金压力大。独资型出版分公司独自承担一切投资新建和企业经营的费用。第二，环境不熟悉。独资型出版分公司不太熟悉目标国（地区）的政治、经济和文化环境，不利于出版经营过程中出现问题的解决和处理，也不利于争取东道国的理解和合作，进入市场的速度相对较慢。第三，容易受排斥。独资型出版分公司通常被东道国政府、出版界同行和读者视为外国企业，容易受到心理上的排斥，使分公司的图书出版活动受到微妙的影响，也会在东道国实施外资国有化时面临比较大的国家风险。第四，待遇差异化。有些国家对独资和合资公司实行差异化政策，独资型出版分公司得到的优惠少、限制多。

合资经营是指国内出版企业与目标国（地区）出版企业在目标国法律许可范围内共同投资，在目标国（地区）组建新的图书出版公司的一种海外市场进入模式。这种模式下，参与投资的双方出版企业共同投资、共同经营、共同管理、共担风险、共负盈亏。

这种方式的好处主要表现在：从投资风险上看，东道国出版界合作者的参与使东道国政府、出版同行和读者把合资型出版分公司视为本地企业，在心理和情感上容易受到接受和认同，易于获得它们的理解、合作及优惠；从市场进入上看，东道国出版界合作者熟悉当地政治、经济、文化环境及图书市场情况、图书销售渠道，能借助自己的销售渠道迅速打开局面，进入当地图书主渠道；从资金风险上看，合资型出版分公司由各投资方按股份比例共同投资、共负盈亏，共同分担市场风险，投资方的资金和风险压力相对较小；从管理经验上，通过合资经营，一方可以学习另一方独特的选题策划思路、先进的经营管理经验、图书营销策略等，提高自己的经营管理水平，有利于双方的优势互补和合作共赢。

但是，这种方式也有其自身的缺陷，主要表现在：经营管理上，合资者之间的利益性矛盾经常使他们在选题策划、组稿审稿、营销宣传以及经营目标、经营战略、经营方式等方面各执己见，影响合资型子公司的经营；合资者在管理理念、管理方法、管理策略、管理作风上存在的非利益性矛盾势必加大合资型企业的管理难度，影响企业的经营管理效率和合作各方的关系，影响合资经营的成败；资产估价上，合资方在出版分公司的资产投入，特别是无形资产投入很难进行准确的估价，势必影响投资方的利益；潜在对手上，合资方带来的先进的管理经验、管理技能和图书营销技巧势必会被另一合资方掌握，最终可能发展为自己潜在的竞争对手。

独资经营和合资经营是国内出版企业采取新建式投资模式进入海外市场的两种基本方式。国内出版企业在独资经营和合资经营的方式选择上除了考虑这两种方式各自的优点和缺点外，还要考虑国内出版企业的自身条件和东道国的投资环境两方面因素。

从国内出版企业自身条件上看。第一，如果国内出版企业在选题策划、组稿审稿、版式设计、封面装帧、营销策略、营销渠道以及日常经营、管理理念、管理方法和管理技巧上都形成了一套成熟的独特做法，依靠自己的资本、相关资源及管理能力而无须合作对象提供相应的帮助就能够对海外新建的出版分公司进行较为成功的经营和管理，那么，就适宜选择独资式进入，否则，就选择合资式进入；第二，如果国内出版企业认为海外新建的出版分公司在其整体战略规划和长远发展中具有战略性地位，对整个出版企业未来发展的影响至关重要，那么，就应该选择独资式进入，以保证海外出版子公司的一切经营活动完全服务于国内总公司的长远利益，否则，就可以选择合资式进入。

从东道国的投资环境上看。第一，国内出版企业在东道国新建海外出版分公司时，需要考虑东道国在分公司的设立形式上（独资或合资）是否有法律和政策上的明确规定，是否存在公司设立形式（独资或合资）上的限制趋势或者以差别待遇出现的间接限制；第二，海外出版分公司所在地是否有合适的合作伙伴，它能否提供中国出版企业所缺少的在当地开展出版经营活动所需要的资源，如必要的资金、当地优秀的作者资源、独特的选题方式、图书营销网络、有利于企业经营的社会关系、编辑出版方面的优秀人才等。

（2）并购式投资及其基本类型

并购式投资是指国内具备一定规模的出版企业，为了利用海外出版资源，开拓海外出版市场，促进中国图书、中国文化在一个更大的规模上走向世界，通过投入资金或其他要素资源的方式兼并或收购海外现有出版企业以拥有其控制权的一种投资模式，投资的直接结果是改变了目标国被兼并出版企业的所有者。20世纪80年代中期以后，跨国并购成为国外直接投资的主流形式和西方大型出版集团海外扩张的主要途径。进入21世纪以后，国外大型出版集团之间的并购更是此起彼伏，一浪高过一浪。目前，中国也有少数出版企业涉足这种海外市场的投资模式。通常情况下，当具备一定的经济实力和相应的海外市场经营管理经验的时候，国内出版企业并购一个海外出版公司要比投资新建一家新的海外出版分公司更具有战略意义和经济意义。

国内出版企业采取并购式投资模式进入海外出版市场是新建式投资模式的升级，是中国出版业"走出去"的一种更高层次的模式。它适合以下两种情形：第一，投资主体是资金雄厚、拥有丰富的出版资源和跨国经营经验的大型跨国出版集团。 这些大型跨国集团经营范围广,海外市场进入快,并购带来的利润丰厚。 并购的目的不是为了占领某一地区性市场或部分的税收优惠,而是出于出版集团全球战略考虑,需要将这一地区的市场纳入自己的全球产业链之内,成为自己全球化经营的一个组成部分。 第二,那些通过新建式投资方式已经在当地建立了自己的海外出版分公司,尝到了海外出版领域出版资源、销售渠道和销售方式以及经营模式等方面的甜头,准备借助目标国特定的优势、积累的海外图书市场经营经验和自己拥有的海外客户渠道进行再投资的跨国出版集团。 这些跨国出版集团进行投资是不会再像初次涉入时那样小心谨慎,而是快速有效地对当地出版机构实行并购以完成新业务、新市场的开拓。

按并购双方的关系,并购式投资可分为四种类型:横向型并购,被并购的海外出版机构的图书产品系列和细分市场与并购的出版企业相同或类似;纵向型并购,被并购的海外出版机构是并购的出版企业的销售客户;集中型并购,被并购的海外出版机构与并购的出版企业的销售市场、销售渠道相同但图书产品内容不属于同一细分市场,或者图书产品属于同一细分市场但销售市场、销售渠道不同;联合型并购,国内出版企业并购的海外企业是相同领域的企业。

4.3.3 直接投资模式的比较分析[①]

对于大多数中国出版企业来说,海外图书市场的投资新建和跨国并购是一个崭新的领域,也是出版国际化趋势日愈明显的新形势下国内出版企业无法回避的现实话题。 目前,虽然已经进入海外图书市场的中国出版企业绝大多数是采取投资新建的模式走向世界的,但2008年国际金融危机的爆发和西方经济的逐渐衰退也为我国出版企业通过兼并和收购方式进入海外图

---

① 潘文年.中国出版企业海外市场投资模式比较分析[J].中国出版,2009(2):37-41.

书市场提供了绝好的机会。但是，国内出版企业不能贸然做出进入海外图书市场的决定，在真正开始进入海外图书市场之前，需要在对自己有一个正确认识和准确定位的前提下，对投资新建和跨国并购这两种海外图书市场进入模式进行充分透彻的比较研究，这样才能结合自己的实际情况做出正确的模式选择。

4.3.3.1　新建式投资与并购式投资的优劣比较

新建式投资和并购式投资在中国出版业"走出去"过程中各有优势和劣势。新建式投资模式的优势主要体现在：

第一，投资风险的可控性大

新建式投资模式下，出版企业新建海外分支机构（或子公司）所需要的材料、设备等可以在目标国市场通过多方比较后购买，比较容易进行准确的价值评估，整个项目的投资预算可以做得比较准确，决策者能够在最大程度上把握项目运作的风险性。

第二，项目建设的主动性强

采取新建式投资模式进入海外市场的国内出版企业可以选择适当的地理位置进行投资，独立地或部分地直接进行海外出版分支机构（或子公司）的项目策划、筹建布局和建成后的经营与管理，能比较容易地掌握项目整体策划的主动权，具有较强的主动性。

第三，投资经营的灵活性大

在这种方式下，海外新建的出版分支机构（或子公司）的地点、规模、组织机构的设置、管理制度的制定和执行、编辑和发行人员的安排、选题的策划和组稿的进行等，都可以根据一个国际性企业的战略发展规划和日常经营的实际需要来进行，还可以随时做出调整，从而显示出跨国并购方式所没有的灵活性和较大的选择余地。

第四，项目投资的成功率高

在企业新建方式下，海外新建出版分支机构的项目运作完全可以根据事先制定的战略规划的要求和经营过程的实际需要来进行，新建的出版分支机构内部管理上的障碍相对较少，不存在对原有出版企业制度适应的成本和建立新的信任的成本，项目投资的成功率相对较高。

第五，市场进入的限制性小

新建海外出版分支机构（或子公司）受到目标国法律和政策上的限制和约束比较少，也很少受到当地舆论的抵制。相反，经常情况下还会享受到目标国的很多优惠政策和措施，相关手续和后续工作也比并购方式的海外市场进入模式简单。

但是，这种投资模式也存在着明显的缺陷，主要体现在海外出版分支机构（或子公司）前期的筹备和建设工作较为繁琐，建设周期长、进展速度慢；项目建成后，这种出版分支机构要在目标国招聘编辑人员、管理人员和发行营销人员，要重新制定出版企业的经营战略，进行从选题策划、组稿和编辑加工到装帧设计、出版和营销发行的一系列本土化运作，自行开拓目标国出版市场，重新开辟销售渠道，因此，进入目标国出版市场的速度相对较慢；由于涉及目标国出版资源的重新分配、出版市场份额和营销发行渠道的重新调整，这会使目标国出版市场的竞争更加激烈，经营的风险和成本也相应地加大；不利于跨国出版企业迅速进行跨行业经营和多元化经营。

并购式投资模式的优势主要体现在：

第一，时间优势

并购式投资的最大好处一是省去了海外出版分支机构组织新建、人员招聘和培训方面的大量时间；二是直接利用被并购的海外出版公司的编辑人员、管理人员、发行营销人员以及厂房、设备等现有的出版能力，迅速进行图书的编辑出版活动，迅速进入目标国出版市场。

第二，资源优势

中国出版企业在进行海外出版市场的并购式投资时，直接取得了被并购的海外出版企业的经营管理权，可以直接利用原来的编辑人员、管理组织、管理制度、管理人员、先进的管理方式与管理经验以及商标品牌、销售渠道和独特的编辑出版手段、营销发行策略等出版资源，在极短的时间内迅速增加并购主体的资源总量。

第三，竞争优势

进行并购式投资的中国出版企业可以直接占有被并购的海外出版企业的市场份额，利用被并购海外出版企业的销售渠道，不易在目标国图书市场引起激烈的竞争；此外，并购式投资一般不会明显增加目标国图书市场的图书供给，从而减少了竞争对手的数量，避免因出版企业数量的增加而导致的竞争的加剧和利润的下滑；相反，新建式投资模式下，新建的海外出版企业需要占据一个新的市场份额，进行市场利益的重新分配，这必然引起目标国其他出版企业的仇视和报复，进而引发激烈的市场竞争。

第四，经营优势

并购式模式下，中国出版企业可以直接利用被并购的海外出版企业的各种资源，有效地降低图书生产和销售中的不确定性，降低经营的风险和成本；图书商品的唯一性和独创性特点使得并购式投资可以迅速增加并购出版企业经营的图书种类，扩大经营范围，有利于并购出版企业的多元化经营。

但是，这种模式也存在着明显的缺陷，主要表现在：

第一，价值评估难度大

这是并购式投资最关键、最困难的问题。国际会计制度、财务制度上的差别，信息收集上的困难导致的信息障碍、信息不对称，出版品牌、企业商誉、发行渠道、独特的管理方式、管理制度等无形资产评估上的困难，这一切都会加大被并购的海外出版企业的价值评估难度，可能会导致并购支出超出预期。

第二，法律制度障碍多

由于文化安全、行业保护等方面的原因，中国出版企业海外市场的并购式投资可能会遇到目标国政府设置的更多的法律、制度方面的障碍和限制，还容易受到当地舆论的抵制。

第三，管理整合难度大

由于被并购的海外出版企业拥有自身的经营理念、管理体制、编辑出版人员和企业文化，并购后不可避免地会和并购方的中国出版企业产生矛盾和摩擦，从而加大管理磨合、人员磨合和文化磨合上的难度，管理成本明显提高。

第四，经营失败率高

实践证明，并购式投资的经营失败率要高于新建式投资的经营失败率，[1]出版企业的海外并购也是如此。从国外大型出版集团的发展历史上看，国外很多跨国出版公司在发展过程中都有将其并购过来的国外子公司重新进行调整（清理、出售或并入其他子公司）的案例。

上述分析可以看出，新建式投资和并购式投资的内在特点是互补的，新建式投资的优点往往是并购式投资的缺点，反之亦然（见表4-3）。

表4-3　新建式投资模式与并购式投资模式的特点比较

类别 项目	市场深度	市场份额	资源投入	投资风险	经营风险	独立性	主动性	复杂性	灵活性	限制性	成功率	投资周期	投资成本	经营成本	进入难度	融资难度	管理难度	撤出障碍
新建式	小	小	多	小	大	大	大	小	大	小	高	长	大	大	大	大	小	小
并购式	大	大	少	大	小	小	小	大	小	大	低	短	小	小	小	小	大	大

---

[1]　梁蓓，杜奇华.国际投资［M］.北京：对外经济贸易大学出版社，2004：156.

4.3.3.2 新建式投资与并购式投资的因素比较

总体而言，影响中国出版业海外市场新建式投资和并购式投资模式选择的因素主要有以下两大类（图4-1）：

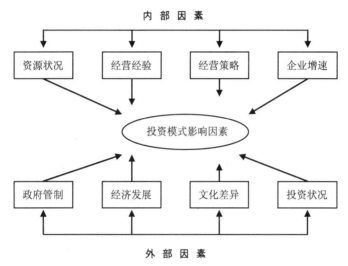

图4-1 新建式投资和并购式投资影响因素示意图

（1）出版企业的内部因素

此类因素主要包括资源状况、经营经验、经营策略和企业增速四个方面内容。

第一，资源状况

从国际投资理论上看，一般来说，拥有最先进技术和其他重要专业资源的企业更多地选择创建方式进行对外投资，以节省交易成本和防止资源优势丧失；管理和技术人员短缺的企业则倾向于兼并现有的国外企业。[①] 国内出版企业进行海外投资

---

① 张晓虹，郭波，施小蕾.新编国际投资学［M］.大连：东北财经大学出版社，2005：46.

时，一般也需要结合自身的资源状况进行综合考虑。如中国出版集团公司是中国最大的出版企业，拥有丰富的资源优势、卓越的品牌优势，所以目前采取了海外新建的方式进行海外出版市场的直接投资。

第二，经营经验

一般而言，并购式投资形成的海外企业在企业经营上比新建式投资形成的海外企业具有较少的不确定性，企业经营成本相对较低，经营风险相对较小。但由于涉及与被并购企业的管理磨合、人员磨合和文化磨合等诸多管理上的问题，管理难度明显加大。因此，缺乏国际市场经营经验的出版企业在进行海外直接投资时往往倾向于选择并购式模式，以便直接利用被并购企业的经营模式、管理制度和销售渠道等，尽可能降低在陌生的海外出版市场经营的不确定性。另一方面，缺乏跨国出版企业高级管理人才和管理经验的出版企业更倾向于新建式投资，因为这种投资形成的跨国出版企业管理难度相对较小。

第三，经营策略

如果进行海外投资的中国出版企业拟实行多样化经营策略，则采用并购式投资较为有利，因为这种投资方式有利于出版企业迅速进入目标市场，占有市场份额。否则，宜进行新建式投资。出版企业海外市场的多样化经营策略包括两层含义：一是品种多元化，尽可能扩大图书品种；二是地域多样化，尽可能打入更多国家或地区的图书市场，在国际图书市场上占领尽可能多的市场份额。

第四，企业增速

一般情况下，增长速度快的出版企业比增长速度慢的出版企业在海外出版市场上进行直接投资时，更倾向于选择并购式投资模式。这主要有两个原因：一是出版企业信息和经验的储存随着它的经营时间而增长，增速快的出版企业储存的经验和信息比增速慢的出版企业总是相对要少，这使得它们更多地倾向于采取并购式投资的模式进入海外出版市场。二是出版企业在海外出版市场经营过程中常常会出现管理人员和编辑、出版、发行营销人员短缺的情况，企业增速越快这种情况越明显。并购式投资有助于出版企业克服人力资源短缺的瓶颈，有利于它在海外出版市场的迅速发展。

此外，出版企业的规模因素也影响和制约着企业海外投资的模式选择。一般来说，规模大的出版企业并购式投资的倾向性较强，规模小的出版企业新建式投资的倾向性较强。

（2）海外投资的环境因素

此类因素主要指影响中国出版业海外市场新建式投资和并购式投资模式选择的外部因素，涉及以下四方面内容：

第一，目标国的政府管制政策

新建式投资能给目标国带来提高生产能力、创造就业机会、增加资产存量、产生新的经济增长点等诸多好处，而并购式投资只是实行资产产权的转移，并不能增加目标国的资产总量。因此，一般而言，很多国家都比较欢迎外国企业以新建式投资的方式进入本国市场，发达国家往往都对本国市场的并购式投资进行不同程度的限制，发展中国家也大致如此，政府管制的依据是反垄断法、反托拉斯法等。中国出版企业海外市场的直接投资也会受到这一环境因素的影响和制约。

第二，目标国的经济发展程度

一般而言，经济发展水平较高的国家或地区比较适合出版企业进行并购式投资，经济发展水平相对较低的国家或地区则比较适合进行新建式投资。这是因为经济发展水平较高的国家或地区现有出版企业的管理体系、市场体系、出版业务、销售模式、制度体系等都相对成熟，比较适合出版企业跨国经营的要求，有利于新出版企业的图书产品迅速进入目标国市场。

第三，与目标国的文化差异

当投资国与目标国的文化差异较大时，跨国企业面临不熟悉的经营环境，不确定性明显加大，交易成本大大增加。[①] 出版企业是一种内容创意型的文化企业，这种问题尤为突出。 通过直接投资方式在海外形成的出版企业不可避免地与投资国出版企业之间存在着文化磨合问题，直接影响到海外出版企业的经营效益和管理成本。 因此，从海外出版企业的管理成本和管理难度方面来说，投资国与目标国的文化差异越小，越适合进行并购式投资；文化差异越大，越适合进行新建式投资。

第四，出版产业的投资状况

当一个国家的出版产业处于海外投资的初始时期时，国内出版企业倾向于采取新建式投资模式进行海外出版市场的扩张；处于海外投资的迅速增长期时，则更倾向于采取并购式投资模式进行海外扩张。 这是由于出版产业处于投资增长期时，国际出版企业的优秀管理人才、国际型高级出版人才相对短缺，出版企业海外扩张的战略紧迫感不断增强。 类似的，当目标国的出版产业较快增长时，出于进入周期的考虑，投资国出版企业的并购式投资也会多于新建式投资。

此外，目标国资本市场不完全导致企业资产低估，目标国出现经济危机和金融危机引起资产价格普遍下降，出版行业整体生产能力过剩、价格下跌、增长缓慢，目标国出版企业拥有投资国出版企业可利用的选题组稿、出版经营和营销渠道等方面的资源或这些资源相对于公开市场资源而言更具有优势，则国内出版企业更倾向于采用并购式投资模式。

4.3.3.3　新建式投资与并购式投资的效应比较

新建式投资与并购式投资产生的经济效应和社会效应有着

---

① 鲁桐. 中国企业跨国经营战略 [M]. 北京：经济管理出版社，2003：250.

显著的差别，这种效应因素会影响目标国政府选择的倾向性，进而影响到出版企业海外投资的模式选择。

（1）资本效应

出版企业海外市场的并购式投资活动短期内不会在目标国形成新的资本，无法给目标国带来资本效应，它的直接效果只是资本所有权的转移。但是，随着时间的推移，投资的出版企业必然会对并购式投资形成的海外出版企业进行整顿和改造，或者引进其他关联投资，以提高在目标国的图书出版能力和发行营销能力，这样会给目标国带来新的资本增量。一般而言，后续和关联投资的价值会大于初始并购时的投资额。此外，如果被并购的海外出版企业在并购进行之前面临破产而使目标国的资本存量随之下降，那么并购式投资无疑挽救了目标国的资本存量，促进了资本的形成。

出版企业海外市场的新建式投资能在一个相对较短的时间内增加目标国的资本存量，同时，还会将企业自身的选题策划技巧、独特的管理措施、营销发行手段等内化于新建的海外出版企业之中，从而导致目标国出版业新的物质资本和人力资本的形成。

（2）就业效应

出版企业的并购式投资会导致目标国被并购出版企业机构和人员的大量精简，形成新的失业人口。但随着后续关联性投资的跟进，又会给目标国创造新的就业机会。出版企业的新建式投资则会在一个相对较短的时间内迅速创造新的投资机会。

（3）结构效应分析

并购式投资只是投资国出版企业现有图书编辑出版能力向目标国的转移，并不能帮助目标国显著改变出版产业的市场结构实现多样化经营，除非被并购的目标国出版企业自己进行多样化改造，或者被重新整合而产生进入新的出版领域的机会。

新建式投资通常能够改变目标国出版产业的市场结构，进入目标国没有进入或者无力进入的新的出版领域，从而有助于目标国优化出版产业的结构，丰富图书品种。

（4）竞争效应分析

并购式投资虽然在短期内不会在目标国出版市场产生新的竞争对手，但是，如果这种投资能使濒临破产的目标国出版企业起死回生，则就可以维持目标国出版市场现有的竞争水平，甚至在被并购的出版企业竞争力提高后还有可能进一步刺激目标国出版市场的竞争。此外，如果进行并购式投资的出版企业是国际出版巨头，则有可能打破目标国出版市场原有的竞争格局，削弱目标国的竞争能力。

新建式投资增加了目标国出版市场竞争者的数量，有利于打破某些出版领域的垄断行为，增加消费者剩余。

（5）文化效应分析

进行并购式投资的出版企业一般会在投资形成的新的出版企业中努力冲破目标国的文化障碍，想方设法融入本国的文化要素，更多地倾向于策划一些宣传本国传统文化的图书，加大对目标国的文化渗透，从而对目标国本土文化产生一定的冲击和影响，威胁目标国的文化安全。但是，这种冲击和影响以及对目标国文化安全的威胁远没有新建式投资形成的海外出版企业对目标国文化产生的冲击力大，因为在这种投资方式形成的海外出版企业中，目标国本土文化的力量相对较弱，对投资国文化渗透的阻碍力量相对较弱。

（6）互补效应分析

新建式投资能够给目标国出版企业带来需要的选题策划人才、经营管理人才和发行营销人才及其他重要的互补性出版资源，但在目标国出版业产生的互补性不甚明显。并购式投资也能给目标国出版产业带来这些互补性资源，且效果明显。通过跨国并购性投资，可以在建成的国际型出版企业中实现国内外出版资源的互补和调节以实现出版资源的优化配置。在目标国出版业产生协同效应的并购式投资不仅同时增加了目标国和投资国的资源存量,而且还可以给目标国和投资国带来公共利益和私人利益。 但并非所有的并购式投资都能够产生互补效应,当并购的目的不是出于互补,而是为了把被并购的出版企业的选题资源、人力资源、管理资源等反向转移到投资国,这往往又会引起目标国出版资源的流失,引起目标国的警觉和阻碍。

上述分析表明,出版企业海外直接投资的新建式模式和并购式模式各有自己的优缺点,同时又受到出版企业的内在因素、海外投资的外资环境的影响和制约,这种海外直接投资在目标国产生效应的不同又会影响到目标国对投资的选择倾向。因此,中国出版企业在进行海外出版市场的直接投资,需要在新建式投资模式和并购式投资模式之间进行选择时,必须综合考虑上述诸多影响因素,做出一个最适合自己的选择,从而为中国出版的"走出去"、中国文化的"走出去"和国家文化"软实力"的提升做出自己的最大贡献。

第五章 /

中国出版业"走出去"的主要风险

这一章分析了中国出版业"走出去"政治风险的内涵、根源和防范（包括评估性防范、预测性防范、未然性防范、一体化防范），经济风险的内涵、主要类型、基本功能以及风险防范（包括体制性防范、转移性防范、回避性防范、分散性防范、抑制性防范、自留性防范），文化风险的基本内涵、产生根源、主要形式、影响过程以及防范措施。

国内出版企业通过图书商品输出、图书版权输出和海外直接投资的形式"走出去"进行的跨国经营，是在一种与国内完全不同的市场环境中进行的，经营环境的巨大差异、市场和交易的不确定性的存在必然使中国出版业"走出去"的实际成效和经营目标存在着一定的不确定性；这种不确定性很有可能在中国出版业"走出去"过程中滋生出一定程度的风险。风险管理理论认为，风险是一种遭受损失的可能性，是一种介于确定性与不确定性之间、无知与全知之间的状态，[①]是"在一定环境和期限内客观存在的，导致费用、损失与损害产生的，可以认识与控制的不确定性"[②]，具有"客观性、相对性和可控性三个基本特征"[③]。中国出版业"走出去"进行国际化经营时面临的风险种类众多，这一章拟着重分析中国出版业"走出去"面临的政治风险、经济风险和文化风险。

5.1　中国出版业"走出去"的政治风险

新制度经济学创始人诺思指出，与其他制度变迁供给主体相比，权力上独特的比较优势的存在使国家成为制度变迁的主

① Gary Stoneburner. Risk Management Guide for Information Technology Systems [M]. National Institute of Standards and Technology, 2002: 1-10.

② 赵曙明. 国际企业：风险管理 [M]. 南京：南京大学出版社，1998:56-61.

③ 赵曙明. 国际企业：风险管理 [M]. 南京：南京大学出版社，1998:56-61.

要供给者。① 国际经济交往中错综复杂的环境变化有时会促使一个国家进行一系列的制度变迁和制度干预，影响国际经济活动的正常进行，这种国家政策层面、制度层面的不确定性以及由此对国际经济活动产生的影响形成了国际经济交往中的政治风险。中国出版业"走出去"进行国际化经营作为我国国际经济活动的一个侧面也不可能例外，同样面临着一定程度的政治风险。

5.1.1　中国出版业"走出去"政治风险的内涵

国际经济学理论认为，政治风险是指由于国家主权、政治因素等方面的制度变动而造成的经济损失的风险，是国家通过制度变迁、政策变化对商业活动进行的一种干预。② 因此，中国出版业"走出去"的政治风险主要指国内出版企业在进行国际化经营时，由于对象国政府从本国的利益需要出发所采取的不受任何外来法律约束的国家主权行为，以及其他政治因素的变化而遭受到的相应的经济损失的一种风险。对象国当权者政治观念的变化、经济条件的变动、文化政策的改变、社会动乱、恐怖主义或武装冲突以至国内战争、既得利益集团的干涉、宗教力量的变化等，都会造成政治风险。概括起来，中国出版业"走出去"的政治风险主要表现在以下四个方面：第一，国有化风险。特殊情况下，东道国政府有时会通过制度的改变以采取一定的措施对外国在国内投资设立的包括出版公司、图书销售公司在内的所有外资企业进行没收，变成国有财

----

① 道格拉斯·C·诺思.经济史中的结构与变迁［M］.陈郁，罗华平，译.上海：上海三联书店，上海人民出版社，1994：21.

② Jung Hwa Hong. Political Risk and Foreign Investment Decision of International Hotel Companies ［EB/OL］.［1999 - 05］. http://www.hotel-online.com/Trends/PanAmerProceedingsMay99/PolRiskInvestHotels.html.

产；或者当东道国政权更迭时，新政权不承认或不认可旧政权的对外经济制度，或对其进行修改，或另行颁布新的制度，把国内所有的外资资产（包括外资设立的出版公司、图书公司）统一进行国有化处理。 第二，政策性风险。 是指当对象国认为外资在国内设立的图书出版公司对本国出版企业的经营活动已经产生影响，它出版的图书以及通过图书商品贸易和图书版权贸易等方式输入国内的图书产品对国内文化市场、本国民族文化构成威胁时，为了保护国家利益、维护国家主权和文化安全，有时候会通过一定的政策措施进行干预，如数量上的控制，税收的增加以及一些非关税性贸易壁垒的设置等，进而影响我国"走出去"的出版企业国际化经营的成效。 第三，转移性风险。 主要指国内出版企业海外分支机构在东道国的经营性收入、股权买卖收入、争取到的国际贷款或国际资助，或者通过图书商品贸易、图书版权贸易方式与国外相关图书公司进行交易的交易性收入，由于受到东道国政府临时性的外汇管制或歧视性政策而无法转移到国内或其他安全地方的风险。 第四，战争性风险。 主要指国内出版企业图书商品贸易、图书产品贸易的对象国，或者通过海外直接投资方式设立海外出版分支机构的东道国，发生的对外战争或国内战争（或动乱）使国内出版企业国际化经营蒙受损失或实际成效明显偏离预期的可能性，这种政治风险造成的损失往往大于前三类政治风险造成的损失。

5.1.2 中国出版业"走出去"政治风险的根源

通过"走出去"方式进行国际化经营的国内出版企业是在与国内完全不同的政治环境中进行图书的生产和经营的，国际环境的风云变幻使这种经营活动不可避免地面临一定的政治风险，这种政治风险的根源主要表现在以下四个方面：

第一，主权神圣

绝对主权理论认为，主权是国家拥有的对内的最高权力与对外的独立地位，是民族国家最重要的特征和最根本的属性。①
对内主权指"一种国家决策过程中的最终负责者或权威者"，对
外主权指"一个国家不受外来控制的自由"，它"意味着国家的
独立或自主"②，绝对性、永久性和不可分性是主权的三个根本
性特点。③ 在这里，主权的绝对性是指主权的至高无上、不受
限制和不可分割的性质；主权的永久性指主权是永恒的，它不
受时间和任期的限制；④主权的不可分性是指主权的完整性。
由此可见，主权是一个国家拥有的独立自主地处理对内事务和
对外事务的最高权力，它不受其他任何国家或实体的干涉和影
响，对内体现于国家法律的颁布与废止、国家及国家政权组织
原则和经济体制的决定、军队的统率等权力上，对外体现于独
立地决定自己的外交政策、处理国际事务及享有国际权利与履
行国际义务，不允许其他国家或实体干涉自己的自主活动。 因
此，当一个主权国家意识到其他国家或实体在本国的国际化经
营行为威胁到本国的国家主权和国家利益时，极有可能动用国
家权力干预或禁止这种国际化经营活动。 换言之，为了最大限
度地保护本国利益，主权国家可以根据自己的意愿利用国家权
力对国外企业的国际化经营活动及其商品贸易进行鼓励、支持
或者打压、限制和禁止来实现对外国公司经营活动的控制，引
发投资国国际化经营的政治风险。

第二，民族主义

英国民族学家安东尼·史密斯指出，"民族主义是一种意识

① 邵津.国际法［M］.北京:北京大学出版社，高等教育出版社，
   2000: 36.
② 简明大不列颠百科全书: 第9卷［Z］.北京:中国大百科全书出版
   社，1986: 533.
③ 乔治·霍兰·萨拜因.政治学说史［M］.盛葵阳，崔妙因，译.北
   京:商务印书馆，1986: 462.
④ 徐大同.西方政治思想史［M］.天津:天津人民出版社，1985: 148.

形态运动，目的是为一个社会群体谋取与维持自治和个性，他们中的成员期望民族主义能够形成一个事实的或者潜在的民族"①。它"通常被用来表示个人、群体或一个民族内部成员的一种意识，或者指增进自我民族的力量、自由或财富的一种愿望"②，是一种认为自我民族是政治、经济和文化主体并被视为至上、至尊价值观的思想或运动，排外性是民族主义的本质特点。因此，"民族主义首先而且最重要的应该是被看作为一种思想状态"③，以此为基础，美国学者卡尔顿·海斯总结性地指出：首先，民族主义是一种历史进程——人们在这一进程中建设民族国家；其次，"民族主义"一词意味着包含于实际的历史进程中的理论信念或者原则；第三，民族主义是一种把历史进程和政治理论结合在一起的特定的政治行动；第四，民族主义意味着对民族及民族国家的忠诚超越于其他任何现实对象。④由此可见，民族主义是一种含有排外性的强烈的民族自豪感和凝聚力。这种民族自豪感通常带有较为明显的抵制或者反对外来投资者在当地进行生产经营、反对外来文化扩张和入侵的倾向，认为一个国家或民族的经济、文化发展更多地需要依靠本国自己的政治力量来进行特别的维护。这种片面性的民族情结使东道国国民容易用一种怀疑的目光审视和观照外资企业，特

---

① A. D. Smith. Nationalism: A Trend Report and Bibliography ［J］. Current Sociology, 1973, （3）.

② The Royal Institute of International Affairs. Nationalism, A Report by A Study Group of Members of the Royal Institute of International affairs ［R］.London: Frank Cass and Co.Ltd., 1963:18.

③ Hans Khon. The Idea of Natonalism, a Study of its Origins and Background ［M］. New York: The Macmillan company, 1946:10 - 11;580.

④ Carlton J. H. Hayes. Essays on Nationalism ［M］. New York: The Macmillan Company, 1926:2 - 6.

别是那些对东道国的民族产业、民族文化可能产生潜在威胁的外资企业，导致对外资企业的严格审查和控制。一般而言，一个国家的民族主义倾向与其感觉到的潜在的外来威胁成正比，也就是当感觉外来的经济、文化力量对自身现状的威胁越大时，民族主义也就越强烈。事实上，虽然全球化、一体化趋势日趋明显，但不同程度的经济、文化民族主义在世界各国始终存在，成为一国企业国际化经营政治风险的重要来源。

第三，意识形态

新制度经济学创始人诺思指出，意识形态是个人与环境达成的一种节约费用的工具，以"世界观"的形式出现从而起到简化决策过程的作用；意识形态同个人的道德、伦理评价交织在一起；成功的意识形态是灵活的，必须能克服集体行动中的"搭便车"问题。总之，新制度经济学理论认为，意识形态是一个国家、社会或团体关于世界的一整套信念的总和，是一个国家、社会或团体中所有成员共同具有的认识、价值、伦理、道德、思想、信仰、习俗和精神状态等所组成的非正式制度安排，是非正式制度安排的核心，反映了这个国家、社会或团体的利益取向和价值取向，是减少其他制度安排成本的最重要的制度安排。① 非制度安排具有凝聚、激励、规范和评价等基本功能。意识形态的制度性功能主要表现为节约交易费用、激励、约束、保持团体内部的团结和稳定、条件经济运行和降低正式制度的执行费用六大基本功能。② 意识形态的基本特点和制度性功能使拥有相同意识形态的国家（或社会组织，或民族）成员对与自己相异的意识形态有一种本能的抵触和排斥，从而对外资在本国设立的企业产生潜在的敌意，尤其是认为国

---

① 罗必良.新制度经济学［M］.太原：山西经济出版社，2005：720.
② 罗必良.新制度经济学［M］.太原：山西经济出版社，2005：725 - 740.

家安全、宗教信仰、民族利益、民族文化和本国经济受到这些外资企业及其经营活动和产品威胁时，这种敌意会骤然增强，使外资企业的生产经营活动面临着一定程度的政治风险，这种政治风险程度的高低受制于敌意情绪力量的大小。

第四，政策变动

政策学理论认为，政策是国家机关、政党及其他政治团体在特定的历史时期为实现或服务于一定社会政治、经济、文化目标所采取的政治行为或规定的行为准则，是一系列谋略、法令、措施、办法、方法和条例等的总称。政策的本质集中体现在三个方面：政策集中反映或体现统治阶级的意识和愿望，是执政党、国家或政府进行政治控制或统治的工具或手段；政策服务于社会经济的发展和文化的进步；政策作为调节各种利益关系的工具或手段，是各种利益关系的调节器，根据所涉及的社会生活领域的不同，政策可分为政治政策、经济政策、社会政策和文化政策。① 连续、稳定的政策环境是进行国际化经营的任何企业所期望的政治气候。但是，政权更迭、政治观点迥异的在野党的上台执政、利益集团的施压和干涉、东道国经济的疲软以及外资政策的调整、贸易壁垒的调整、金融管制和司法体系的混乱、国内暴乱以至国内冲突和战争，以及外资公司的经营行为与东道国的国家利益、文化利益发生冲突等因素的作用，都可能使东道国政府的态度发生改变而违背原先相关的经营承诺和给予的优惠政策，他们可能动用贸易、财政、汇率等保护主义措施，甚至不惜更改相关的法律、法规以限制外资公司的跨国经营活动。这种东道国政策连续性的丧失使原来稳定的政治环境、投资环境发生了明显的改变，外资公司国际化经营的政治风险骤然提升。

---

① 陈振明. 政策科学 [M]. 北京：中国人民大学出版社，2003：50-55.

此外,东道国国内发生的武装冲突、动乱、战争以及包括经济困难、工人罢工、民众游行、宗教争端、民族纠纷等引发的社会动荡,国家或区域范围内的经济保护主义等都可能给在当地经营的外资企业带来政治风险。

上述国际化经营中的政治风险产生根源同样适用于"走出去"进行国际化经营的中国出版企业及其贸易活动。 实际上,"走出去"之后在错综复杂、瞬息万变的国际环境中进行国际化经营的这些中国出版企业遭遇一定的政治风险是在所难免的,只有借助合适的评估工具进行合理的预测,采取有效、积极的防范措施,才能最大限度地降低这种风险产生的损失。

5.1.3 中国出版业"走出去"政治风险的防范

中国出版业"走出去"进行国际化经营时遭遇的政治风险有着很大的危害性,影响"走出去"的实际成效,延缓中国出版业"走出去"的步伐。 但是,风险的可预知性和可防范性特点又决定了这种风险是可以防范的。 因此,国内出版企业在"走出去"进行国际化经营时,需要制定合适的防范措施,以最大限度地降低这种风险造成的影响和损失。

(1) 评估性防范

恰当、适时的风险评估是国际化经营中的国内出版企业防范政治风险的第一步。 政治风险评估的一个主要方面是进行国家风险评估,常用的评估国家风险的方法主要有以下四种:

第一,负债比例。 负债比例表示一个国家或地区的经济规模与对外债务之间的关系,计算公式是:负债比例=本国全部公积性外债余额/当年国民生产总值×100%

国际上一般认为,负债比例低于15%比较好,高于30%时则会出现债务困难。

第二,偿债比例。 偿债比例表示一个国家或地区偿付外债的能力,计算公式是:

偿债比例=外债当年还本付息总额/当年出口商品与劳务总

额×100％

　　国际上通常认为，当偿债比例在 10％以下时，表示该国或地区有着比较强的债务偿还能力；当偿债比例高于 25％时，表示该国或地区面临着债务困难。

　　第三，负债与出口比例。 这一比例表示全部公私债务余额（包括短期债务）与当年商品和劳务出口总额的比例，反映了一个国家或地区的出口总额与对外债务的关系，计算公式是：负债与出口比例＝本国全部公私债务余额/当年出口商品与劳务总额×100％

　　国际上一般认为，一个国家或地区负债与出口比例的危险界限为 100％左右。

　　第四，流动比例。 这一比例表明一个国家或地区外汇储备相当于进口额的月数，计算公式是：流动比例＝外汇储备余额/平均月进口的外汇支出额×100％

　　国际上通常认为，这一比例为 5 个月时表明一个国家或地区的流动性比较充足；低于 1 个月，则是危险的。

　　此外，Howard C. Johnson 提出的"失衡发展与国家实力模型"、Harald Knudsen 提出的"国家征收倾向模型"、丹·亨德尔（Dan Haendel）、杰拉德·韦斯特（Gerald West）及罗伯特·麦都（Robert Meadow）共同提出的"政治制度稳定指数"（该指数被认为是政治风险分析领域最负盛名的分析工具）以及其他很多类似的政治风险评估定量分析工具都可以被那些"走出去"的国内出版企业用来进行国际化经营政治风险的评估。

　　（2）预测性防范

　　拟"走出去"的国内出版企业在进行图书商品贸易、图书版权贸易和海外直接投资的决策时，为了选择合适的目标对象国、确定交易品种、交易数量以及海外直接投资的项目及其落实，需要在合理评估的基础上对目标对象国的政治风险进行预测。 这种预测的重点集中在两个方面：一是分析目标对象国的政治体制及其可能发生的变化与对国际化经营带来的政治风险；二是分析两个国家或地区之间未来进行的图书商品贸易、图书版权贸易和海外直接投资及其在海外市场的生产、经营业务受政治风险影响的程度。有些国家或地区的政府在审批外商投资项目时要求成立合资公司或者要求本国资产在合资公司中占有一定的比例，遇到这种情况时，拟进行海外直接投资的国内出版企业更需要分析和确定在这种情况下从事国际化经营面临的政治风险的程度。一般来说，国内出版企业"走出去"政治风险的预测可按照以下步骤进行。首先，深入了解目标对象国的政治状况，包括现任政府的执政能力、管理能力、政治行为类型、政策稳定性程度和当地的社会结构，把握目标对象国的总体政治方向。其次，进行图书商品输出、图书版权输出和海外直接投资的项目分析，分析这些项目实施过程中最有可能遭受到的政治风险领域和风险特征，是否对目标对象国的图书出版产业和民族文化构成明显的威胁等。再次，识别这些项目实施过程中潜在政治风险的来源，包括导致政治风险产生的政治派别和政治性事件。最后，分析图书输出、版权输出和海外直接投资项目实施过程中政治风险可能发生的概率和大致事件。预测分析的重点应该集中于那些难以预测但有可能使国际化经营的国际环境发生明显变化的主要政治力量上。

（3）未然性防范

主要是指在政治风险发生之前拟"走出去"的国内出版企业主动性地采取政治风险的防范措施，主要体现在四个方面：第一，协议性未然防范。"走出去"的国内出版机构通过直接投资方式建立海外出版分支机构时，与目标对象国当地政府进行谈判，争取更多的优惠政策和保护性条款；与目标对象国当地政府和贸易公司签订图书生产和销售的特许经营协议；在本国或目标对象国办理与国际化经营项目相关的政治风险的保险和项目担保，等等。第二，经营性未然防范。为了适应国际环境因素的不断变动以及这种变动在相关协议中无法事先体现的现实，通过直接投资方式设立的海外出版分支机构在图书的生产和经营策略上，可通过灵活、机智的生产与经营安排，使东道国政府将来即使实施国有化、征用或者没收后也无法维持原出版分支机构的正常运转，从而有可能避免被征用的政治风险。　第三，融资性未然防范。　海外出版分支机构为了解决扩大出版规模、开辟销售渠道、提高市场占有率的资金问题需要进行融资时，力争在目标对象国金融市场上进行融资，以达到降低政治风险的目的。　第四，财务性未然防范。　海外出版分支机构在日常生产经营过程中的财务策略运用上，可采用持有较低的权益资本和较高的债务资本的资产组合策略，选择适合当地标准的资本结构和合适、便利、安全的现金转移渠道，及时把资金从高政治风险的国家或地区转移到低政治风险的国家或地区。

（4）一体化防范

政治风险的这一防范措施是指海外出版分支机构采取适当措施尽量设法把自己融入当地环境之中，成为所在国经济结构的一个组成部分，与所在国当地的出版机构打成一片、融为一体，实现双方的共融、共生与共进。　这一防范措施主要有名称一体化，也就是采用具有当地语言文化风格的、本地化的公司名称，这是这一防范措施中最简单的一种，目的是从外在感官上消除与本地出版企业和本地读者之间的情感隔阂，有利于彼此交流；生产一体化，海外出版分支机构与所在地政府和其他有实力和影响力的政治集团建立良好的关系，加强日常交流和沟通，尽可能多地在当地进行图书产品的编辑、出版、印刷和销售以吸收更多的当地员工就业，雇佣、提拔当地员工，鼓励他们积极参与图书的选题、组稿、设计、营销等各个环节的工作和企业管理活动，以密切和当地政府的关系。　这样，当东道国政府颁布不利于海外出版分支机构的政策措施、政治风险悄然降临的时候，海外出版分支机构有可能会受到当地政府的保护而规避了即将发生的政治风险；销售一体化，积极拓展销售渠道，努力把海外出版分支机构在当地编辑出版的图书产品或者通过图书商品贸易、图书版权贸易的方式输入图书产品的销售融入当地的图书销售主渠道，使之与当地出版企业的图书销售融为一体，实现二者的共融与共生。

此外，国内出版企业"走出去"设立的海外出版分支机构与其他国家或地区经东道国政府批准在东道国设立的合资、合作经营性出版公司进行战略性合作，一方面有利于自身图书出版业务和销售业务的拓展，另一方面也有利于所在国当地政府的经济发展和文化繁荣，从而有利于在一定范围内防范和回避可能出现的政治风险；国内出版企业"走出去"国际化经营的图书商品或海外出版分支机构被东道国没收或国有化之后，通过合理谈判、战术谈判和法律补救等手段要求索赔、索赔没有成功之后放弃原有资产寻求残值收入、向保险公司索求赔偿等，也可以在一定程度上尽可能降低国际化经营政治风险造成的损失。

上述分析表明，国内出版企业的"走出去"是一种在与国内完全不同的政治环境中进行的国际化经营，国际环境因素的瞬息万变使这种经营不可避免地面临着一定程度的政治风险。主权神圣、意识形态、民族主义、政策变动以及东道国国内的武装冲突、社会动乱和保护主义等构成了这种政治风险的主要根源。虽然我国出版业"走出去"国际化经营处于起步阶段，这些政治风险也尚未明晰化，一些"走出去"的国内出版企业甚至还没有感觉到政治风险的存在，但是，只要国内出版企业"走出去"了，这种政治风险就实实在在地存在着，只不过目前尚处于蛰伏阶段，尚未爆发而已。因此，"走出去"的国内出版企业需要具备前瞻意识，对"走出去"之后可能遇到的政治风险有一个清醒、明确的认识，把握这种政治风险的本质、根源，并采取积极、有效的预防措施，未雨而绸缪，防患于未然。这样，才能使我国出版业的"走出去"发挥最大的成效，达到预期的目的，实现中外产业之间、文化之间的共融与共生。

5.2 中国出版业"走出去"的经济风险

国内出版企业通过"走出去"的方式进行国际化经营，不论是图书商品贸易、图书版权贸易还是海外直接投资，最终都是一种市场交易活动，是一种经济行为，这种经济行为本身的特点和国际经营环境的复杂性决定了经营过程中经济风险存在的必然性。

5.2.1 中国出版业"走出去"经济风险的内涵分析

新制度经济学的交易费用理论认为，交易是人与人之间的"交互影响的行动"[①]，是"产品或服务从一种技术边界向另一种技术边界的转移，由此宣告一个行为阶段的结束和另一个行为阶段的开始"[②]，是"专业化与分工条件下不同的个体和单位组织之间的需求差异而导致的技术上可分的产品和服务在不同的主体之间的让渡"[③]。各种内外部条件因素的不确定性使这种让渡行为存在着很大的不确定性，新制度经济学家库普曼斯把这种不确定性分为初级不确定性（主要指由于自然的随机变化和消费者偏好不可预料的变化所带来的不确定性）和次级不确定性（指由于信息不对称引起的不确定性，也就是一个决策

---

① 康芒斯.制度经济学［M］.于树生，译.北京：商务印书馆，1962：92.

② 奥利弗·E·威廉姆斯.资本主义经济制度［M］.段毅才，王伟，译.北京：商务印书馆，2002：8.

③ 杨德才.新制度经济学［M］.南京：南京大学出版社，2007：30.

者无法了解其他决策者对同一事件所做出的决策和计划）两种类型，①交易活动中的经济风险由此而生。

经济风险是商品交易过程中普遍存在的一种复杂的经济现象。国内出版企业"走出去"进行的国际化经营是在一种与国内完全不同的政治、经济、文化环境中进行的，变幻莫测的国际环境存在着非常大的不确定性，这种不确定性直接影响到国际化经营的总体战略、具体策略和经营效果，增加国际化经营的交易成本，导致经济风险的产生。因此，中国出版业"走出去"的经济风险是指国内出版企业通过图书商品贸易、图书版权贸易和海外直接投资方式进行国际化经营的经济活动中，由内、外部各种不确定因素引起的经营环境、经营战略、经营决策等的变化，给从事国际化经营的国内出版企业带来新的获利机会或损失的可能性的一种客观经济现象。

这种客观经济现象具有四个方面的基本特点：第一，客观性。国内出版企业"走出去"过程中的经济风险是在客观存在的各种自然因素和社会因素的共同作用下形成的，它的存在与发生是一种客观的必然。第二，无序性。"走出去"过程中的经济风险是客观存在的，但是，这种客观存在的经济风险是否发生，何时、何地发生，发生的范围和影响的程度等诸多方面完全是一种偶然的、无序的、不确定的和杂乱无章的组合结果；这种经济风险的无序性是由致险因素的多样性、形成过程的复杂性与随机性以及行为主体的认识和把握的片面性决定的。第三，相对性。主要包括三个方面：（一）是指这种经济风险的可避免性。"走出去"过程中的经济风险是客观存在的，但又是可以避免或降低的，避免或降低的程度取决于"走出去"的国内出版企业对经济风险的认知程度、把握程度和控制能力。（二）是指这种经济风险的可预测性。它可以通过多种

---

① 罗必良.新制度经济学［M］.太原：山西经济出版社，2005：399.

预测方法进行认知，把握和预测风险可能发生的时间和程度。
（三）是指这种经济风险的可变性。国内出版企业国际化经营
的经济风险不是一成不变的，致险因素的变化使之在一定的条
件下可以发生量或者质、新或者旧的相互转化。第四，共生
性。经济风险可能给"走出去"的国内出版企业带来收益，也
可能给它带来损失，同一种风险内部共存着两种可能的结果。
这一特性有助于我们理性地、全面地认识和把握经济风险的实
质。一方面，国内出版企业要看到这种经济风险的危害，提高
风险的防控能力以实现风险的转化、降低或消解；另一方面，
要加强这种经济风险的规律性研究，通过科学合理的风险决策
抓住风险机会、获取风险收益。

　　5.2.2　中国出版业"走出去"经济风险的主要类型和基本功能

　　根据经济风险性质的不同，可以把中国出版业"走出去"
的经济风险分为纯粹性经济风险和投机性经济风险两种内涵不
同的风险。纯粹性经济风险指那些只能给"走出去"的国内出
版企业造成损失、不会带来风险机会和风险利益的风险。如图
书商品转运过程中的损坏、丢失或其他意外事故造成损失的风
险。投机性经济风险指那些既可以给"走出去"的国内出版企
业带来利益，也可以给其造成损失的风险类型。例如，当国际
化经营的市场环境发生变化时，"走出去"的国内出版企业如果
能采取积极灵活的应变措施及时调整海外经营策略以适应这种
经营环境的变动所带来的市场机会时，往往会得到预料之外的
收益；反之，如果不能适应这种国际化经营环境的变化带来的
风险，则难免遭受损失。

　　根据经济风险的受损主体和原因，中国出版业"走出去"
的经济风险又可分为六种内涵形态不同的风险类型，分别是：
（1）资产型风险，包括国际化经营过程中运输、储存等环节中
图书商品的自然损耗；图书库存保管不善、交通事故、火灾事
故等原因造成的图书商品破损、霉烂等产生的损失，以及其他

自然灾害和意外事故的发生使"走出去"的国内出版企业的资产在实物形态上遭受的损失。(2) 信誉型风险,指在海外图书市场上的企业信誉、企业形象和企业品牌给"走出去"的国内出版企业带来的风险机会和风险损失。"走出去"的国内出版企业最终是在国际图书市场上销售自己出版的图书产品,因此,东道国社会公众对这些出版企业的总体印象与评价,可能促进它们出版的图书在东道国市场上的销售,给"走出去"的出版企业带来信誉型收益;也可能阻滞它们出版的图书在东道国市场上的销售,给出版企业带来信誉型损失。 这说明,良好的信誉和形象会给"走出去"的国内出版企业带来积极的影响和有利的市场机会,反之,则会造成很多有利的市场机会的丧失,造成意想不到的巨大损失。(3) 价格型风险,指国内出版企业在国际化经营过程中,海外市场图书价格变动和版权价格变动可能造成的风险收益和风险损失,可进一步细分为政策性价格变动风险和市场性价格变动风险两种类型。(4) 经营型风险,指"走出去"的国内出版企业在图书生产和销售过程中,由于海外市场条件、经营环境和出版印刷技术的变化而导致的经营条件、经营对象和经营行为的风险。 经营条件风险主要指"走出去"的国内出版企业在经营场地的选择、经营规模的变动、市场信息的获取、图书销售渠道的变动以及图书生产经营所需的资金来源的变化等方面的风险;经营对象风险指"走出去"的国内出版企业在图书内容的选择、图书品种的确定以及装帧设计、版式设计等方面与海外市场读者的需求偏好没有很好地实现对接导致的风险;经营行为风险指"走出去"的国内出版企业在国际化经营过程中由于出现了欺骗性交易行为、商业贿赂行为、强迫性交易行为、侵犯商业秘密行为以及贬低与诋毁竞争对手行为等不正当交易行为和违约行为而导致的风险。(5) 财务型风险,指由于各种难以预料或无法预料、无法控制的因素导致"走出去"的国内出版企业的预期财务收益与实际财务收益发生偏差和背离、遭受经济损失的机会或可能性，比如两国汇率的变动、利率的变化以及其他金融条件、贸易条件的改变等。

国内出版企业"走出去"过程中和"走出去"之后可能遭遇到的上述经济风险在其内涵和特点的支配下，在国际化经营中又发挥着一定的功能，这种功能主要体现在三个方面：

第一，主体行为的约束功能

"走出去"过程中，经济风险的客观存在性及其给行为主体造成损失的客观可能性的双性统一，形成了这种风险对行为主体的约束。这要求"走出去"的国内出版企业必须予以充分的认识，实时实地适应市场风险的变化而对图书的品种选择、主题策划、渠道安排以及经营方式和经营决策进行缜密的分析调研和慎重考虑之后做出相应的调整以确定最优组合方案，尽最大可能减少或者避免这种经济风险带来的损失，从而显示出经济风险对主体行为的约束作用。

第二，主体行为的激发功能

"走出去"过程中，国内出版企业面临的经济风险在给行为主体带来风险损失的同时，也会带来一定的风险机会和风险收益。因此，这种经济风险对"走出去"的国内出版企业又有一定的吸引力，激发它在更广阔的市场空间进行开拓性的国际化经营，拓展经营思路和经营方法，力争化风险威胁为风险机会，合理规避风险损失，撷取风险收益。

第三，主体行为的调节功能

"走出去"过程中，国内出版企业面临的经济风险具有损失与收益的共生性特点，这一特点对"走出去"的行为主体发挥着一定的调节功能，要求"走出去"的国内出版企业适应国际图书市场环境的变化及其可能带来的经济风险，及时调整经营思路和经营行为，把拥有的包括作者资源、编辑资源、渠道资源等在内的出版资源合理配置到经济风险损失小、收益大的图书品种或图书项目上，避免资源浪费，使有限的出版资源发挥更大的效用。

5.2.3 中国出版业"走出去"经济风险的防范

国内出版企业"走出去"国际化经营中经济风险的客观性特点决定了这种风险是切实存在的，须予以充分重视；相对性特点则意味着只要风险意识明确、防范措施得当，它又是可以避免和防范的。这种防范措施大致体现在以下六个方面：

（1）体制性防范

为了有效防范和控制可能发生的经济风险，降低风险造成的损失，国内出版企业"走出去"进行国际化经营时，需要结合自身的经济实力、经营规模、管理经验、图书商品贸易和图书版权贸易涉及的具体国家或地区以及海外直接投资的国别分布与国别状况，建立有效可行的风险防范体制。结合国际化经营相关的风险防范理论与防范实践以及我国出版业"走出去"国际化经营的现实状况，以下三种常用的风险防范体制可资借鉴。第一，集中化体制。国内出版企业对外输出图书和图书版权时，以及在海外设立的出版分支机构异地经营时，面临的可能出现的经济风险，由国内的出版集团总公司通过内部资金的调拨和流动来进行统一控制、防范和抵御。第二，分散化体制。国内出版企业通过图书商品贸易、图书版权贸易和海外直接投资的方式进行国际化经营时面临的可能出现的经济风险，由进行国际化经营的出版企业或海外设立的出版分支机构设立风险防范机构，制定风险防范预案，采取必要的配套措施进行经济风险的防范，以减少或避免风险的发生，一旦发生时尽可能降低损失。第三，专门化体制。设立国内出版企业"走出去"国际化经营的专门性风险防控公司，进行国际化经营的国内出版企业向其提供以各种货币计价的交易索款书，由该风险防控公司统一结算、集中进行外汇交易，防范汇率风险；可能的话，此类公司也可以提供其他类型经济风险的信息、评估、预测及防范建议等方面的服务。

（2）转移性防范

指国内出版企业在"走出去"进行国际化经营时，为了降低可能出现的风险造成经济损失而有意识地把这种损失或者与损失有关的财务后果转嫁出去的一种风险防范措施，分为财务型保险转移和财务型非保险转移两种类型。财务型保险转移是指"走出去"从事国际化经营的国内出版企业为了降低经营过程中可能出现的经济风险导致的经济损失，主动把输往国外的图书商品项目、图书版权项目以及在国外直接投资新建或并购设立的海外出版分支机构项目及其在海外的经营项目向保险公司投保，一旦预期经济风险发生并造成了相应的经济损失，可按照保险合同的规定向保险公司索取一定的经济赔偿，达到降低风险损失的目的。这种方式优势明显，是国际经济交往中最为常见的风险管理方式。财务型非保险转移是指"走出去"进行国际化经营的国内出版企业通过与相关组织或个人签订经济合同的方式，把国际化经营中可能出现的经济风险以及与其有关的财务损失结果转移给他人或组织的一种经济风险防范手段。比较常见的财务型非保险风险转移有承包行为、互助保证、基金制度等。进行国际化经营的国内出版企业可以通过承包的方式把国际化经营中的一个或几个风险较大的环节转包给专门的公司进行以达到转移风险的目的，也可以通过设立互助保证金、建立国际化经营基金的方式对"走出去"的图书项目、版权项目和直接投资项目及其经营活动中可能出现的风险及其损失进行防范。

（3）回避性防范

风险管理理论认为，回避性风险防范是指行为主体完成项目实施的风险分析和风险评估之后，认为项目实施后发生风险的概率很高，造成的可能性损失很大，同时又没有其他有效的措施降低风险发生的概率、抵消风险造成的损失时，结合自身的风险偏好和承受能力主动做出的终止原有项目、放弃原有计划或调整项目方案与项目目标，使因项目实施而导致的风险不再发生或继续发展以回避可能产生的潜在风险损失的一种风险防范措施。 这种风险防范方法具有简单易行、全面彻底的优点，能充分降低风险发生的概率和造成的损失，减少了不必要的资源浪费和资源损失；缺点是在有效回避风险的同时也放弃了相应的风险收益，降低了行为主体的风险驾驭能力。 鉴于此，拟"走出去"的国内出版企业在"走出去"之前进行项目风险分析和风险评估时，如果发现图书商品输出或图书版权输出项目在输出品种、输往国别、海外销售渠道的选择、宣传促销手段的策划、交易币种的选择等，以及通过新建或并购的直接投资方式设立海外出版分公司时的投资国别选择、设立方式、经营模式、经营品种以及销售渠道的确定等方面存在着明显的风险，则需要果断地终止或更改原有的方案或计划以规避因项目实施带来的风险损失。

（4）分散性防范

资产组合管理理论认为，增加承受风险的单位数目可以减轻风险的总体压力，当两种资产收益率的相关系数不为1（完全正相关）时，分散投资于两种不同的资产会产生降低风险的效用；同样，由相互独立的不同资产组成的资产组合，只要这种组合里面组成单位的数目足够多，资产运营中的非系统性风险就可以通过这种分散化的策略实现有效的消除。"走出去"国际化经营时经济风险的防范也可以接受这一理论的指导，主要是"走出去"的国内出版企业从事国际化经营时可以通过高风险项目与低风险项目适当搭配的方式进行投资组合的及时调整，实行风险的分散化处理以降低经营的整体风险。 如图书商品贸易和图书版权贸易的输出图书品种或出版项目以及海外直接投资项目国别选择、项目类型的分散化或多样化处理，有助于"走出去"国际化经营的国内出版企业减少或抵消可能发生的经济风险造成的经济损失；国际化经营中持有货币币种的分散化和筹资渠道及筹资币种的分散化，可以防范因本国货币或他国货币的贬值或升值带来的汇率风险，也可以防止国际或国别利率变动引起的风险损失；图书销售渠道的分散化、书稿来源的分散化、图书装帧印刷的分散化等也有助于防范经济风险，降低或抵消风险损失。

（5）抑制性防范

指"走出去"的国内出版企业采取多种预防性措施以减少国际化经营过程中经济风险出现的概率及造成的经济损失的一种风险防范措施。例如，当"走出去"的国内出版企业通过前期的市场分析、风险评估和预测，发现准备从事的一个图书商品输出项目在图书内容上与目标对象国的传统文化之间存在着一定的冲突而存在着一定的经济风险时，该出版企业可以通过设法更改图书内容、调整输出品种结构的方式对该项目可能出现的风险进行抑制，阻止经济风险的发生，避免由此造成的风险损失。当预测到本国货币与目标对象国货币之间的汇率可能发生持续性的变动而带来一定的汇率风险时，拟"走出去"的国内出版企业可以通过缩减输往该国的图书品种和数量、增加输往其他国家或地区图书品种和数量，或者事先约定交易币种的方法，抑制可能出现的经济风险及其造成的损失。需要注意的是，这里的抑制性风险防范不同于前面介绍的回避性风险防范。抑制性风险防范是"走出去"的国内出版企业在风险分析、风险预测与评估的基础上力图维持原有的国际经营项目和经营决策，旨在减少项目实施过程中出现的风险所带来的经济损失而采取的积极性防范措施；风险回避是"走出去"的国内出版企业以终止原有项目的方式进行的风险防范，它在有效防范风险的同时也放弃了相应的项目收益。

（6）自留性防范

国内出版企业"走出去"进行国际化经营时，当遇到不可以投保的经济风险（如地震、海啸、洪灾等）、与保险公司事先已约定共同承担一些险种一定比例的赔偿费以及特殊情况下的志愿性自留（如自留风险的管理费用小于保险公司的保费、预期损失小于保险公司的预期损失、风险自留的机会成本小于投保的机会成本等）的时候，鉴于此类经济风险的无法回避性和无法转移性，会采取比较现实的积极性态度，在不影响国际化经营或海外投资根本利益的前提下主动把风险损失承担下来。它是一种积极的风险防控手段，会促使拟"走出去"的国内出版企业预先积极制定风险防控预案，调整经营内容和经营计划，努力把此类经济风险的损失降低到最低限度，有利于提供风险意识和防控能力。 这一措施与其他风险防控手段的根本区别在于它不改变此类项目经济风险的客观性质，也就是不改变项目风险的发生概率和项目风险潜在损失的大小。 它分为无计划的自留性防范和有计划的自留性防范两种类型，前者指当"走出去"的国内出版企业遭遇到事先无法预料的原因导致经济风险及其损失时，只能以自身内部资源（自有资金或借入资金）进行补偿；后者指"走出去"的国内出版企业事先估计到可能发生的经济风险及造成的期望损失，主动决定以内部现有或借入资源弥补风险损失，具体方法有把风险造成的财务损失从现金流量中直接扣除，或者把风险损失放在一段比较长的时间内进行分摊以减轻单个财务年度的负担，或者把此类风险造成的损失计入当年发生的费用，或者建立内部或外部风险基金，或者通过融资渠道直接借入资金，等等。

以上论述旨在说明，不考虑文化传播的因素，国内出版企业"走出去"进行国际化经营实际上是国内出版企业在国际图书市场进行的一种经济活动，只要市场存在，经营存在，经济风险就无时无刻地存在。 它是国内出版企业通过图书商品贸易、图书版权贸易和海外直接投资方式进行国际化经营的商业活动时，由内外部各种不确定因素引起的经营环境、经营战略、经营决策等的变化给从事国际化经营的国内出版企业带来新的获利机会或损失的可能性的客观经济现象，这种客观现象可依据受损主体和受损原因大致区分为资产型风险、信誉型风险、价格型风险、经营型风险和财务型风险五种类型。客观性、无序性、相对性和共生性四大基本特点决定了这种经济风险具有对主体行为的约束、激发和调节三大主要功能，也决定了它可以通过体制性防范、转移性防范、回避性防范、分散性防范、抑制性防范和自留性防范等防控措施进行一定程度的防范，以尽可能降低风险损失。

5.3 中国出版业"走出去"的文化风险[①]

从文化传播的角度看，国内出版企业"走出去"进行的跨国经营实际上是一种跨文化传播行为，它是在一种与国内完全不同的文化背景下进行的，文化背景的巨大差异使这种跨国经营面临着一系列的文化风险，直接影响到跨国经营的总体目标和出版业"走出去"的实际成效。这里拟以跨文化传播理论为切入点，对通过直接投资方式"走出去"进行国际化经营的海外出版分支机构在海外直接从事跨国经营时可能遇到的文化风险的内涵、根源、类型、作用过程及防范措施等诸多问题进行探讨。

5.3.1 中国出版业跨国经营文化风险的基本内涵

跨文化传播理论认为，跨文化传播是个体、组织身处不同区域、不同文化背景之下而"遭遇不同文化信仰与价值观的一

---

① 中国出版业"走出去"的三种模式都存在着文化风险，这里主要探讨最具代表性的国内出版企业通过投资式模式"走出去"新建的海外出版分支机构跨国经营时的文化风险。

个过程，因此必然会产生文化冲突"①，导致文化风险。中国出版业"走出去"之后，通过海外新建和跨国并购这两种基本模式②设立的海外出版分支机构处于一个与国内完全不同的文化环境之中，这种"文化的差异性有可能导致来自不同文化背景的人与人之间的文化冲突"③、文化误解，从而影响甚至危及跨国经营目标的实现。这种由文化差异而导致的风险是一种典型的文化风险。因此，中国出版业跨国经营的文化风险是指国内出版企业通过新建、并购方式设立的海外出版分支机构在跨地域、跨民族、跨国体、跨政体以及跨文化的经营管理过程中，由于不同区域、不同民族、不同组织、不同个人的文化差异而导致的文化冲突使跨国经营的实际效益与预期效益发生偏离的可能性。它有两层涵义：一是国内的海外出版分支机构在异国经营时由于与东道国文化背景不同而产生的文化冲突导致的文化风险；二是在一个海外出版分支机构内部，由于员工个人分属不同文化背景的国家而产生的文化冲突导致的文化风险。这种风险有四个基本特点：第一，客观存在性。它是客观存在、无法回避的，从根本上说这一特点来源于不同区域、不同国家之间客观存在的文化差异。第二，双重效应性。一方面，当客观存在的这种文化差异没有得到合理控制演变为文化冲突、影响海外出版分支机构的海外经营时，文化风险可以阻碍海外出版分支机构跨国经营目标的实现；另一方面，当文化风险得到充分、合理的利用时，它又可以成为一种积极因素

① 常燕荣.论跨文化传播的三种模式［J］.湖南大学学报，2003（5）：100-103.

② 潘文年.中国出版企业海外市场投资模式比较分析［J］.中国出版，2009（2）：37-41.

③ 唐晓华，王伟光.现代国际化经营［M］.北京：经济管理出版社，2006：315.

和诱发优势，激发海外出版分支机构的活力、促进企业创新，加快经营目标的实现。　第三，形式多样性。　这一特点来源于文化内涵的丰富性、复杂性，主要表现为文化风险复杂多样、形式各异且不断变化和发展。　第四，可控性。　海外出版分支机构客观存在的文化风险与其他类型的风险一样，同样能够被识别和控制。

5.3.2　中国出版业跨国经营文化风险的产生根源

中国出版业"走出去"进行跨国经营意味着这部分出版企业的经营活动已由一种文化背景进入了与本国文化完全不同的另外一种文化背景。　而文化是一个群体在价值观念、信仰、态度、行为准则、风俗习惯等方面所表现出来的区别于另一群体的显著特征，①正是文化在群体上的差异性的客观存在使这种经营活动遭遇各种各样的陌生理念、陌生行为和处事方式进而影响到预期效益，跨国经营的文化冲突和文化风险由此而生。　可见，中国出版业跨国经营文化风险的根源在于"不同文化之间的差异"②，具体体现在：

（1）权力距离感差异

人类学家南达和沃姆斯曾指出，"权力是这样一种能力，它做出并施行影响着一个人自身生活的决定，控制其他人的行为"③。　它可以控制事情的发生，促使你希望的事物的出现，

---

①　唐晓华，王伟光. 现代国际化经营［M］. 北京：经济管理出版社，2006：381.

②　顾天辉，张光宝，李丽，吕超. 文化风险与企业国际化［J］. 技术与创新管理，2009（1）：54-56.

③　S. Nanda & R. L. Warms. Cultural Anthropology［M］. 6th ed. Belmont，CA：Wadsworth，1998：226.

或阻止你所不希望发生的事情发生，①甚至"以牺牲他人的目标为代价来追求自己的利益"②。权力距离感是指社会（或社会成员）对权力在社会、组织或个人中不平等分配状况的接受程度。当国内出版企业在权力距离感比较大的文化背景下（如墨西哥）进行跨国经营时，会发现此类地区的企业中往往存在着严格的等级观念，管理者拥有较大的权威，且不易接近，与员工之间的感情距离较大；在权力距离感较小的文化背景下（如奥地利、丹麦、以色列等）进行跨国经营时，会发现此类地区的企业中等级观念较薄弱，上下级之间的感情差距较小，员工比较容易接近上司并敢于与上司争辩。

（2）不确定性回避差异

跨文化传播之"不确定性回避理论"③认为，任何一种形式的不确定性都会妨碍跨文化交流的进行和效果，容易导致既要了解自己，同时也要去了解别人，以减少、回避每一次新的相遇中存在的不确定性；④假设"当陌生人相遇时，他们最关心的事情是对在相互关系中自己和其他人行为的不确定性的减少或可预见性的增加"⑤。根据这一理论，所有的人在与他人接触

---

① R. A. Barraclough & R. A. Srewart. Power and Control: Social Science Perspectives// V. P. Richmond & J. McCroskey, Eds. Power in the Classroom. Hillsdale, NJ: Prentice Hall, 1911: 1 - 4.

② S. Nanda & R. L. Warms. Cultural Anthropology [M]. 6th ed. Belmont, CA: Wadsworth, 1998: 226.

③ C. M. Berger & R. J. Calabrese. Some Explorations in Initial Interaction and Beyond [J]. Human Communication Theory, 1, 1975: 99 - 112.

④ 拉里·A·萨默瓦，理查德·E·波特.跨文化传播 [M].闵惠泉，王纬，徐培喜，等，译.北京：中国人民大学出版社，2004：267.

⑤ C. M. Berger & R. J. Calabrese. Some Explorations in Initial Interaction and Beyond [J]. Human Communication Theory, 1, 1975: 100.

的情况下，不同文化背景的组织或个体对这种不确定性的回避截然不同，跨国经营的文化风险也各不相同。 如希腊、比利时属于强不确定性回避文化，这些地区的组织或个人在维护现有的信念和行为规范时，不能容忍不同的观点，在企业中（包括出版企业）表现为组织内部制度严格，职责明确，原则性强，力求高度一致，但决策迟缓、行为谨慎、创新不足、灵活性缺乏；新加坡、加拿大则属于弱不确定性回避文化，这些地区有着较为宽松的氛围，允许、鼓励个人或组织提出不同的思想和观点，敢于冒险、勇于创新。

（3）个人主义和集体主义差异

不同文化背景之下的组织或个人所体现的个人主义与集体主义倾向存在着很大的差距，这种差距构成了跨国经营与跨文化交流中文化风险的重要诱因。 如美国文化体现了典型的个人主义倾向，这种文化背景下的社会结构较为松散，组织或个人只关心他们自己以及最亲近的亲属，与此无关者显得较为漠视；而委内瑞拉、哥伦比亚则属于集体主义倾向较为明显的文化类型，这种文化背景下的社会组织结构较为严密，个人具有强烈的集体主义意识，希望内部群体能够时刻关心自己，同时自己也对内部群体充满热情，绝对忠诚。

（4）功利主义和人文主义差异

不同的文化引发的功利主义和人文主义倾向各不相同，不同文化背景下的组织或个人缘于各自文化类型中包涵的功利主义和人文主义倾向的不同，在相互交往、进行跨文化交流时必然会导致文化风险，这种情况在中国出版业的跨国经营中也不可能例外。 功利主义偏于强烈的文化背景之下，组织或个人非常注重挑战、收入、进取、利益，具有强烈的成功欲和被认可欲；而人文主义偏于强烈的文化背景之下，组织或个人较为强调团结、平等、互助，注重营造良好的工作环境、人文环境，提供相应的就业保障，个人或组织取得成就的标志是良好的人际关系和宽松、愉悦的生活、工作环境，工作压力较小，个体的自由度较高。

此外，政治文化导向、不同民族的性格、不同民族的思维模式及处理问题的模式的不同，以及沟通的误会、文化的误读、文化符号系统的不同理解等也都可以导致程度不同的文化风险。

5.3.3 中国出版业跨国经营文化风险的主要形式

文化的差异使中国出版业"走出去"的跨国经营面临文化风险，它可分为两种类型：一是海外出版分支机构在企业外部从事跨文化市场经营时的文化风险，包括来自不同文化消费者的图书市场营销风险和来自不同文化合作者的图书市场合作风险；二是海外出版分支机构企业内部跨文化管理过程中的文化风险，主要来自对不同文化背景的编辑人员、营销人员和其他员工进行管理的风险。上述文化风险的表现形式多种多样，较为重要的主要有以下四种：

（1）沟通交流型风险

不同的文化具有不同的语言表述方式和沟通交流模式，文化差异的存在使得不同文化间的人们在跨文化交流时，出于对同一信息理解的差异而经常发生误解和沟通交流困难进而引发文化冲突，[①]导致文化风险。中国出版业海外出版分支机构在进行内部企业管理和外部图书营销时，由于内部员工文化背景的差异和外部市场文化环境的不同而引发的文化沟通误会和文化沟通障碍导致沟通失败的风险，即为沟通交流型文化风险。

（2）种族优越型风险

人类学家南达和沃姆斯指出，"种族优越感是指一个人认为

---

① 单波，石义彬. 跨文化传播新论［M］. 武汉：武汉大学出版社，2005：43.

自己的文化优于其他任何文化的观念",①它存在于每一种文化之中。但是,"当它被用来排斥他人、提供诋毁性评价的基础以及拒绝改变时就变得有害",②导致文化风险,影响跨文化交流。在海外出版分支机构的跨国经营中,这种种族优越感主要表现为相信自己国内的经营管理模式优于海外合作者而采取与国内相同的方式进行跨国经营管理;不能在图书的内容和形式上进行适当改造以适应海外特殊文化背景下读者的特殊需求;将海外跨国经营的利润全部转回国内而不再对东道国的图书出版领域进行追加投资;让在国内出版界做得很好但没有跨国经营管理经验的管理者充任海外出版分支机构的要职等,这些都极易导致种族优越感风险。

（3）企业管理型风险

国内的海外出版分支机构在异国进行跨国经营管理时,面对的是不同的文化环境、具有不同文化背景的企业员工。而不同的文化有不同的企业认知、管理理念、管理模式和管理风格,一种文化支配下的管理理念和管理风格不能被另一种文化所理解和接受的现象在跨国经营中时有出现;不同文化背景的管理人员之间以及编辑人员、营销人员之间也存在着一定的交流障碍,难以建立有效的协调关系。这些都使得海外出版分支机构在内部管理上要花费比国内企业经营更多的精力和成本,管理效率明显降低,此类风险即为海外出版分支机构的管理型风险。

（4）商务惯例型风险

此类风险是指国内的海外出版分支机构在海外与合作伙伴

---

① S. Nanda & R. L. Warms. Cultural Anthropology [M]. 6th ed. Belmont, CA: Wadsworth, 1998: 6.

② F. M. Keesing. Cultural Anthropology: The Science of Custom [M]. New York: Holt, Rinehart, & Winston, 1965: 45.

进行商务合作时，由于商业习惯、交流方式的差异而导致合作失败以及不同的文化对特定事物或现象的不同判断和理解而导致的营销失败的风险。如西方很多国家的出版公司可以接受打高尔夫球时洽谈业务，但日本的出版公司洽谈出版业务时从不这样做；德国人习惯于把商务活动和家庭生活区分开，德国的出版公司很少在下午五点以后还洽谈业务，而日本出版公司、发行公司的工作时间却持续到日落或更晚的时间，商业聚会有时会持续到深夜。

根据我国海外出版分支机构组织内部不同种类文化差异性大小和容忍度的高低（可以用相关的特征变量进行测度，篇幅所限，这里从略），我们可以把跨国经营中的上述文化风险构造成图 5 - 1 所示的风险评估矩阵，大致判断出海外出版分支机构跨国经营文化风险的大小。

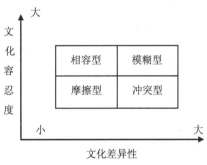

图 5 - 1 文化风险评估矩阵

上图中，"相容型"文化风险是指海外出版分支机构组织内部核心成员与其他成员的文化差异性小而文化容忍度大的一种风险类型。这种情况下，机构组织内部的文化适应程度高，核心成员能非常有效地发挥文化协同作用，跨文化经营的文化风险小。"模糊型"文化风险是指海外出版分支机构组织内部两类成员间的文化差异性大、容忍度也大的一种风险类型。这种情况下，组织内部核心成员由于同时接纳两种甚至数种完全不同的文化类型而导致文化确定感的一时丧失，存在着一定的跨文化经营风险。"摩擦型"文化风险是指海外出版分支机构组织内部两类成员间文化差异性小、容忍度也小的一种风险类型。 这种情况下，组织内部两类成员间的文化基本相容，但存在着局部冲突，跨国经营的文化风险较小。"冲突型"文化风险是指海外出版分支机构组织内部两类成员间文化差异性大、容忍度小的一种风险类型。 这种情况下，海外出版分支机构会由于激烈的文化冲突而极易产生灾难性的后果，文化风险很大。

5.3.4　中国出版业跨国经营文化风险的影响过程

中国出版业"走出去"进行跨国经营的过程实际上也是两种或多种文化相互交流、融汇的过程，通常分为吸引、冲突、交汇和融合四个阶段，[①]相应的，文化风险对跨国经营的影响也经历了以下四个阶段：

（1）潜伏时期

海外出版分支机构处于多种文化交汇的吸引阶段时，文化风险对跨国经营的影响则处于潜伏时期。 这时，海外出版分支机构组织内部不同文化背景的员工被完全不同的文化所吸引，对发展前景充满美好期待，对待文化差异的态度也比较乐观，有时甚至忽视了这种文化差异可能带来不利后果。 这一时期，人们对异国文化的热情可能使他们忽视了跨文化交流过程中文化差异导致的一些小问题，但这并不意味着文化冲突、文化风险的不存在。 相反，这种冲突和风险一旦爆发，将会给跨国经营带来严重后果。

（2）爆发时期

海外出版分支机构的跨文化交流由文化交汇的吸引阶段进

---

① Lillian H. Chaney, Jeanette S. Martin. Intercultural Business Communication. 第 2 版（影印版）. 北京：高等教育出版社，2002：3.

入冲突阶段时，文化交汇程度的不断加深使不同文化之间的差异得到确定和放大；同时，民族文化优越感的存在也极易使海外出版分支机构中不同文化之间相互怀疑甚至排斥，致使组织内部不同文化之间产生激烈碰撞。这时，不同文化背景的员工多以自我为中心，理解、沟通、信任和体谅的缺乏使彼此之间产生困惑、矛盾以至激烈的冲突和对抗，文化风险也相应地由潜伏时期进入爆发时期。这一时期，文化风险的爆发导致的文化误解、文化冲突将打击海外出版分支机构跨国经营的信心，动摇和阻碍经营决策的制定和执行。文化风险引发的各种问题如得不到及时有效的解决，必将对跨国经营的目标产生明显影响。

（3）缓和时期

海外出版分支机构的跨文化交流进入文化交汇阶段时，机构内部不同文化背景的员工开始从彼此排斥、拒绝、不认同、不接受向理解、谅解、尊重以及对他文化的认同转变，人们处理事情更加谨慎，也能够以理解、体谅、迁就的态度去分析出现的矛盾和冲突，能在相互比较中互相学习、取长补短，文化风险也由爆发时期转而进入缓和时期。这一时期，不同文化背景的员工能够以更加理性的态度对待文化冲突和风险，开始更多地进行自我审视，同时也积累和掌握了一定的应付和处理文化风险的经验和方法。文化冲突和文化风险虽然依然存在，但激烈和严重程度明显降低，对跨国经营的不利影响也不断趋于弱化。

（4）创新时期

海外出版分支机构进入文化交汇的融合阶段时，不同形态的文化或文化要素之间相互结合、相互吸纳、相互渗透、相互塑造，直至融为一体。这一时期，机构内部不同类型的文化发挥各自不同的优势，通过不断的融合创新，不断孕育、形成独具特色的新文化。文化差异的客观存在非但没有给海外出版分支机构的跨国经营带来文化风险和消极影响，机构内部跨文化优势的发挥反而给这种跨国经营产生积极、有利的影响，使分支机构的跨国经营更加得心应手，经营目标圆满实现，甚至远超预期。

需要指出的是，中国出版业"走出去"的跨国经营尚处起步阶段，文化风险对这种跨国经营的影响也许只是端倪初现，但这并不意味着上述四个影响阶段不存在，随着这种跨国经营的不断深入，文化风险的影响阶段将会逐次展开；同时，海外出版分支机构跨国经营时的文化交汇过程并不是不同文化的简单相加，而是你中有我、我中有你、冲突中有融合、融合中有冲突。相应的，文化风险对海外出版分支机构跨国经营的影响过程也不是截然分开的，而是伴随着文化交汇的发展相互共存、相互融合、相互交叉、相伴而行。

5.3.5　中国出版业跨国经营文化风险的防范措施

中国出版业"走出去"跨国经营的文化风险不但影响了海外出版分支机构中不同文化背景的经营管理者与一般员工以及员工相互之间的和谐关系，导致市场机会的丧失和组织机构的效率低下，严重时可能会使"走出去"的出版企业的全球战略陷入困境。因此，已经、正在以及准备"走出去"从事跨国经营的出版企业都需要对此有一个清醒的认识，适时制定防范措施。

跨国经营文化风险的防范主要包括两方面内容：一是消除国内出版企业跨国经营中跨文化交流的文化障碍以减少文化冲突，规避和防范文化风险。这主要针对被派往海外出版分支机构从事跨国经营的管理人员；二是在文化障碍无法消除的情况下选择适当的风险控制工具，采取有效措施以规避或减少风险。这主要针对已经"走出去"进行跨国经营的国内出版总公司的决策人员。具体而言，这些防范措施主要包括：

（1）文化观念的正确树立

海外出版分支机构的跨国经营是在一个多元文化的背景下进行的,这就需要经营者、管理者树立一种正确的文化观念。首先,海外出版分支机构中充斥着各种类型的文化,每一种文化都有各自的优势和不足,它们有差异之分,但无好坏之别。这些机构的经营管理者需要放弃文化偏见,用一种客观中立的眼光来观照不同的文化,不要试图改变机构内某一类型的文化,而要尽可能地去发现每一种文化的优势,力求取长补短。其次,跨国经营实际上也是一种跨文化经营,跨文化的基本含义体现在两个方面:一是了解己文化,了解自己民族文化的内涵、模式、优缺点的演变,促成文化关联观念的形成和文化自我意识的觉醒,这势必有助于海外出版分支机构的经营管理者在跨文化交往和管理中,获得识别己文化和相关他文化之间客观存在的类同和差异的参照系。二是理解他文化,这种理解须建立在文化移植的基础之上,要求人们在一定程度上摆脱自身本土文化的约束,并借助组织内的其他文化来反观自己原来的文化,同时又能够以一种超然的态度来对待他文化,而不是简单、盲目地落入另一种文化俗套之中。再次,海外出版分支机构需要在文化共性认识的基础上,以求同存异为原则,在机构内建立一种共同的文化观、经营观,达到强有力的文化认同,支配和统领整个跨国经营活动。如此,便能创造一个良好的文化氛围,尽可能减少机构内的文化摩擦和文化冲突,把每个员工的思想和行动与机构的经营业务和长远目标结合起来,有力地促进跨国经营。

（2）文化差异的正确理解

文化风险源自文化冲突,文化冲突源自文化差异,因此,防范文化风险需要对文化差异进行正确理解,这可从以下两个方面进行。首先,文化差异是非好坏的辩证理解。海外出版分支机构中的文化差异客观存在,但对其是非好坏则需要辩证的理解。海外出版分支机构的文化差异大,发生文化冲突的可能性也大；但如果恰当地利用这种文化差异，彼此差异越大的文化相结合所产生的正面增值效益的可能性也越大。 国外一些跨国经营成功的大型出版公司都不是没有文化差异的公司，而是偏爱文化差异、能有效管理和利用这种差异使之产生巨大增值效应的出版公司。 因此，海外出版分支机构中的跨文化管理者需要准确判断机构内存在的文化形式，理解它们的优点和缺点，适时调整自己的行为以与不同类型的文化协调和相容，以一种中立的、不含偏见的态度对待文化差异和合作伙伴之间的误解，减少文化冲突，降低产生文化风险的可能，更好地实现跨国经营的目标。 其次，文化差异的准确识别。 美国人类学家爱德华·赫尔把文化区分为正式规范性、非正式规范性和技术规范性三个范畴。 正式规范性文化代表的是人的基本价值观和是非的判断标准，能自觉抵制来自外部的企图改变它的强制力量，它引起的文化冲突往往难以改变，导致的文化风险也很难规避。 非正式规范性文化代表的是人们的生活习惯和日常习俗，它引起的文化冲突和文化风险可以通过较长时间的文化交流来克服和规避。 技术规范性文化代表的是那些通过技术知识的学习而获得的文化范畴，很容易进行改变，引起的文化冲突和文化风险通过适当措施基本可以规避。 因此，海外出版分支机构的经营管理人员需要深刻理解机构内部不同类型的文化差异，准确区分不同的文化范畴，这样才能处理好机构内部随时可能发生的文化冲突和文化风险，有针对性地设计出激励措施、奖惩制度及高效实用的组织机构，合理安排决策程序。

（3）风险控制的工具选择

海外出版分支机构在从事跨国经营时，文化差异的客观存在性和文化风险的不可避免性使得跨国经营的经营管理者必须设法选择和利用风险控制工具，以便在风险发生之前设法消除隐患，或者在风险发生、损失出现后积极采取补救措施，设法把损失减少到最低程度。 常见的可供选择的风险控制工具主要有:（一）风险回避。 主要指国内的海外出版分支机构通过"走出去"的方式进行跨国经营时，对高风险的投资东道国、高风险的跨国经营项目、高风险的国际化方式采取回避策略，进行低风险选择。 如当所出版的图书从内容到形式不符合当地读者的阅读习惯、阅读口味而受到市场冷落时，应果断改变生产经营方向、更换图书的经营品种以回避经营风险；当所出版的图书从内容到形式不符合当地读者的阅读习惯、阅读口味而受到市场冷落，但由于种种原因又不能或无法改变经营方向时，应及时把生产经营的地点转移到合适的地方去以回避经营风险；当海外出版分支机构的图书生产经营活动（包括图书内容的选择、封面版式的设计及图书营销活动开展等）与当地的文化习俗不符、存在潜在的文化风险时，应设法通过管理方法和经营方式的改变以规避可能出现的文化风险。（二）风险转移。 指海外出版分支机构在进行跨国经营遭遇文化风险时设法通过合适的方式把风险转移至别处，如与当地出版公司、发行公司进行合资、合作经营，以与当地的合作伙伴共同分摊风险损失和风险收益；在可能引发文化冲突、导致文化风险的领域或项目内，通过向保险公司投保的方式转移可能出现的文化风险，以期万一风险出现时能得到一定的补偿。（三）风险分散。指海外出版分支机构在进行跨国经营时，在图书项目策划、图书品种开发和图书市场开拓上采取多样化的投资策略，来分散和降低跨文化经营中的文化风险，如上述投资项目的国别多样化、国际经营形式的多样化和灵活化以及投资项目本身的多样化，进行高风险项目和低风险项目的适当搭配以便高风险项目遭遇失败出现损失时通过低风险项目给予适当弥补。

（4） 跨国经营的文化培训

为了加强海外出版分支机构的经营管理人员和一般员工对机构内部不同文化传统的反应能力和适应能力，促进不同文化背景的员工之间的相互沟通和理解；减轻管理人员在跨国经营与管理中可能遇到的文化冲突和遭遇的文化风险，迅速适应当地文化环境并发挥正常的经营管理作用；促进异地文化背景的员工对出版分支机构的经营理念和习惯做法的理解，在机构内部维持一种良好的人际关系和文化氛围，加强多元文化背景下出版分支机构的团队合作精神和机构的凝聚力，海外出版分支机构在跨国经营中适时进行跨文化培训非常必要。这种培训内容主要包括：（一）他文化培训。通过语言培训、研讨会、书籍、课程、网站、模拟演练等方式对当地民族文化及被并购之前的当地原出版公司的文化进行培训，包括他文化的认识和了解、语言学习、跨文化交流的技巧及文化冲突的处理等，以缩小管理人员与员工间及其相互之间可能存在的文化距离。（二）文化适应性培训。对拟派往海外从事跨国经营的经营管理人员，国内出版机构可事先对其进行文化适应性培训，以获取应对其他文化的技能，如派他们到海外短期工作或出差以亲身体验不同文化的差异和冲击；或者留在国内设法使其与不同文化背景的人相处，等等。（三）文化敏感性培训。主要是训练员工对海外出版分支机构所在地的当地文化特征的分析能力，掌握当地文化的精髓，弄清当地文化决定当地人行为方式的原因。这种训练能使员工更好地应对不同文化的冲击，减轻他们在不同文化背景下的苦恼、不适应感及挫败感，促进不同文化背景的员工之间的交流和理解，避免对当地文化形成偏见。（四）跨文化沟通及文化冲突的处理能力培训。主要是建立和开辟各种正式与非正式、有形与无形的跨文化沟通组织和沟通渠道。（五）关系形成培训。主要是训练、引导机构内不同文化背景的经营管理人员和一般员工相互之间建立合适的工作关系和生活关系，促进彼此的了解和适应，加强跨文化交流。①

---

① 蒋兆毅.跨国企业的跨文化冲突解决之道［J］.西华师范大学学报，2004（5）：97-99.

（5）机构文化的整合交流

海外出版分支机构是一个多元文化的结合体。不同类型的文化、不同文化背景的员工交织在一起，彼此之间的冲突和摩擦难以避免。因此，跨国经营过程中适时进行有效的跨文化整合和跨文化交流，必将有助于避免文化冲突、规避文化风险。

跨文化整合是指海外出版分支机构中不同类型的文化相互吸收、融合、调和而趋于一体化的一种过程。常见的文化整合策略主要有：（一）适应型文化整合。指海外出版分支机构为了适应所在地的文化背景，主动适应东道国文化，自愿被东道国文化所同化而产生的一种适应型文化的整合策略。（二）征服型文化整合。指海外出版分支机构利用自身文化优势，采取以我为主的文化策略设法改造机构内的当地文化而形成的在跨国经营中能起主导作用的征服型文化的整合策略。（三）融合型文化整合。指海外出版分支机构在跨国经营中采取文化创新的办法，融合机构内不同类型文化之长、各种文化相互借鉴取长补短而形成一种融合型文化的整合策略。

跨文化交流则是指海外出版分支机构中不同文化背景的员工相互交流的一种情境，旨在促进相互了解、避免文化冲突。海外出版分支机构的管理者要设法在机构内营造一种相互信赖、真诚合作、用心沟通、多元文化和睦相处的氛围，以加强员工之间的沟通与交流。首先，管理人员可以有目的、有计划地组织各种正式与非正式的集体和小组活动，加强沟通、消除偏见。这一方面可引导机构内他文化背景的员工积极、主动地融入当地的文化、生活环境；另一方面也可为来自不同地区、具有不同文化背景的员工提供相互了解对方文化、价值观、对事物的不同理解和表达观点的不同方式创造条件。其次，鼓励机构内不同文化背景的员工之间建立个人友谊，这是机构内成效较为明显的一种跨文化交流方式。再次，海外出版分支机构的管理者在经营决策的讨论过程中，要充分尊重不同文化背景的员工的意见的表达，避免文化歧视，强调文化差异的存在对于跨国经营的价值；应设法激发不同观点的提出，通过真诚的交流、讨论让员工理解他人观点的形成过程，帮助员工正确理解和对待文化差异，并通过目标的实现或问题的解决来彰显文化差异的价值，在员工之间塑造一种良好的文化共识和文化氛围。

此外，海外出版分支机构跨国经营的风险防范也离不开优秀的经营管理人员。选拔此类人才尤其是高层次管理人才时，除了考虑他们须具备良好的敬业精神、出版专业技术知识和经营管理能力外，还必须思维敏锐、思想灵活、开放，有较强的处事应变能力、异文化适应能力和尊重他人、相互平等的意识，工作中能够容忍不同意见和观点，善于同不同文化背景的人交往和合作。因此，应该尽可能选拔那些经受过多文化环境训练、有过跨文化交流经历和海外工作经验、懂得东道国语言、对东道国文化有一定了解，能够迅速适应东道国的文化环境、跨文化交流和跨文化沟通能力强的管理人才。此外，海外出版分支机构的人力资源部门还应该在东道国招聘能够兼容多种文化，具备开放的胸襟、善于沟通和自我学习的本土员工与外籍员工组织工作搭档。

以上论述表明，中国出版业"走出去"进行跨国经营是在完全陌生的文化背景下进行的，文化差异的客观存在使这种跨国经营面临文化风险。这种文化风险对跨国经营的影响是渐次的、阶段性的，有其产生的根源和表现形式，可以通过一定的措施进行防范。需要指出的是，由于中国出版业"走出去"跨国经营的时间不长，文化风险尚未充分暴露，一些海外出版分支机构跨国经营时可能未明显感觉到文化风险及其影响的存在，但是，这些风险确是实实在在存在的，它们或处于休眠状态，或处于蛰伏时期，一旦爆发将令人措手不及。因此，已经、正在和即将"走出去"进行跨国经营的国内出版企业需要对这种文化风险有一个较为全面的、清醒的认识，树立风险防范意识、提高风险应对能力，只有这样才能使中国出版业真正地、稳健地"走出去"，融入世界出版的大潮之中，实现中外文化之间、出版产业之间的共融与共生。

第六章 /

中国出版业"走出去"的策略分析

这一章分析了政府主管部门的宏观策略（包括规划制定策略、产业培植策略、资源整合策略、导向鼓励策略和平台建构策略）及其海外借鉴，出版行业协会中观策略的理论基础、主要作用、海外出版业发达国家的经验借鉴、策略表现，微观出版企业的经营性策略和内容性策略（包括选题策划的国际化策略、内容结构的多元化策略、内容出版的全媒体策略）。

中国出版业正在"走出去"。"走出去"的目的是扩大中国文化的海外影响,提升国家文化"软实力",实现中外文化之间、出版产业之间的共融与共生。这一目的实现仅仅依靠中国出版业的企业力量是远远不够的,它离不开政府主管部门、出版行业组织和图书出版企业的共同努力、相互协调、积极参与以及切实可行的策略运用。只有政府主管部门的角色主导作用、出版行业组织的角色服务作用和图书出版企业的角色主体作用在适当策略的适当运用下得到充分的展示和发挥,中国出版业才能更好地"走出去",实现"走出去"的文化效益和经济效益,达到共融与共生。

6.1 基于政府主管部门的宏观策略

中国出版业"走出去"是中国出版业一种具有跨国经营性质的经济活动,但目前情况下更多的是一种肩负有提升国家文化"软实力"、扩大中华文明海外影响的文化传播活动,更需要政府主管部门通过"体现国家文化意志的文化政策"的制定和实施从宏观上进行规范和控制。在中国出版业国际化进程不断加快、出版业竞争日趋激烈、文化"软实力"作用日益彰显的国际氛围下,这种规范和控制绝不是一种随意性的行为,而是一种策略性很强的宏观管理活动,体现了政府主管部门文化上的规制能力和管理上的智慧水平,西方出版业发达国家的相关政策措施也为我国政府主管部门提供了很好的政策借鉴。

6.1.1 政府规制:中国出版业"走出去"的制度保障

一方面,中国出版业"走出去"、中国图书走向世界是中国出版业的一种跨国经营行为,具有明显的经济性特征,经济效益的合理追求是这种活动持续进行的基本动力和保证。 但是，"与现实世界中所有的事物一样，市场本身也不是完美的"，也"存在着本质性的缺陷"，①从而导致经济效率的损失和以自然垄断、外部性、公共品和信息不对称为主要表现的微观意义上的"市场失灵"②，损害了出版资源的配置效率、使用效率和出版活动所产生的公共福利。 这种情况下，制度的刺激和干预这只"有形的手"显得十分必要。 新制度学派代表人物诺斯在1973年提出著名的"制度决定论"理论时指出，制度是整个人类社会共有的游戏规则，是为人们之间的相互关系而人为设定的一些制约的总和。 诺斯认为，制度可以区分为正式规则、非正式规则以及这些规则的执行机制三种基本类型。 在这里，正式规则又被称为正式制度，是国家、政府或者统治者按照一定的目的和程序有意识地创造出来的一系列的政治规则、经济规则及契约，以及由这些规则与契约构成的社会等级结构，它们共同构成了人们行为的激励和约束机制；非正式规则是人们在长期的社会实践中无意识形成的，它具有持久的生命力和影响力，是世代相传的人类文化的组成部分，主要包括价值信念、道德观念、伦理规范、意识形态及风俗习惯等因素；执行机制是为了确保上述规则、契约的执行与实施的相关制度安排，是制度安排中的关键环节。 这三种基本类型构成了完整的制度内涵，是一个不容分割的整体。 在此基础上，他进一步指出，有效率的组织需要在制度上做出安排和确立所有权以便造成一种刺激，"制度构成了人们在政治、社会或经济方面发生交换的激

---

① 陈庆云.公共政策分析［M］.北京：北京大学出版社，2006：46.

② 植草益在《微观规制经济学》中将狭义市场失灵归纳为：公正分配、经济的稳定性、非价值性物品、公共性物品、外部经济、自然垄断、不完全竞争、信息偏在、风险。 参见植草益.微观规制经济学［M］.北京：中国发展出版社，1992：6-15.

励结构"①，而制度结构的主要功能是"给人们以刺激和激励"②。新制度经济学家认为，制度的功能主要集中在降低交易费用、帮助人们形成合理的预期、外部性内在化、提供便利、提供信息、共担风险、激励、抑制人的机会主义行为、减少不确定性和安全十个方面。这些功能的很多方面在中国出版业"走出去"过程中通过政府制度的制定和恰当的规制得到了应有的发挥并产生了明显的效果，从而对中国图书走向世界产生了积极、有效的影响，降低了过程中的交易成本和盲目性。

另一方面，中国出版业"走出去"也是一种文化传播行为，是国家文化战略的不可或缺的重要组成部分，目前情况下它的文化意义更大于经济意义，具有明显的文化性特征。文化政策"是国家形态下人类有意识、自觉的文化统治行为和文化政治行为，反映的是一定阶级的文化利益、愿望、要求和目的，体现的是国家的文化意志。……政府通过文化政策对文化实行有效的监管和指导，是现代国际社会普遍的文化政治行为"③。很显然，文化政策的制定也同样是政府部门的一种规制行为。作为一种文化活动，中国出版业"走出去"同样离不开政府部门通过"体现国家文化意志的文化政策"进行有效的指导和干预。

从现实状况上看，为了推进中国文化走向世界、提升国家文化"软实力"，也为了推进中国出版业的国际化进程和进一步发展和壮大，近年来我国陆续出台了一系列鼓励中国出版业"走出去"、推动中国图书走向世界的政策措施。如2003年新闻出版总署提出了促进我国新闻出版业快速发展的"走出去"战略，同一年，资助海外出版机构翻译、出版中国图书的大型

① 道格拉斯·C·诺斯.制度、制度变迁与经济绩效［M］.刘守英，译.上海：上海三联书店，1994:3,180.
② 袁庆明.新制度经济学［M］.北京：中国发展出版社，2005:345.
③ 胡惠林.文化政策学［M］.太原：书海出版社，2006:2.

工程"金水桥计划"也开始全面启动；2004 年下半年，我国政府正式启动"中国图书对外推广计划"；2006 年年底公布的《新闻出版业"十一五"发展规划》中积极倡导、实施中国出版业"走出去"战略；2007 年 3 月，新闻出版总署副署长柳斌杰在"中国图书对外推广计划"工作会议上提出了鼓励中国出版业"走出去"的八大政策；2007 年 4 月 11 日国家六部门共同发布了《文化产品和服务出口指导目录》，等等。 在这些政策措施的大力推动下，中国出版业不论是图书商品输出的数量还是图书版权输出的数量从 2004 年开始都有了较为明显的增加（见表3-1，第 86 页，和图 3-1，第 89 页）。

　　同时，为了推动中国图书走向世界，自 20 世纪末我国虽然已开始在海外陆续投资创办了一些图书出版和发行机构，但规模和数量都十分有限。 近年来，在一系列政策、措施的鼓励下，中国图书走向世界、中国出版业"走出去"的步伐骤然加快，具有一定规模优势和实力优势的出版单位开始大规模地进入海外市场，创建海外出版分支机构，通过这种办法促进中国图书走向世界。 如 2007 年 4 月 17 日，中国青年出版社伦敦分社正式成立；2007 年 9、10 月间，中国出版集团公司相继在纽约、巴黎、悉尼采取中外合资的方式建立了自己的海外出版分公司；2008 年 7 月 8 日，国内在海外投资成立的第一家医学出版机构——人民卫生出版社美国有限责任公司正式成立；2008 年 8 月 1 日，中国出版集团公司在纽约华人聚居区法拉盛开设海外第一家新华书店分店；此外，广州俏佳人、天津北洋音像出版社在美国设立了音像店，内蒙古新华书店在蒙古乌兰巴托开设了自己的书店，安徽出版集团在俄罗斯设立了新时代印刷有限公司……①中国出版业近年来在图书商品贸易、图书版权贸

---

① 潘文年.中国出版企业海外市场投资模式比较分析［J］.中国出版，2009（2）：37-41.

易和海外直接投资上的这些变化，从现实层面验证了政府规制在中国图书走向世界过程中的作用和影响。

上述分析表明，中国出版业"走出去"、中国图书走向世界离不开政府部门通过恰当的政策进行的规范和控制，适当的政府规制是中国出版业"走出去"的制度保障。

6.1.2　角色主导：中国出版业"走出去"的政府策略①

概括起来，在中国出版业"走出去"过程中，政府主管部门借以实施的策略措施主要体现在以下六个方面：

（1）规划制定策略

这种策略是指鉴于中国出版业"走出去"是一项复杂的、外向性的、涉及面广泛的系统性工程，需要政府部门根据我国图书出版业的总体发展状况，在充分了解海外不同国家和地区文化背景、图书市场特点、读者需求状况、制度法律环境及市场发展趋势的基础上，通过规划的制定和实施进行宏观上的总体指导。这种规划应当包括国家性的总体战略规划和地方性的区域战略规划，也包括中、长期发展规划和短期发展规划。

规划是一个包含有问题、目标、政策、程序、任务分配、措施步骤和资源使用等要素在内的、指导国家或地区不同行业、部门和机构长远发展的综合性计划，是一种重要的管理手段和方式。如新闻出版总署 2006 年 12 月 31 日颁布的《新闻出版业"十一五"发展规划》从我国新闻出版业发展现状（包括基本情况、存在的问题）、新闻出版业面临的机遇和挑战、新闻出版业发展的指导思想及基本原则和主要目标、"十一五"新闻出版业发展战略重点和促进新闻出版业发展的政策措施五个方面，对我国新闻出版业在"十一五"期间的发展进行了全方位的宏观规划，成为指导"十一五"期间我国新闻出版业发展的

---

① 潘文年.论中国图书走向世界过程中政府的策略［J］.中国出版，2009（9）：50-53.

纲领性文件。

制定中国出版业"走出去"战略规划时，首先要进行中国出版业"走出去"的 SWOT 战略环境分析，也就是分析目前情况下中国图书走向世界的环境优势、环境劣势、环境机会和环境威胁，旨在发现当前情况下中国出版业"走出去"、中国图书走向世界存在的主要问题；接着围绕这些问题结合海外图书市场的读者需求、文化背景和市场状况等要素凝炼一定时期内中国出版业"走出去"、中国图书走向世界的战略目标和战略重点，包括规模、数量、种类等；最后是制定实现这些目标的政策和措施，确定阶段性检查、评估的方式和手段。这种规划的制定和实施需要遵循一系列原则，这是规划顺利进行的保障。这些原则主要有组织化原则，从制定到实施都有专人负责，严格、认真、正式；目标化原则，有中国出版业"走出去"、中国图书走向世界的明确目标，这是规划的灵魂；预测性原则，对中国出版业"走出去"、对中国图书走向世界的当前环境进行评价、对后期环境进行预测和假设；整体性原则，高度重视规划制定和实施过程中政府部门、行业组织和出版、发行单位的沟通和协调，做到整体、统一；客观性原则，对规划的制定、运行和结果进行客观的评估和预测；充分性原则，涉及的政府部门和组织机构都要积极、充分地进行参与；信息化原则，建立中国出版业"走出去"规划管理信息系统，及时交流、沟通各种信息。

制定中国出版业"走出去"战略规划的作用体现在三个方面：第一，目标导向功能，为政府部门、行业组织和出版企业推动中国出版业"走出去"提供努力的方向。规划设定的目标揭示了这一活动未来的发展趋势，有利于活动过程中的沟通协调、形成合力及团队精神。第二，风险抵御功能，有利于增强中国出版业"走出去"、中国图书走向世界过程中各参与方应对环境变化风险的能力。规划制定过程中进行的环境预测与评估、环境分析与假设，有效降低了环境变化产生的不确定性，增强了各参与方的风险抵御能力。　第三，资源整合功能，规划的制定和实施有利于按照设定的目标整合各方面资源，能有效避免中国出版业"走出去"、中国图书走向世界过程中的重复、浪费与冲突，提高活动效率。

（2）产业培植策略

中国出版业"走出去"、中国图书走向世界的背后需要有一个总体实力雄厚、扩张势头强劲的图书出版产业的强力支持。但是，目前我国图书出版业的产业规模和总体实力与西方出版业发达国家相比仍存在着较大的差距。　产业经济学的产业扩张理论认为，产业扩张对一个特定产业的最终发展规模具有决定性的影响，是产业发展过程中的一个极其重要的阶段。[①]　那么，规模和实力都还有限的中国出版业是否处于产业扩张之中、正在通过产业扩张扩大其产业规模、增强其总体实力呢？产业扩张理论提供了两个考察指标。　一是该产业的产出增长率，它是反映一个产业扩张势头的首要指标。　一般地说，一个产业处于扩张期时，它的产出增长率会大大高于国民经济的平均产出增长率。　但据笔者统计，2000 年到 2009 年的十年间，我国 GDP 平均增长率是 9.66%，而图书出版业的图书产出总品种平均增长率是 7.95%，图书产出总金额增长率是 6.84%，都明显低于 GDP 平均增长率（表 6-1）。　二是该产业在国民经济中的地位变化，包括该产业的产值、销售收入在国民经济总体中的相对比重变化和该产业的主要产品在国民消费总支出中的相对比重变化三个指标，它们直接反映了该产业扩张的现状、趋势、规模和"张力"大小。　据笔者统计，2000 到 2009 年的十年间，我国图书出版业产值、销售收入和图书消费额的总量虽逐年增加，但前两项在国民收入中的比重及图书消费额在国民消费总支出中的比重呈逐年下降趋势（表 6-2）。

---

① 芮杰明.产业经济学［M］.上海：复旦大学出版社，2005：100.

表 6-1 2000—2009 年间我国 GDP 增长率和图书出版业图书产出增长率比较（单位：%）

	2000	2001	2002	2003	2004	2005	2006	2007	2008	2009	平均
GDP 增长率	8.4	8.3	9.1	10.0	10.1	10.4	10.7	11.9	9.0	8.7	9.66
图书产出增长率（总品种）	1.09	7.78	10.6	11.4	9.4	6.8	5.17	6.12	11.03	10.07	7.95
图书产出增长率（总金额）	-1.4	8.5	14.6	5.0	5.5	6.6	2.67	4.25	16.95	5.68	6.84

（数据来源：GDP 数据来源于历年《中国经济年鉴》；图书产出增长率数据来源于历年《中国出版年鉴》）

表 6-2 2000—2009 年间我国图书出版业在国民经济中的地位变化一览表（单位：%）

	2000	2001	2002	2003	2004	2005	2006	2007	2008	2009
图书出版业产值占 GDP 比例	0.43	0.43	0.44	0.41	0.37	0.35	0.31	0.27	0.25	0.25
图书出版业销售占 GDP 比例	0.85	0.84	0.83	0.79	0.71	0.67	0.61	0.55	0.46	0.46
图书消费占国民最终消费支出比例	1.38	1.38	1.39	1.38	1.30	1.26	1.17	1.06	0.98	0.90

（数据来源：根据历年《中国经济年鉴》、《中国统计年鉴》和《中国出版年鉴》所载数据计算所得）

这些情况表明，与我国经济发展的总体情况相比，我国图书出版业的产业规模、在国民经济中的地位以及扩张势头都还十分有限，非常不利于中国图书走向世界。因此，政府部门的产业培植策略是在中国出版业"走出去"、中国图书走向世界过程中，政府部门充分利用我国图书出版业现有的比较优势和竞争优势，以产业链为依托，采用内涵式扩张和外延式扩张的双重扩张模式，制定和实施一系列政策措施以加大图书出版业的产业培植力度，实现这一产业综合生产能力的扩张、地域空间的扩张、企业规模的扩张和产业市场的扩张，最终扩大整个出版业的产业规模，进一步推动中国出版业"走出去"。

中国政府部门进行的深化出版体制改革、加速出版业市场化进程正是这一策略的具体运用。例如，2001 年 8 月，中共中央办公厅、国务院办公厅转发了《中央宣传部、国家广电总局、新闻出版总署关于深化新闻出版广播影视业改革若干意见》，2003 年 10 月，党的十六届三中全会通过的《完善社会主义市场经济体制若干问题的决定》进一步深化和明确了文化体制改革的目标；2009 年 4 月，新闻出版总署出台《关于进一步推进新闻出版体制改革的指导意见》，明确提出推进新闻出版体制改革的目标任务是"全面完成经营性新闻出版单位转制任务，建立现代企业制度，在企业内形成有效率、有活力、有竞争力的微观运行机制；推动跨媒体、跨地区、跨行业、跨所有制的战略重组，开拓融资渠道，培育一批大型骨干出版传媒企业，打造新型市场主体和战略投资者；通过增加投入、转换机制、增强活力、改善服务，建立以政府为主导、以公益性单位为主体的新闻出版公共服务体系，使人民群众基本文化权益得到更好保障；加快新闻出版传播渠道建设，推进连锁经营、物流配送、电子商务，规范出版产品物流基地建设，形成统一开放、竞争有序、健康繁荣的现代出版物市场体系；实现政府职能的根本转变，形成调控有力、监管到位、依法行政、服务人民的宏观管理体制"。① 实际上，经过近 10 年的努力，政府部门出台一系列政策坚持不懈地推进出版体制改革的产业培植策略已经取得了一定的成效。 1996 年美国图书销售 261.27 亿美元，位居全球第一，中国图书销售 18.67 亿美元，两者比例是 14：1，差距非常大；②但到 2007 年，我国图书销售额已达 1366.67 亿元，与美国 250 亿美元的图书销售额的差距已明显缩小，且远远超过英国 59.1 亿美元、法国 45.3 亿美元、德国 82.1 亿美元和日本 76.8 亿美元的图书销售额。③ 此外，我国的出版体制、机制都发生了根本变化，出版产业培植取得了明显的成效。 截至 2009 年 4 月，出版方面 23 个集团已经或正在变成企业集团公司，出版社改制已有明确的时间表和路线图，上千种经营性报刊转企改制，40 多家报业集团实现企、事分开，面向市场经营。 29 个省、自治区、直辖市的新华书店系统完成了转企改制，有些已经完成了股份制改造。 出版物全国连锁经营企业已达 29 家，23 个省级新华书店实现了省内或跨省连锁经营；全国建成 10 万平方米以上图书物流中心 5 个，年赢利水平千万元以上的 10 个；全国性民营连锁经营企业 8 家，民营发行网点达 10 万个，中外合资、合作或外商投资书报刊发行企业 40 多家；一批网络发行企业快速成长；出版传媒业有上市公司 9

① 新闻出版总署《关于进一步推进新闻出版体制改革的指导意见》[EB/OL]. [2009 - 04 - 09].http://www.yysbb.gov.cn/news.asp?id=1981.2009.04.09.

② 张志强.现代出版学 [M].苏州：苏州大学出版社，2003：279.

③ 黄新萍.2007 年世界书业数据出炉 [EB/OL]. [2008 - 06 - 11]. http://www.ewen.cc/books/bkview.asp? bkid = 156542&cid = 480766.2008 - 6 - 11.

家，市值 2000 多亿元，净融资达 180 多亿元。①

（3）资源整合策略

中国出版业"走出去"需要运用多种类型的资源，如图书资源、版权资源、作者资源、信息资源、资本资源等。这些资源同样具有一般意义上的资源所具备的基本特点。在这些特点中，经济性是指在中国出版业"走出去"过程中这些资源的使用可以为使用者带来经济价值；稀缺性是指这些资源的存在与在中国出版业"走出去"中人们对它进行开发和利用的需求相比总是有限的；用途可选择性地包含两层含义：一是指多种用途之间的选择，如在中国出版业"走出去"过程中一种优秀的成品图书，可以用于国内图书市场的销售，也可以把它推向世界用于国际图书市场的销售；二是同种用途在不同的利用者之间的选择，如一本图书可以被这家图书公司销售，也可以被另外一家图书公司销售。因此，在中国出版业"走出去"过程中不可能对涉及的资源进行无限制、无顾忌的使用，资源的使用往往要受到一定程度的限制和约束。在这种情况下，就需要政府部门站在战略的高度运用一定的策略对中国出版业"走出去"过程中所涉及的资源进行整合，推动中国图书更好地走向世界。

一般而言，政府部门在中国出版业"走出去"过程中的资源整合主要体现在以下几个方面：第一，图书资源整合，也就是整合国内近年出版的高质量精品图书，采取图书出口、市场销售、政府捐赠等方式把它们以成品图书的形式集中推向国外市场，扩大中国图书的海外影响。如上海市委宣传部和上海市新闻出版局整合全国出版资源，依托上海外文图书公司的海外

---

① 《以科学发展观为指针深化出版体制改革》课题组. 出版体制改革如何打破"条条框框"［OL］.［2009 - 04 - 20］. http://www.chuban.cc/toutiao/200904/t20090420_47410.html. 2009.04.20.

渠道于 2002 年设立了大型出版项目"文化中国",该项目首批 5 本图书 [画册类《美丽的湘西》、《神奇的新疆》,《中国珍宝》和文学类《中国短篇小说(1991—2000)十年选》、散文《中国女子》] 于 2004 年 11 月正式出版,并在美国最大的连锁书店巴诺书店(Barnes & Noble)及一些独立书店销售,随后进入亚马逊网上书店。 这是关于中国文化的英文版图书首次较具规模地进入美国主流图书市场。 第二,版权资源整合,也就是整合国内出版社出版的优秀图书的版权,以图书版权贸易的方式集中推向国际图书市场,鼓励海外出版机构翻译出版此类图书,如自 2005 年 10 月中宣部、国家新闻出版总署首次代表中国政府整合国内版权资源组团参加第 57 届法兰克福书展,取得版权输出 198 项(是 2004 年书展的 3.14 倍)的优异成绩后,又继续整合国内优秀的版权资源连续参加了此后的历届法兰克福书展,成效相当显著,仅 2008 年的 10 月举行的第 60 届法兰克福书展上展出的图书就多达 5300 多种,输出图书版权 1092 项,总金额约 3767 万美元。① 第三,作者资源整合,本着立足国内,放眼全球的思想,在世界范围内整合作者资源,邀请那些立场客观、态度友好的海外知名专家和学者撰写中国主题的图书。 如上海世纪出版集团继 2005 年 1 月出版了美国学者罗伯特·劳伦斯·库恩的《他改变了中国——江泽民传》之后,又于 2008 年 12 月隆重推出同一作者撰写的《中国 30 年》;吉林出版集团邀请《大趋势》的作者奈斯比特撰写《中国大趋势》;中国人民大学出版社邀请《毛泽东传》的作者特里尔撰写《我与中国》,等等。 国外的这些专家和学者能站在世界的角度,用外国人的眼光和外国人乐于接受的方式来书写中国、客

---

① 法兰克福书展:中国展团版权输出成绩斐然 [EB/OL]. [2008 - 10 - 23]. http://news.hexun.com/2008 - 10 - 23/110344264.html. 2008.10.23.

观公正地介绍中国，很容易得到外国人的接受和认同。

（4）导向鼓励策略

中国出版业"走出去"是一种文化传播行为，离不开政府的导向和鼓励。 导向鼓励策略主要是指在中国出版业"走出去"的过程中，政府部门可以通过恰当的政策制定和实施有意识地引导和扶持中国出版业"走出去"，以实现预期的文化战略目标，包括行动导向和观念导向两项基本内容。 行动导向是指规定目标、确定方向，也就是通过政策扶持的方式把中国出版业"走出去"过程中表现出来的复杂的、多面的乃至冲突的、漫无目标的潮流纳入明晰的、单面的、统一的、目标明确的轨道，使这项活动按照设定的方向有序、平稳地进行，达到预期目的。 观念导向是指统一认识、协调行动、因势利导，也就是告诉国内出版企业在参与中国出版业"走出去"的过程中，哪些是该做的、政府积极倡导和鼓励的，哪些是政府虽不明确反对但也不积极倡导、不予以鼓励的，以及这样做的原因和做得更好的方法。

实际上，借鉴西方出版业发达国家鼓励本国图书走向世界的政策经验，中国政府在最近几年推动中国出版业"走出去"的过程中已经有意识地运用了这一策略，通过一系列政策措施的制定和实施对中国出版业"走出去"及中国图书走向世界进行引导和扶持，具体如下：

新闻出版总署于 2003 年提出了加快我国新闻出版业发展的"走出去"战略，该战略与总署同时提出的精品战略、人才战略、集约化战略和科技兴业战略一起称为新闻出版业"五大战略"，倡导与号召国内出版企业加快"走出去"的步伐，鼓励和支持一切外向型出版单位特别是那些实力雄厚的出版集团去海外发展；同年还全面启动了资助海外出版机构翻译、出版中国图书的大型工程"金水桥计划"。

2004 年下半年，借鉴法国政府扶持本国图书输往海外的经

验做法，启动"中国图书对外推广计划"；2006 年年底，新闻
出版总署公布《新闻出版业"十一五"发展规划》，提出了推动
中国新闻出版业"十一五"期间发展的八大战略。其中第七大
战略是积极实施中国出版业"走出去"战略，重要内容包括：
（1）以汉文化圈和西方主流文化市场为重点努力推进出版业
"走出去"、版权"走出去"、新闻出版业务"走出去"及资本
"走出去"；（2）"走出去"的具体目标是实现 2010 年的实物出
口量比 2001 年翻一番；（3）鼓励境内单位和个人通过合资、合
作、参股、控股的方式在海外设立合法的出版、印刷机构。

2007 年 3 月，新闻出版总署副署长柳斌杰在"中国图书对
外推广计划"工作会议上提出了鼓励中国出版业"走出去"的
八大政策，规定凡列入"中国图书对外推广计划"或实施"走
出去"战略的图书出版所需要的书号不限量；支持国内重点出
版企业申办图书出口权；支持国内出版机构创办外向型外语期
刊；制定与"鼓励和扶持文化产品和服务出口的若干政策"的
配套文件；协调国内金融机构向外向型出版企业、出版工程项
目提供相应的信贷支持；提供更多的政府资金，竭力办好国际
书展，努力打造形式多样的中国图书对外推广平台；继续向
"中国图书对外推广计划"提供资金支持；适时、积极表彰和
奖励在中国图书"走出去"方面取得显著成绩的出版社和出版
集团。

2007 年 4 月 11 日，商务部、外交部、文化部、广电总局、
新闻出版总署、国务院新闻办共同发布《文化产品和服务出口
指导目录》，该《指导目录》的宗旨是发挥中华文化的传统优
势，鼓励和支持国内文化企业"走出去"积极参与国际竞争，
提高国际竞争力，以带动我国文化产品和服务的出口。具体做
法是各部门将在列入本目录的项目中认定一批有利于弘扬中华
民族优秀传统文化、有利于维护国家统一和民族团结、有利于
发展中国同世界各国人民友谊且具有比较优势和鲜明民族特色

的"国家文化出口重点项目";在符合本目录要求的企业中认定一批拥有国际文化贸易专门人才、具备较强国际市场竞争力、守法经营、信誉良好的"国家文化出口重点企业",各部门、各地区根据相关规定在资金支持、人才需求、技术创新、市场开拓及进出口贸易中的海关通关等方面创造条件予以大力支持。

在"中国图书对外推广计划"的基础上,从2009年开始,中国政府又全面启动"中国文化著作翻译出版工程"。此项工程采取政府扶持资助、商业运作发行以及联合翻译出版等方式,以资助系列产品为主,主要资助翻译费用,也资助出版及推广费用,以期把更多的中国文化推向给世界,让全世界更多的人通过图书阅读来共享中华文明。此外,国家还将从四个方面继续推动中国出版业"走出去":一是做好实物出口与版权贸易工作;二是加大合作出版与境外直接出版的力度;三是借用外力扩大中国文化的影响;四是发挥北京国际图书博览会及法兰克福书展中国主宾国等展会作用。

2009年10月,为了支持和鼓励适合海外市场读者需求和阅读口味的外向型优秀图书的出版,有效推动中国图书"走出去",扩大中国文化的海外影响、提升国家文化"软实力",也为了使中国出版业"走出去"活动趋于规范化、制度化和常态化,新闻出版总署正式启动"经典中国国际出版工程",到2011年3月,共有207种图书获资金资助。该工程主要采用项目管理的方式资助外向型优秀图书选题的翻译和出版,资助范围涉及社会科学、自然科学、文学、语言、艺术、少儿等领域优秀图书的选题,代表各领域的最高水平,主要以中国经典传统文化和反映当代中国政治、经济、文化、科技和社会等方面发展变化为主要内容的精品图书为主,重点资助"中国学术名著系列"和"名家名译系列"两大子项目工程。

2010年12月9日,为了贯彻落实国务院制定的《文化产业振兴规划》,提高中国出版物的国际市场份额及国际影响力,开拓中国出版物国际营销渠道，使中国图书更快捷地走向世界，新闻出版总署正式实施"中国出版物国际营销渠道拓展工程"。该工程包括"国际主流营销渠道合作计划"、"全球百家华文书店中国图书联展"以及"跨国网络书店培育计划"共三个子项目，拟在"十二五"期间，建构一个包括国际主流营销渠道、海外主要华文书店和重要国际网络书店在内的中国出版物海外立体营销网络体系，旨在推动数量更多的国内出版社出版的优秀中文版和外文版图书走向世界。目前，该项目中的"国际主流营销渠道合作计划"及"全球百家华文书店中国图书联展"两个子项目已正式开始全面实施。

此外，中国新闻出版总署还在积极筹划、制定"国际畅销书计划"，该计划拟对进入"国际畅销书计划"的图书项目给予包括政策、资金在内的大力扶持，争取在未来 5 到 10 年内打造出一批国际畅销书。

这些政策策略中较有代表性的是"中国图书对外推广计划"的制定和实施。该计划于 2004 年下半年由国务院新闻办公室与新闻出版总署正式启动，宗旨是"向世界说明中国，让世界各国人民更完整、更真实地了解中国、认识中国"，推动我国出版企业走出去，实现传播中华优秀文化、提高我国文化"软实力"的目的。它以资助翻译费的方式鼓励各国出版机构翻译出版中国图书，让世界人民能够以自己熟悉的文字，通过阅读图书更多地了解中国。这是中国政府第一次资助中国图书的对外推广和中国出版业"走出去"。2005 年与法国、美国、英国、澳大利亚、日本、新加坡等国的 10 多家出版机构签署了资助 300 多万元人民币、170 多种中国图书的出版协议。2006 年 1 月成立"中国图书对外推广计划"工作小组，继续加大"中国图书对外推广计划"的宣传推广力度，让更多的国内外出版、发行机构及时了解这个计划并进行积极主动的参与。此外，工作小组还积极推荐、组织优秀图书参加国际书展，组织成员单位出国访问、参观学习，考察国外同类资助计划的实施情况和可资借鉴的经验，向海外出版机构宣传介绍这一计划。工作小组规定，国内出版社于每年1月初—2月底和7月初—8月底分两次集中向"中国图书对外推广计划"工作小组办公室推荐图书，也可以根据市场需要随时向工作小组办公室进行推荐，推荐的图书范围主要包括反映当代中国社会政治、经济和文化等各个方面的变化与成就，有助于海外读者认识中国、了解中国、传播中国传统文化的作品；反映国家社会科学、自然科学领域重大研究成果和重大发现的著作；介绍中国传统文化以及文学、艺术等具有一定文化积累价值的优秀作品。 工作小组将每年出版《"中国图书对外推广计划"推荐书目》，利用报纸、期刊、网站、书展等多种类型的渠道向海内外出版机构介绍、推荐图书。 此外，工作小组组团出访了墨西哥、巴西两国，为了解西文、葡文图书市场提供了有利的依据。 2006年，"中国图书对外推广计划"同19个国家的49家出版机构签署了资助出版协议，资助图书项目210多个，340多册，涉及文种12个，资助金额1000余万元人民币。 工作小组还对版权输出表现突出的中国国际出版集团（输出版权225项）、中国科学出版集团（输出版权221项）和北京语言大学出版社（输出版权235项）给予了表彰和奖励。① 2007年3月，英文杂志 CHINA BOOK INTERNATIONAL 正式创刊，该杂志的主要内容是推介优秀的中国图书、介绍"走出去"的相关扶持政策以及工作小组成员单位的相关情况，借此可以及时、迅速地把中国出版业的动态介绍给关注中国出版的国外读者，杂志的发行范围主要是国外出版商、发行商、图书馆、外国驻华使领

① "中国图书对外推广计划"实施与最新进展［OL］.［2007 - 08 - 25］.http://www.china.com.cn/book/zhuanti/blh/2007 - 08/25/content_8745000.htm. 2007 - 08 - 25.

馆、中国驻外使领馆等；同时，"中国图书对外推广计划"专用
网站"中国图书对外推广网"正式开通，2007 年 5 月，"中国图
书对外推广计划"组成部分之一的"上海之窗"网站也在上海
图书馆正式开通；2007 年 8 月，工作小组聘请包括英国、美
国、俄罗斯、日本等国的出版、发行、媒体研究的知名专家组
建"中国图书对外推广计划"外国专家顾问团，为推广计划提
供智力支持仪式暨座谈会。 2007 年 9 月，工作小组组织东欧访
问团访问了匈牙利、波兰、捷克，与当地出版界进行广泛交
流，介绍"中国图书对外推广计划"并进行中国图书的推广。
此外，通过与中国翻译家协会合作，"中国图书对外推广计划"
翻译人才库也已初步建立，正逐步将国内外的翻译人才纳入人
才库。

（5）平台建构策略

从信息传播的角度来说，中国出版业"走出去"是一种广
泛散布于分布在全国乃至世界各地出版机构的中国主题的图书
信息和中国出版的图书信息的传播过程。 平台建构策略是指在
中国出版业"走出去"的总体战略下，政府有关部门利用自身
在宏观管理、组织领导及资源整合方面的优势条件，为中国出
版业"走出去"搭建和提供一个统一、高效、畅通的信息交流
平台，以便更好地进行图书商品出口信息、图书版权贸易信息
及其他相关信息的展示、宣传和报道，更好地推动中国出版业
"走出去"及中国图书走向世界。 目前，此类平台主要包括书
展类平台和网站类平台两种基本类型。

书展类平台主要是指国内、国外的各种图书展览和图书博
览会，主要功能是通过这一平台进行范围广泛的版权贸易、图
书贸易、文化交流、展览展示、信息交流、业界沟通等。 这类
平台建构有两层涵义。 一层涵义是政府在国内举办大型书展，
组织国内外出版机构展出自己的精品图书，为中国图书走向世
界和世界图书进入中国搭建相互交流的平台。 这方面策略比较

典型的运用是国务院于1986年正式批准创办的北京国际图书博览会，它由新闻出版总署（国家版权局）、教育部、科学技术部、文化部、国务院新闻办公室、北京市人民政府和中国出版工作者协会主办，中国图书进出口（集团）总公司和环球新闻出版发展有限公司承办，每两年在北京举办一次，2002年开始改为每一年举办一次。 北京国际图书博览会的宗旨是努力把世界优秀的图书引进中国，让中国的更多图书走向世界，以促进和推动国际科技文化交流，增强世界各国人民的相互了解和彼此友谊，扩大中外出版界的合作出版和版权贸易，积极发展图书进出口贸易。 到2009年为止，经过23年的蓬勃发展，北京国际图书博览会已经成功举办十多次，发展为亚洲最大的国际书展，同时也跻身于世界最具影响力的四大国际书展之列，被誉为"东方的法兰克福书展"。 现在，每年一届的北京国际图书博览会已经成为备受全球出版界瞩目的盛事，成为我国对外文化宣传和中外文化交流的重要窗口，成为推动中国图书走向世界、贯彻中国出版业"走出去"战略的重要平台，更成为提升中国文化海外影响、提高我国国际文化形象的一个国际品牌。 另一层涵义是政府有关部门组织国内出版单位携带自己出版的精品图书"走出去"参加有国际影响的海外书展，为参展的出版单位尽可能地提供方便和资助，利用国际书展这一国际化的平台推动中国图书走向世界。 目前，世界范围内比较著名的国际性书展主要有法兰克福国际书展、伦敦书展、美国书展、澳大利亚书展、东京国际图书博览会、博罗尼亚儿童书展、莫斯科国际书展和北京国际图书博览会等，在这些知名的国际书展中，1949年创办、由德国书业协会组织的法兰克福书展是目前世界上规模最大的国际图书博览会，每年10月上旬在德国法兰克福举行，为期7天。 它的宗旨是介绍图书，交流信息，互通印书计划，促进图书交易。 每两届确定一次博览会主题，展出各门类图书。 参展者的主要活动是展出图书，洽谈版权交易,洽商合作出版业务。 中国政府从 2005 年开始每年都组织大批国内有相当影响的出版单位携带各自的精品图书参加这个被全球图书界、出版界誉为书界"奥林匹克"、占全球图书版权贸易 75％份额的法兰克福书展,在推动中国出版业"走出去"、扩大中国图书的海外影响以及中国文化的海外影响方面发挥了极其重要的作用。

网站类平台是根据一定的规则在因特网上使用 HTML 等工具制作的主要用于展示与国内出版机构出版的图书信息相关的网页的集合。 这类平台的建构主要是指政府利用自己在信息和资源上的优势,整合目前现有的同类型的网站资源,创办一个全国性的、统一的、信息全面而权威性强的、为中国出版业"走出去"及中国图书走向世界提供专项信息服务的网站,主要介绍国内图书市场状况、国内图书出版动态、国内出版机构情况、国内知名作者情况以及中国丰富的出版文化资源。 目前,这一策略已在一定范围内、一定程度上得到了运用。 如2007 年 3 月,国务院新闻办公室和新闻出版总署联合开通了"中国图书对外推广计划"专用网站"中国图书对外推广网"(网址为 www.chinabookinternational.cn),该网站是中国第一个面向国外主流社会,以促进图书版权贸易和图书实物出口、向国外推广中国图书为主要目的的中英文双语网站,由国务院新闻办公室、新闻出版总署主办。 设有 CBI 概况、新闻中心、CBI 报道、作家档案、翻译名家、图书信息、资助项目、中国之窗、书业排行、海外需求、资助成果、在线问答等 16 个栏目,具备信息发布、互动交流、检索查询、分类浏览、文件下载、内部交流、库存管理的七大功能,满足用户对推荐书目表和资助申请表的在线下载,用户需求及疑问的在线解答;成员单位可发布新闻、推荐图书信息,网上申报资助并查看申报进展。 通过报道中国出版业状况,通过宣传国家相关政策、提供图书信息等方式实现国内信息交流,与海外形成互动,以促进中国版权输出和实物出口，构建中国图书与世界沟通的平台。① 2007年 5 月，作为"中国图书对外推广计划"组成部分之一的"上海之窗"网站在上海图书馆正式开通，该网站通过向境外图书馆及藏书机构捐赠国内出版的图书的方式，向境外读者全方位介绍中国的历史和文化以及改革开放的新进展。据"中国图书对外推广网"网站的内容，截至 2009 年 5 月 15 日，该网站的成员单位只有 14 家出版集团共 152 家出版社，占全国出版社总数的比例不到 1/4，宣传报道的图书也限于"中国图书对外推广计划"专家小组推荐的优秀中国图书。这说明，目前此类网站涉及的出版机构范围和宣传报道的图书范围还是十分有限的，离全国统一开放的图书对外信息交流平台还有一定的差距。

　　6.1.3　扶持鼓励：中国出版业"走出去"的海外借鉴

　　西方发达国家出版业的市场化程度很高，一般情况下政府不对出版企业的具体出版经营活动进行直接干预。但是，在涉及本国图书输出、文化输出及出版业海外扩张时，出版的文化性又促使很多出版业发达的西方国家政府在本国图书的海外输出方面采取了不同的鼓励和扶持政策，取得了较为明显的效果，为中国出版业"走出去"和中国图书走向世界提供了很好的海外借鉴。概括起来，这些政策主要体现在以下三个方面：

　　（1）设立专门机构

　　一些西方出版业发达国家设置了专门的政府机构负责出版物的海外销售和图书市场的海外拓展。如英国政府于 1942 年设立了一个半官方机构——英国文化委员会，该委员会专门设立"图书推广部"负责协助与资助英国出版商参加在海外举办的各种图书展览会、研究会，资助英国出版商参加国际大型书展，以扩大英国图书在国际上的影响、文化交流和扩大英国书

―――――――――

① 李晋悦. "中国图书对外推广计划"网站开通. 中华读书报，2007－3－14.

刊的出版和出口。 此外，英国政府设立的贸易工业部在图书出口方面也发挥了重要作用，它负责收集图书出口和版权输出方面的信息和数据，资助出版社协会组织的一些海外行业代表团，为图书出口公司提供帮助，如 2002 年资助了很多图书出口公司参加了法兰克福、博洛尼亚、北京和美国的书展。

法国政府于 1982 年成立了文化部图书阅览司，主管法国的商业出版社和书商及国家图书馆，它主要采取制定法律、法规和给予财政补贴等手段倡导大众阅读，促进法国出版业的发展和在国际上的竞争。 图书阅读司的总体精神是保护和支持创作及开展专业活动，提倡创新，扩大图书出口，不对出版活动搞检查或施加压力。 它的主要任务之一是在政策上鼓励、支持和资助创作、出版、宣传销售和出口事业，为法国图书输出、版权输出和法国图书的海外传播创造良好条件，包括通过间接手段以财政资助的方式资助法国图书参加国际书展，帮助出版商在世界各地开展业务活动，资助其他国家翻译法国作品和在法国之外的国家销售法国图书等。 法国政府还发起成立了一个半官方的出版管理机构——法国出版推广协会，由文化部和对外关系部提供资助。 该协会的主要任务是代表法国出版界在国外举办法国图书展览，展销各类图书和开展图书贸易；在法国承办外国图书展览和展销各类图书；与其他国家出版界保持经常性联系，相互交流图书出版信息和版权贸易信息。 文化部图书阅览司和法国全国出版联合会还共同出资成立了"图书出口中心"，负责处理那些订数少的海外订单，经常性地向海外小型书店寄送法国新书目以促进图书出口。 此外，外交部、海外合作部、科研部、外贸部和总理直接领导的科技情报处等也参与图书出口的帮助工作。

此外，爱尔兰政府于 1994 年成立"爱尔兰国际（翻译）文学交流中心"，中心理事会由本国出版商、作家、记者、律师、诗人等组成，负责对准备出版爱尔兰文学作品而要求部分或全额补助翻译费的出版商进行资格审定。 该交流中心每年资助30万欧元，通过国际书展、互联网、印制书目、图书广告等方式向国外出版社积极推介本国文学作品。 1994—2004年的十年间，通过政府支持、商业操作的方式向国际图书市场成功推出了800多部爱尔兰文学作品；德国政府设立了专门机构"亚非拉文学促进会"，主要支持亚洲、非洲和拉丁美洲各国翻译、出版德国的作品，同时也支持将这些地区的优秀文学作品由本国语言翻译成德语。

（2）提供财政支持

西方出版业发达国家一般都通过财政资助的方式刺激出版业的海外拓展。 常见的财政资助手段主要有：

第一，直接资助

主要是鼓励本国出版机构进行对外交流、扩大本国图书的海外影响以及设立专门的翻译基金以有计划地向海外推广本国文化等。 如英国的文化委员会、艺术委员会、贸易工业部、外交部、海外开拓局等政府部门都对本国的图书出口贸易和版权贸易进行直接的财政资助，其中，英国的贸易工业部则向英国出版商每年提供25—30万英镑的图书出口补贴，法国政府实行出版物出口免税政策，法国出版中心向国外的出版社和书商销售及出版法国图书提供资助，这项资助要求由掌握作品版权转让权的法国出版商提出，专门委员会认为可以给予资助时向国家出版中心推荐并提出资助数额的建议，一般资助的数额相当于翻译费的20％—50％。 此外，在法国之外销售法文书籍的书商也可以享受法国国家出版中心的资助。 资助的最高限额依该书店进口法国图书的进口额确定：当法国图书的年度进口额低于或等于76000欧元时，每年最高资助8000欧元；当法国图书的年度进口额在76000—305000欧元之间时，每年最高资助12000欧元；当法国图书的年度进口额高于305000欧元时，每年最高资助18000欧元。 此外，法国还邀请翻译工作者赴法，目的是帮助翻译人员从事翻译工作并翻译一些不太知名的法国作者的作品,资助金额为每月1525欧元。① 向法语地区国家的图书出口,政府给予优先照顾和经济资助,鼓励开展国际合作出版,资助经法国专业委员会审定的法国代表性著作的翻译和图书出口。

此外,加拿大艺术委员会向加拿大人创作的文学作品的首次翻译提供财政资助;澳大利亚议会的文化市场部门为本国出版界提供一定数目的资金;德国外交部向在国外展销德语图书的德国公司提供津贴,德国著名的人文社科类出版社苏尔坎普设有包含由各国政府资助、请本国学者精选的作品国别文库。

第二,项目制度

由政府拨款建立专项基金,鼓励出版业"走出去"。 通常情况下是每年按照固定的数额拨出资助资金,支付各个出版机构和个人申报出版物出口项目所需的经费。 这样做的好处是避免了政府的直接干预,又解决了所需的经费问题,还可以对行业走向进行间接的监督和引导。 如1994年,英国海外开拓局出资150万英镑实施"海外低价书项目",当年通过这一项目以400万英镑的价格向世界54个发展中国家和地区出售了价值为2000万英镑的近90万册图书,销售对象为拥有150万读者的图书馆和机构,这是当时英国在海外实施最成功的图书资助项目。② 法国政府设立了"图书文化基金",由文化部和海外合作部提出合作出版项目,编辑、出版适应海外国情的图书。 国家每年直接或间接提供1亿法郎的图书出口补贴,约占图书出

① 余敏.国外出版业宏观管理体系研究 [M].北京:中国书籍出版社,2004:90.
② 魏玉山,杨贵山.西方六国出版管理研究 [M].北京:中国书籍出版社,1995:6.

口贸易额的 5%—6%。① 此外，1990 年法国政府还实施了资助法国文学和人文科学类书籍翻译和出版的"傅雷计划"，该计划的资助费用主要用于图书的宣传和推广。经有关文化部门对申请出版商规模、译者资质进行严格审查后，一般情况下每本书大约可获得 1—2 万元人民币的资金资助，2004—2005 年约有百余部法文作品在这一计划的支持下被翻译成中文。为了把美国的文学及其他学术作品提供给全世界的学者和研究人员，美国新闻署设立了"出版物翻译计划"，这是一个常规性的出版支持项目。新闻署的图书管理员和国外的出版商一起，共同选择适合当地人阅读兴趣和阅读习惯及学习要求且可以增进对美国了解的图书出版，目前，这一计划已经在亚洲、中东、拉丁美洲、非洲和欧洲（包括苏联解体后的独立国家）的许多地区陆续展开，使大量涉及美国历史、政府、政治学、经济学、法律、教育、经济管理、文学和文学批评意见等美国传媒方面的图书得以在海外出版和发行。例如，这种常规性的地区性出版物翻译计划帮助了开罗和安曼的出版商出版翻译成阿拉伯文的美国图书，把这些图书直接邮寄给读者或在整个中东发行。② 德国外交部也设立了一项翻译赞助项目，该项目的资助数额取决于翻译的文字数量和当地翻译的稿费标准。澳大利亚政府为了鼓励国内出版商推动国内图书出口的积极性，设立了"出口发展基金计划"推动本国图书"走出去"。

（3）税收及其他优惠政策

税收政策是西方出版业发达国家鼓励本国图书走向海外的重要手段。如英国政府对一般商品征收 17.5% 的增值税，但对

---

① 魏玉山，杨贵山.西方六国出版管理研究［M］.北京：中国书籍出版社，1995：27.

② 余敏.国外出版业宏观管理体系研究［M］.北京：中国书籍出版社，2004：36.

图书行业免征增值税，图书进出口一般也免税，极大地鼓励了英国的图书出口，提高了英国图书在海外市场的竞争能力；法国图书实行统一书价制，分为完税价和非完税价，图书出口时可享受非完税价，图书产品的出口可免征增值税并能得到一定数量的出口补贴；美国政府与英、法等国家政府不同，它实行先征后退的税收政策，凡图书出口的一律免征增值税和营业税；德国政府免征出口图书和期刊的增值税。

除财政、税收方面的优惠政策外，部分西方出版业发达国家还实行了一些其他优惠政策以鼓励、支持本国图书"走出去"和本国出版业的海外扩张。如为了鼓励图书出口，英国政府特设了"女王奖"，颁发对象是出版社或图书贸易机构；美国在图书出版界成立了"美国图书推广海外特别小组"，提供有关图书出口政策措施、如何发挥政府、公众团体及私人其他的作用方面的建议，美国政府对此类咨询、参谋机构也非常重视；德国政府在一系列鼓励出版业走出去的得力措施中最具代表性的是联邦经济部和州经济部推行的扶持出版企业出国参展政策。政府规定，德国出版商可以自行决定参加国际书展或组织参加国际书展而不须通过项目审批。德国各级政府对本国出版商出国参展都非常重视，联邦经济部和州经济部为帮助出版商开拓海外出版市场，根据德国展览业协会每年推出的"官方出国参展计划"推出了一系列促进措施以鼓励出版商出国参展。为了更好地实施这一计划，德国经济与劳动部采取招标的办法授权 22 家项目执行公司负责参展的具体承办工作。根据规定，德国出版商只要展示的是德国图书，均可向这些公司申请参加官方扶持的展览而获得较为优厚的参展条件，直接向展览会报名参展的出版商则不享受这一扶持政策。德国政府扶持本国出版商参加国际书展的资金来自公共财政，但补助的资金不直接拨给参展出版商，而是按照参展项目提供给授权公司，参展出版商可由此降低参展成本而获得间接收益。

6.2　基于出版行业组织的中观策略

不同国家或地区对行业组织的内涵有不同的界定。[①] 但总体而言，行业组织是介于企业与政府之间的一种社会中介组织，多由个人或企业自发成立，会员自愿参加，它的成立不是政府授意、资助或推动的结果。市场经济体制下，行业组织是一种非常权威的社会中介机构。目前，海外出版业发达国家的出版行业组织已经遍及编辑、出版、印刷、发行等各个环节，涉及图书、报纸、期刊、音像制品、电子出版物等各种媒体。当代意义上的中国出版行业组织发轫于 1979 年 12 月成立的中国出版工作者协会。经过近三十年的发展，到目前为止，我国共有各类出版行业组织 140 家，[②]基本形成了一个以中国出版工作者协会为中心，覆盖全国，涉及各个出版领域、各个出版环节的出版行业组织体系，在中国出版业市场化、现代化进程中发挥了积极作用。同样，在中国出版业"走出去"过程中也发挥了应有的作用，但这种作用与理论意义上的作用相差甚远。因此，我国出版行业组织需要积极行动起来，采取相应的策略措施努力缩短这种差距，在中国出版业市场化、国际化进程中，在中国出版业"走出去"过程中发挥更大的作用。

---

① 据翟鸿祥在《行业协会发展理论与实践》（经济科学出版社 2003 年版）一书第 3 页中的研究，美国对"行业组织"的定义是"一些为达到共同目标而自愿组织起来的同行或商人团体"。日本学术界认为行业组织是"事业者以增进共同利益为主要目标而组织起来的事业者的结合或联合"，英国则认为行业组织是"由独立的经营单位组成，保护和增进全体成员既定利益的非营利组织"。

② 中国出版年鉴社.中国出版年鉴（2008）[M].北京：中国出版年鉴社，2008：913-918.

6.2.1 行业组织作用的理论基础

1937 年，新制度经济学家、交易成本理论[①]创始人科斯在《企业的性质》一文中明确指出，"市场交易存在着成本"。从内涵上看，科斯认为这种交易成本是"利用价格机制的成本"[②]，而新制度经济学家威廉姆斯认为是"经济系统运转所要付出的代价或费用"，[③]诺思则认为"是规定和实施构成交易基础的契约的成本，包含那些经济从贸易中获取的政治和经济组织的所有成本"[④]。从外延上看，这种交易成本无非交易前、交易中和交易后的各种与交易有关的费用，如发现价格的成本、谈判的成本、缔约的成本、监督履约的成本等，具体包括收集和传递有关商品和劳务的价格分布和质量的信息费用；寻找潜在的买者和卖者，获得与他们的行为有关的各种信息费用；为确定买者和卖者的真实要价而进行的讨价还价的费用；起草、讨论、确定交易合同的费用；监督合同履行的费用；履行合同的费用（不包括执行合同本身而发生的生产成本），也就是在一方未履行合同而造成另一方损失时，后者提出起诉，要求赔偿的费用；保护双方权益，防止第三方侵权的费用，以及其他上述不曾列入的有关交易活动的费用支出。[⑤]

从新制度经济学家关于交易成本的一系列论述中，我们可以清晰地发现，交易成本是对社会财富和稀缺资源的一种损

---

① 交易成本是新制度经济学具有理论基础意义的最基本的范畴和分析工具，科斯、威廉姆斯、诺思、张五常等新制度经济学家都采用这一范畴作为分析工具。

② 科斯.企业的性质//现代制度经济学.上卷，北京：北京大学出版社，2003：106.

③ 奥利弗·E·威廉姆森.资本主义经济制度.段毅才，王伟威，译.北京：商务印书馆，2002：32.

④ 诺思.交易成本、制度和经济史[J].经济译文，1994：2.

⑤ 袁庆明.新制度经济学[M].北京：中国发展出版社，2005：42.

耗，高额的交易成本可能减少或者消除本来有利的交易，它是由多种因素决定的，要彻底消除是不可能的也是不现实的，但这并不意味着交易成本不可以降低。 企业和行业组织的存在就是为了节约交易成本。[①] 这是因为，当企业存在时，某一生产要素所有者不需要与企业内部其他合作的生产要素所有者签订一系列契约，这些契约被一个契约所替代。 这说明，"企业的性质就是一种契约代替了一系列契约"[②]。 在这种替代过程中，交易成本得到了节约。 类似的，科斯在《企业的性质》一文中还指出，制度的一项重要功能就是降低交易成本，行业组织这一制度安排产生和发展的唯一动机正是为了节约交易成本。 它以组织内部监督、管理的成本代替企业间经常反复出现的谈判、缔约等交易成本，以一个契约代替一系列契约（包括政府和企业之间以及企业和企业之间的契约）以减少市场交易主体（企业）的交易成本，"行业组织就是在这种交易成本的减少过程中逐渐萌芽而生的一种契约安排"[③]。 它是一种主要由会员自发成立的会员制的、在市场中开展活动的、以行业为标识的、非盈利的、非政府的、互益性的社会组织，[④]具有非盈利性、非政治性、自愿性、产业性和群益性等基本特征。 通过

① 傅殷才.制度经济学派［M］.武汉:武汉出版社，1995:32.

② 熊花，马春庆.制度经济学的解释:行业协会在政府信用建设中的作用［J］.生产力研究,2006（9）：27.

③ 贾西津，沈恒超，胡文安.转型时期的行业协会——角色、功能与管理体制［M］.北京:社会科学文献出版社，2004:11.

④ 道格拉斯·C·诺思.经济史中的结构与变迁［M］.陈郁，罗华平，译.上海:上海三联书店，1994:226.

"抑制人的机会主义行为"①、"减少不确定性"②和"提供有效信息"③这些基本的制度功能的实现来达到节约交易成本的目的，而实现这些基本的制度功能的具体途径主要有向政府争取有利的法律、政策，制定、监督和实施行业规范，协调价格，开拓市场以及提供信息服务、组织展览会、国际交流会、进行技术培训和技术交流等。

以科斯、诺思为代表的新制度经济学家从政治经济学角度对行业组织在经济治理组织系统中的地位与作用的揭示，使我国政府清楚地认识到借鉴发达国家经验进行行业制度创新的必要。这样，在我国社会主义市场经济逐步建立的过程中，伴随着原有制度的失灵和政府不断进行的自我矫正，各种类型的行业组织——包括出版行业组织——应时而生。因此，与国外出版业发达国家不同，我国出版行业组织是政府为了"借助国外的成功经验，转移政府部分管理职能和分流政府官员以协调各种利益主体，重建行业内部以及政府与企业间的信息交流系统"④，以协调行业发展、推动行业进步，促使出版发行单位适应市场而做出的一种自上而下的行政安排，最终目的同样是节约各种类型的交易成本，为出版行业发展提供行业上的规制保障。

需要指出的是，新制度经济学框架下的行业组织是以完全

---

① 道格拉斯·C·诺思.制度、制度变迁与经济绩效［M］.刘守英，译.上海：上海三联书店，1994:7.

② 张宇燕.经济发展与制度选择［M］.北京：中国人民大学出版社，1992:252.

③ 余晖.行业协会及其在中国转型期的发展［EB/OL］.［2006-03-24］.http://www.crcpp.org/cpipphtml/yuhui_regulation/2006-3/24/200603242306_8.htm.

④ 黄先蓉，张裕.改革开放三十年我国出版行业组织发展的回顾与前瞻［J］.中国编辑，2008（4）：32.

竞争的市场经济和企业的自主参与为理论前提的，是在激烈的市场竞争中，以利润最大化为导向的企业出于维护自身利益的需要而做出的理性选择。 它虽然与我国行业组织在产生背景、组织形式、管理体制和组织职能上存在着很大的不同，但是，随着我国经济政治体制改革的不断深入，政府职能的转变和市场化程度的不断加深，我国行业组织的运行环境、管理模式和运行机制也在不断地朝着市场化的方向发生变化和调整。 因此，作为一种理论分析工具，新制度经济学理论完全可以被用来分析我国各种类型的行业组织及其作用——包括出版行业组织。

6.2.2 中国出版业"走出去"：出版行业组织的作用分析

理论上，在中国出版业"走出去"过程中，出版行业组织应该发挥自己的作用；现实中，随着近年来中国出版业"走出去"战略的实施和中国图书走向世界步伐的逐步加快，我国出版行业组织在中国出版业"走出去"过程中也确实发挥了一定的促进作用。

6.2.2.1 基于中国出版业"走出去"的过程分析

中国出版业"走出去"是国内出版企业的一种跨国经营活动和市场交易行为，同样存在着交易成本。 这一过程中，出版行业组织的作用就是通过各种职能的发挥来节约中国出版业"走出去"过程中的交易成本。 理论上，以新制度经济学理论为分析工具，在中国出版业"走出去"过程中，我国出版行业组织的作用应该体现在三个方面：

（1）提供行业服务

主要是为开展行业调查研究，了解、收集与中国出版业"走出去"及中国图书走向世界相关的国际、国内各种行业信息，主动向政府、立法机关提出鼓励、扶持中国出版业"走出去"的政策、法律方面的意见与建议；制订行规行约并监督执行，采取警告、业内批评、通告批评、取消会员资格等惩罚措施，协调"走出去"过程中的各种价格（包括图书价格、版权价格、涉外收购方面的价格等），阻断不正当竞争，维护公平、合理的竞争秩序；创办刊物，传递国内外图书市场与中国出版业"走出去"相关的各类信息；开展与中国出版业"走出去"、中国图书走向世界相关的人才、技术、职业培训与国际交流合作；组织会员参加国内外各种书展，开拓国外图书市场；在"走出去"过程中维护全行业整体利益和合法权益，对损害本行业的侵权行为代表行业进行抵制、争取损害赔偿；协调与其他国际出版行业组织的关系，加强沟通和联系。

（2）提供个性服务

主要是为国内出版企业提供与"走出去"有关的跨国经营、跨国管理、国际出版市场、跨国并购、国际投资及各国法律政策等方面的咨询；接受国内出版企业委托，帮助进行中国出版业"走出去"项目（包括并购项目、输出项目、海外新建项目）的调研、鉴定和评估，改善项目管理等；协调"走出去"过程中会员之间的相互关系；向海外市场推广、宣传会员的图书产品和项目。

（3）提供政府协助

主要是接受政府委托，组织中国出版业"走出去"重大出版项目的成果鉴定与推广，参与国家与出版业"走出去"有关的出版项目论证，起草出版行业规划与行业标准，发放许可证，进行质量评比认证和资质审查等；经政府授权，进行涉及图书"走出去"的行业统计、质量监管和图书市场建设；参加政府的听证会、咨询委员会；向会员宣传国家在出版业"走出去"方面的政策和法律法规。

但是，笔者通过2005—2008年《中国出版年鉴》所载资料和其他文献资料的分析发现，自我国政府于2003年提出发展我国新闻出版业的"走出去"战略以来，我国出版行业组织在中国出版业"走出去"方面实际发挥的作用非常有限。这方面的作用主要体现在：

（1）进行国际交流

为了贯彻国家和新闻出版总署"走出去"战略，进一步加强国际间交流与合作，中国大学出版社协会组织部分大学出版社的领导和骨干在 2006 年分别参加了"法兰克福书展"、"中、韩、日三国大学出版社工作研讨会"和"首届中、非大学出版社出版工作研讨会"等出访活动，了解了国际出版业的发展状况，学习了国外的先进经验，为进一步推动我国大学版图书走向世界起到了积极作用。2004 年中国出版商协会派代表出席在柏林召开的国际出版商协会大会。2005 年 1 月 24 日—2 月 1 日，中国版协代表团一行 19 人赴日本东京进行动漫出版交流研修活动；同年 9 月中国版协再次组织"赴日游戏产业知识产权交流研修代表团"赴日本东京进行为期 8 天的交流研修。2006 年 5 月，中国版协与美国和英国的版协联合举办了"中国在国际出版市场中的角色"研讨会，150 多位各国出版界人士参加了会议。2007 年 5 月，中国版协代表团参加了亚太出版联合会年会。2007 年 6 月，中国书刊发行业组织组团参加了在南非开普敦召开的国际书商联盟 2007 年年会，宣传了我国出版发行业改革的成就，推动了国际之间的合作和交流。

（2）参加国际书展

国际书展是推动中国出版物走向世界的重要平台，有些出版行业组织在这种平台的搭建上发挥了一定作用。如 2006 年 5 月，由 14 家大学出版社 28 位代表组成的中国大学版协代表团赴美参加美国国际图书博览会；10 月，大学版协又组织了 13 家大学出版社 40 余人组成中国大学出版社代表团赴欧洲，参加了第 58 届法兰克福书展。2006 年 5 月，中国出版工作者协会组织国内出版社参加了美国 BEA 国际书展，等等。

（3）进行业务培训

有些出版行业组织还为中国图书走向世界进行了一些基础

性的培训。 如为了了解和借鉴西方发达国家出版业经营管理经验和行业管理情况，促进我国图书走向世界，中国出版工作者协会于 2004 年 3 月 10 日在北京举办德国出版专家专题讲座，国内有 100 多位出版工作者出席。 历届中国出版商协会都与日本讲谈社签订为中国培训出版专业人员的协议，二十多年来讲谈社已为中国培训 14 期 41 位学员，第 15 期培训班 3 人已于 2006 年 1 月结业回国。① 中国版权协会于 2006 年陆续组织了著作权基础知识讲座，对版权贸易案例进行分析等；2007 年 5 月，中国出版工作者协会主办了英国出版业务讲座，系统介绍了国际出版业的编辑工作、英国出版市场状况以及国外出版业的最新发展趋势。

这表明，我国出版行业组织在中国出版业"走出去"方面实际发挥的作用与上述理论上应该发挥的作用相比还存在很大差距。 从我国出版行业组织产生、发展的历史过程看，出现这种差距的原因主要有管理模式上业务主管部门的行政管理干预妨碍了出版行业组织职能的正常发挥；垄断式、行政式的领导机制影响了出版行业组织实施管理的积极性、主动性和公平性；内部机构设置不尽合理，管理体制、机制有待完善；行业监管缺少法律依据；从业规范和职业资格管理中自身作用的有限发挥；运营和管理上独立性、自主性的缺乏导致难以参与国际出版行业组织的活动。② 要解决这些问题，出版行业组织需要从协会定位市场化、协会成员多元化、协会管理科学化和协会交流国际化上等诸多方面做出切实努力。 这样，才能在中国出版业"走出去"的现实过程中发挥应有的作用，更好地推动

---

① 中国出版年鉴社.中国出版年鉴（2006）［M］.北京：中国出版年鉴社，2007:54.

② 黄先蓉，张裕.改革开放三十年我国出版行业组织发展的回顾与前瞻［J］.中国编辑，2008（4）：30-33.

中国出版业和中国文化走向世界。

6.2.2.2　基于海外出版业发达国家的经验借鉴

海外出版业发达国家的一些出版行业组织在市场化过程中形成了一整套相对完善和成熟的运营机制和运作模式,[①]它们在本国出版业海外扩张中发挥了明显的作用。 新制度经济学理论框架下,这种作用主要体现在两个方面:

(1) 提供有效信息以降低交易成本

信息不完全会导致出版业海外扩张中交易成本提高,但提供有效的市场信息或缓解交易双方的信息不对称能降低这种交易成本。 海外出版业发达国家的出版行业组织这种制度安排的一些做法值得借鉴。 如"基本上控制了英国出版业"[②]的英国出版商协会积极协调英国出版界的宣传推广活动,包括拉美、越南、俄罗斯和中国在内的这些市场内强化市场宣传,尽可能提供英国出版市场上的有效信息;法国出版业国际署灵活地采取各种宣传措施全方位、多领域地提供法国图书的有效信息,除了在世界各地举办的图书展览会上以集体的名义代表法国出版界参展外,还会按专题组织一些著作展,有时还组织巡回展并代表法国的专业出版界出席相关的国际性会议,以推广和宣传法国图书。 海外出版业发达国家的大多数出版行业组织还设有网站,出版会刊及其他报纸、期刊[③],及时向会员提供最新的行业动态和最新研究成果等有效信息。 此外,几乎所有出版业

---

① 赵婷.国外出版行业协会运作模式 [J].编辑之友,2008 (4):95-96.

② 魏玉山,杨贵山.西方六国出版管理研究 [M].北京:中国书籍出版社,1995:9.

③ 美国出版商协会有《AAP月报》,加拿大书商协会有《加拿大书商》杂志,英国书商协会有《图书销售》季刊,法国书商联合会有《书商之声》,日本全国出版协会有《出版月报》,韩国刊行物伦理协会有《刊行物伦理》和《海外文化产业》等。

发达国家的出版行业组织都提供会展服务，负责举办国内书展和组织会员参加每年在世界各地举行的国际书展，这是缓解交易双方信息不对称的最佳手段。如加拿大书商协会组织了加拿大图书博览会，法国全国出版联合会举办了巴黎书展，等等。

（2）降低不确定性以节约交易成本

一般而言，一个国家的出版业海外扩张时面临的外界环境是复杂多变的，充满了不确定性。这种不确定性必然使出版业在海外交易中面临选择或决策的困难，增加海外扩张的交易成本。但是，"制度在一个社会中的主要作用是通过建立一个相互作用的稳定的结构来减少不确定性"①，节约交易成本。海外出版业发达国家的出版行业组织这种制度安排的一些做法值得借鉴。如法国出版业国际署专门为海外书商开办培训班，帮助他们深入了解法国出版业的图书出版状况，更好地掌握图书进货、储存和销售情况，降低未来交易的不确定性。近年来与图书出口、版权输出及海外市场调研方法等有关的培训内容呈上升趋势。此外，一些海外出版业发达国家的出版行业组织还代表本国出版业积极开展对外联系，表明自己的存在，为本国出版业的海外扩张争取更多的权益和便利，尽可能降低扩张中的不确定性。如英国出版商协会代表英国出版商努力在欧盟和其他国家做好与当地政府的沟通工作，降低交易的不确定性；德国书商及出版商协会代表德国出版业参加了包括国际出版业联合会、欧洲图书经销商联盟等在内的很多国际性组织，在这些国际性出版组织中发表意见，为德国出版业的海外扩张积极争取有利的市场条件，以降低海外扩张中的不确定性，节约交易成本。

总之，为了节约中国图书走向世界的交易成本，实现中国

---

① 道格拉斯·C·诺斯.制度、制度变迁与经济绩效［M］.刘守英，译.上海：上海三联书店，1994：7.

出版业"走出去"的经济目的和文化目的，我国出版行业组织应该而且必须发挥应有的作用，海外出版业发达国家的出版行业组织已经为我们提供了很好的经验和借鉴。尽管目前实际上已经发挥的现实作用与理论上应该发挥的作用相比存在着一定的差距，但我们相信经过一段时间的改革和调整，这种差距会逐步减少，在中国出版业"走出去"过程中终将发挥更大的推动作用。

6.2.3 中国出版业"走出去"：出版行业组织的策略分析

鉴于我国出版行业组织在中国出版业"走出去"过程中实际发挥的现实层面上的作用与应该发挥的理论层面上的作用存在着一定的差距，应有的作用没有得到充分发挥，对中国出版业"走出去"没能起到很好的推动和促进作用，需要借鉴海外出版业发达国家的经验，在中国出版业"走出去"过程中采用相应的策略措施以充分降低与节约这一过程中的交易成本，有力地推动中国图书走向世界，促进中国文化的海外传播。

（1）机构专设策略

这一策略要求我国出版行业组织在中国出版业"走出去"的宏观战略下，在中国图书走向世界的现实过程中，专门设置一个部门机构负责处理与中国图书走向世界相关的事务。例如，海外出版业发达国家的出版业市场化程度很高，国内出版行业组织在行业服务、行业自律、行业代表、行业协调、行业管理等方面发挥了极为重要的作用。[①] 但是它们"不满足于国内市场竞争与市场秩序维护者的角色"[②]，开始把视角从国内转向国外，以期在拓展海外市场、扩大会员出版物的海外市场份

---

① "国外出版行业协会研究"课题组. 国外出版行业协会的历史与现状 [J]. 出版发行研究，2005（3）：5-10.

② 余敏. 国外出版行业协会研究 [M]. 北京：中国书籍出版社，2005：6.

额和市场占有率、提高本国出版业在海外市场的整体竞争优势方面再展风采。 这一过程中，很多国家的出版行业组织成立了致力于海外扩张的专门机构，以统领和协调本国出版业的海外活动。 如美国出版商协会（AAP）设立了国际市场常务委员会，加拿大出版商协会（ACP）设立了出口委员会，日本书籍出版协会设立了国际委员会和亚洲太平洋出版联盟事务局，英国出版商协会（PA）专门成立了国际图书开发委员会以支持和帮助会员的国际销售活动，日本杂志出版协会设立了国际委员会以负责会员杂志的海外推广，法国全国出版联合会设立了国际委员会……正因为如此，出版行业组织在西方出版业海外扩张中的角色作用越来越突出，这一策略很值得国内出版行业组织学习、借鉴。

（2）行业代表策略

这一策略要求我国出版行业组织在中国出版业"走出去"的现实过程中，积极代表本国出版业与政府部门、海外相关机构及其他行业进行沟通、协调，向政府部门提供有利于中国出版业"走出去"的政策建议，与海外相关行业组织积极联系以维护会员的合法利益，为中国出版业"走出去"争取有利的外在环境。 这一策略在西方出版业的海外扩张中有着非常明显的体现和运用。"出版行业组织是民间组织，具有机制灵活、非官方的优势"[1]，更有利于开展对外交流，[2]因此，一些西方国家

---

① 周霞，徐强平. 中外出版行业协会发展比较研究［J］. 大学出版，2005（2）：23 - 26.

② 余敏在《国外出版行业协会研究》（中国书籍出版社 2005 版）第85 页中指出：一般两国行业协会之间的交流有利于双方开拓自己的国外市场。 建议我国出版界应委托固定单位来负责与海外出版业的交流，这种交流不仅有利于解决现实问题，更有利于收集海外出版业的市场信息，开拓海外出版市场，把更多的中国出版物和好的合作出版选题介绍出去。

的出版行业组织代表本国出版业积极开展对外联系，不失时机地发出自己的声音，表明自己的存在，为本国出版业的海外扩张争取更多的权益和便利。

如英国书商协会（BA）除其他业务外，一项重要的工作是代表英国广大书商的利益，负责和欧盟的一些机构保持密切联系。它是欧洲书商联合会的主要会员，代表英国书商监督欧盟的立法，同时就本国出版业在欧洲市场扩张过程中遇到的问题与欧盟进行协调。所以，它在欧洲书商联合会的影响对于它的会员书商来说非常重要。英国出版商协会则代表英国出版商努力在欧盟和其他国家做好与当地政府的沟通工作，旨在保护本国出版业在当地的利益。

法国全国出版联合会（SNE）除代表出版企业与政府或其他与出版业相关的企业或组织展开对话，为出版企业争取最大的利益和更好的运营环境外，还代表本国出版商参加欧洲出版商联盟和国际出版联盟，以维护这些出版商海外扩张过程中在欧洲乃至全球市场的利益。法国杂志和新闻公会是法国主要的杂志出版商联合会，在海外扩张过程中，它的任务是推广扩大行业发展，代表会员与欧洲协会展开对话，扩大销售渠道和扩大出口。

德国书商及出版商协会代表德国出版业参加了包括国际出版业联合会（IVU）、欧洲图书经销商联盟（EBF）、国际图书经销商协会（IBV）、欧洲出版社联合会（FEE）等在内的很多国际性组织，代表德国书商在这些国际性出版组织中发表意见，以让世界其他国家的出版界也能听到德国出版界的声音，为德国出版业的海外扩张积极争取有利的市场条件。被评为"2004 年度最佳协会"、下属七个州期刊出版社协会（共有 400 家出版社、3000 多种期刊）的德国期刊协会，代表德国期刊业积极参与国际化事务，为德国出版业谋求海外市场、寻求海外合作伙伴，致力于德国出版业的海外扩张。如它积极参与制定了德国及欧洲期刊出版业的框架性经济协定等。

俄罗斯图书出版商协会代表本国出版业与国际出版商协会进行积极合作，以扩大俄罗斯图书的海外占有率。 同时，它还代表本国出版商与德国图书销售协会签订了协议，为俄罗斯图书在德国市场的扩张争取有利条件。 韩国的大韩出版文化协会为了更好地推动韩国出版业的海外扩张，协会刚一成立就代表本国出版界加入了国际出版协会（IPA）和亚洲太平洋各国出版协会（APPA），代表本国图书出版企业参加在日本东京举行的第一届国际图书展示会，向世界展示了当时韩国出版业出版的最新出版物。

（3）行业宣传策略

这一策略要求我国出版行业组织扮演行业宣传员的角色，通过创办网站或借助其他版权交易网站以及国外发行机构、代理机构、驻外机构等不同途径，运用各种方式和手段向海外图书市场宣传、推广会员企业及其出版物等版权贸易信息，旨在扩大会员产品和服务的海外市场份额和市场占有率，以帮助会员企业拓展海外市场，推动中国出版业"走出去"。 海外出版业发达国家的出版行业组织在推动本国出版业海外扩张过程中都不同程度地运用了这一策略，产生了积极效果。

美国出版商协会在其纲领中明确提出协会的主要职能之一是扩大美国图书及其他媒体出版物的海外市场，推动美国出版业的全球发展，努力"成为国内外关于美国出版业的唯一权威声音"。

法国出版业国际署是一个专门帮助法国出版商进行对外宣传以扩大法国图书出口的协会性组织，它通过会员交纳的会费和法国政府的资助，在外交部国际合作和开发总局的帮助下，灵活地采取各种宣传措施全方位、多领域地促进法国图书在国际市场的销售，扩大法国图书在海外的影响。 它每年都举办一些活动来推广和宣传法国图书。 此外，它还定期发表图书书目,帮助国外的合作伙伴了解法国出版界的图书出版情况;为了介绍和推广法国报刊,法国报业联盟每年参加在世界各地举办的上百个专业活动,通过与外交部、文化处、法语联盟和大使馆等机构的合作,在国外建立了强大的网络宣传系统,以推广和销售法国报刊,是向海外介绍和推广法国刊物的主要组织。

日本书籍出版协会设立了国际委员会,负责向海外介绍日本出版业的现状,推动国际交流,组织会员出版社参加国际出版联盟的活动及与海外出版社进行国际交流。为了实现出版业扩张的思路,它每年在东京举办一次旨在宣传推广日本图书的东京国际书展,该书展目前已经成为继德国法兰克福书展之后世界范围内影响较大的书展之一。同时,该协会还成立了亚洲太平洋出版联盟事务局,致力于介绍海外出版信息,解决国际出版问题,向亚洲各国推介日本出版物以扩大日本出版业的海外影响,为日本出版业的亚洲扩张发挥了重要作用。

为了更好地向世界推广韩国文化形象,韩国的大韩出版文化协会充分利用其国际出版协会(IPA)会长和亚洲太平洋各国出版协会(APPA)常任理事的便利,在国际舞台上极力宣传推广韩国出版业及其出版物,举办了第一届国际图像童话园画展及插图工作室,举办了首尔世界图书展,与联合国教科文组织共同举办了国际图书年首发式,召开了亚洲太平洋出版协会总会等,为韩国出版业和韩国文化的海外扩张做出了巨大贡献。

(4)行业服务策略

为会员单位提供服务是世界其他国家大多数出版行业组织的根本宗旨,[①]我国出版行业组织也不能例外。但是,"中国的出版行业组织目前除了一些奖项评选和对外联络的职能外,并

---

① 余敏.国外出版业宏观管理体系研究[M].北京:中国书籍出版社,2004:28.

没有真正发挥一个行业组织应有的作用"①，与西方出版业发达国家出版行业组织相比，我国出版行业组织的服务性功能明显弱势，这种倾向在中国出版业"走出去"过程中的表现更为明显。因此，行业服务策略要求我国出版行业组织清楚认识到，中国出版业"走出去"过程中对出版行业组织服务的需要，认识到自身行业服务的重要和目前存在的现实差距，强化和培养服务意识，搭建全国统一的版权输出信息平台和服务网络体系，有针对性地定期或不定期举办版权输出研讨会、经验交流会和版权输出业务培训班，规范行业制度和版权输出活动，消除中国出版业"走出去"过程中的不正当竞争。这种策略可以进一步细分为以下三类子策略：

◆　第一，信息服务

这一策略的核心是由全行业规模最大的出版行业组织牵头，按照市场机制筹建开放实用的图书版权贸易信息库，最终目标是构建全国统一、开放的涵盖全国出版的所有图书的版权贸易交易平台。具体内容包括各会员单位的重点图书（包括拟进行版权输出的图书）的内容介绍、作者介绍、出版者介绍、国内市场销售状况、读者反映以及图书基本信息介绍等，按照市场机制进行组织管理，每介绍一本图书信息征收一定的信息费以维护网站的正常运营，条件成熟时直接在网站上进行图书版权贸易的在线交易。

此外，信息策略还强调出版行业组织要积极、主动地向其会员出版单位提供与中国图书走向世界相关的其他各类信息服务，以资促进和推动。西方出版业发达国家的出版行业组织在这方面为我们提供了很好的经验借鉴。如美国出版商协会向会员提供国际图书市场的动态信息；英国出版商协会向会员提供

① 余敏.国外出版业宏观管理体系研究 [M].北京：中国书籍出版社，2004：85.

国际图书市场商情，包括列出多种包含图书和教育元素在内的海外发展援助项目"BDCI 援助信息摘要"，以及与英国议会一同开发全球出版信息项目。此外，还出版世界主要图书市场的报告，为会员提供尽可能详细的海外市场信息服务。法国全国出版联合会除出版一种月刊以外，每年还出版进出口数据报告；法国出版业国际署的研究部为法国出版商提供图书出口的版权转让市场信息和包含海外市场在内的综合研究报告。德国书商及出版商协会协助出版《德国图书商报》，为德国出版业提供权威性的信息咨询服务。此外，协会还出版《德国国家书目提要》和收录有全德国市场可供销售的 100 多万种图书书目的《德国书籍目录》，向全世界提供详细、准确的德国书目信息，为德国书业的海外扩张开通了顺畅的信息渠道。俄罗斯图书出版商协会早在 2002 年初就开通了自己的网站，为会员提供信息服务，出版商们可以在该网站上免费发布在"国际智力市场"①公司网站上准备出版的图书。

第二，会展服务

这一策略包括两方面内容。一是强调出版行业组织积极承办国内大型的国际性书展，借此平台促进交流；二是强调出版行业组织积极主动地组织会员单位参加每年在世界各地举行的各种类型的国际书展。这一策略国内出版行业组织近年来已有一定的运用，同时，海外出版业发达国家行业组织的做法也提供了很好的借鉴。如日本书籍出版协会举办了东京国际书展，俄罗斯图书销售商协会组织了莫斯科国际书展，等等。法国出版业国际署组织会员参加在世界各地举办的图书展览和图书交易会。英国出版商协会组织会员参加国际交易会，展出对出版公司来说是最有效的测试市场和吸引客户的方法。英国出版商

---

① "国际智力市场"是俄罗斯的一个电子商务中心，汇集了众多读者预先订购的图书的订单。

协会作为英国出版行业组织在国际舞台上表现最为积极的典型代表，积极组织英国出版商参加各种国际书展。德国书商及出版商协会除每年举办一次法兰克福书展外，还通过协会下属负责筹备书展的公司帮助德国出版业进行德国图书的海外推广。此外，协会自身还代表德国出版业参加世界各地举行的书展。

第三，培训服务

这一策略要求国内出版行业组织进行有针对性的出版行业培训，以提高国内出版企业"走出去"的基本技能和方法。目前，国内出版行业组织虽然也组织了一些行业培训活动，但对中国图书走向世界这一兼有跨国性质的经营活动而言，这类培训活动的针对性不强，在中国图书走向世界方面的作用也十分有限。国外出版业发达国家的出版行业组织在本国出版业海外扩张过程中却进行了积极的努力和尝试，这同样为我们提供了经验借鉴。如国外很多国家规模较大的出版行业组织都创立了专门的培训学校，负责对会员和其他相关人员进行业务培训，提供培训服务。① 在西方出版业海外扩张过程中，与涉外业务相关的培训内容占据相当的比例。如加拿大书商协会每年进行图书营销培训，国际市场图书营销是其重要内容。法国出版业国际署为了促进在国外销售法国图书的书商网络信息的发展和行业交流，专门为海外书商开办培训班，帮助他们深入了解法国出版业的图书出版状况，更好地掌握图书进货、储存和销售情况；法国全国出版联合会根据行业特点和最新发展需要，协助出版职业学校制定培训计划和组织职工培训活动。随着法国出版业海外扩张步伐的加快，与图书出口、版权输出及海外市

---

① 德国、英国、日本等国家的出版行业协会都有自己专门的教育与培训学校，负责对会员和即将进入出版、发行行业的人员进行培训。还有一些出版行业协会通过与高校、科研机构合作对会员进行不同形式的培训。

场调研方法等有关的培训内容呈上升趋势。 德国书商及出版商协会是德国出版业培训领域中最权威的机构之一，它的一项主要工作就是职业培训和相关专业教育。 随着德国出版业海外扩张的深入，涉外业务的培训力度也不断加大。 1993 年，德国书业协会与贝塔斯曼基金会共同创建了德国书业研究院，培养图书出版贸易界的领导人和领导后备力量，研究院举办的研讨会每次最多为时一周，重点传授书业企业领导的组织和调控技巧。 1994 年共举办 17 次这样的研讨会，197 人参加，1995 年达到 379 人。①

6.3　基于图书出版企业的微观策略

国内出版企业是中国出版业"走出去"进行国际化经营的实际执行者和"走出去"目的的实现者，充当着"走出去"的主体角色。 不论是图书商品贸易还是图书版权贸易或者海外直接投资，最终都要归结为海外图书市场上的交易行为。 新制度经济学认为，交易是人与人之间的"交互影响的行动"②，是"产品或服务从一种技术边界向另一种技术边界的转移，由此宣告一个行为阶段的结束和另一个行为阶段的开始"③，是"专业化与分工条件下不同的个体和单位组织之间的需求差异而导致的技术上可分的产品和服务在不同的主体之间的让渡"④。 交易过程中人的"有限理性"和"机会主义"的存在，与特定交易有

①　余敏.国外出版行业协会研究［M］.北京：中国书籍出版社，2005：143.

②　康芒斯.制度经济学［M］.于树生，译.北京：商务印书馆，1962：92.

③　奥利弗·E·威廉姆斯.资本主义经济制度［M］.段毅才，王伟，译.北京：商务印书馆，2002：8.

④　杨德才.新制度经济学［M］.南京：南京大学出版社，2007：30.

关的"资产专用性"、"交易的不确定性"和"交易频率"的因素以及交易市场环境因素的复杂多变,使市场经济条件下的交易活动必然存在着交易费用,即"利用价格机制的成本"[①]、"是规定和实施构成交易基础的契约的成本,因而包含了那些经济从贸易中获取的政治和经济组织的所有成本"[②],恰当的企业规制与企业策略能有效降低这种交易成本。因此,国内出版企业在"走出去"进行国际化经营时合适制度的制定与合适策略的实施必将有助于中国出版业"走出去",这种策略措施可大致分为经营性策略与内容性策略两大类型。

6.3.1 "走出去"出版企业的经营性策略

前文指出,中国出版业"走出去"实际上是国内出版企业的一种国际化经营。这种国际化经营大致涉及具体的日常经营活动和图书内容经营两个方面。日常经营活动过程中涉及的策略、措施主要有跨国经营的本土化策略、操作人员的专业化策略、图书推出的品牌化策略、版权输出的代理化策略、版权推出的集团化策略、对外推介的形象化策略、版权输出的合作化策略等。

（一）跨国经营的本土化策略[③]

本土化是现代跨国经营中的基础性战略,有利于跨国经营企业获得一种"特别的力量",有利于形成一种"资源外取的能力和机会",[④]中国出版业的跨国经营也不可能例外。

---

① 科斯.企业的性质//现代制度经济学:上卷.北京:北京大学出版社,2003:106.
② 诺思.交易成本、制度和经济史 [J].经济译文,1994(2):36.
③ 潘文年.中国出版业"走出去":跨国经营的本土化分析 [J].中国出版,2010(17):30-33.
④ 雷蒙德·弗农,小路易斯·T·威尔斯.国际企业的经济环境 [M].沈根荣,译.上海:上海三联书店,1990:14.

（1）本土化的内涵分析

中国出版业跨国经营是在完全不同于国内的政治、经济、文化环境中进行的。按照国际经济学理论，这种情况下从事跨国经营的海外出版分公司需要在经营过程中实施一系列的本土化运作，这样才能有效地防范各种潜在的政治、经济和文化风险，有效地推动全球化经营和图书出版业务在全球范围内的迅速扩张。因此，中国出版业跨国经营时的本土化是指海外出版分公司为了尽快适应东道国的政治、经济和文化环境，淡化经营过程中的母国色彩，在东道国从事图书的选题组稿、编辑加工到印刷制作、图书营销的一系列经营活动过程中都尽可能地考虑本地因素，努力融入东道国或当地的读者群体与图书市场并与之进行有机整合，尽力与当地出版公司打成一片，使自己成为一个对当地有贡献甚至是不可或缺的地道的当地出版公司的一种过程。这种本土化实际上是海外出版分公司与东道国所寻求的一种战略协调模式，是把图书的选题、组稿、加工、制作、管理、营销等经营活动全方位融入东道国经济、文化、政治背景之中的一种过程，也是承担东道国公民相应责任、履行公民相应义务，把自身的企业文化融入和根植于当地文化的一种过程。它一方面有利于海外出版分公司策划、编辑、出版的图书更好地适合当地读者的阅读口味，满足他们的文化需求，同时节省了国内总公司往海外出版分公司派遣人员从事跨国经营与管理的高昂费用；另一方面本土化也有利于促进海外出版分公司与当地的文化融合，减少海外出版分公司与当地的文化冲突与文化风险，化解当地社会对外来资本的敌对情结与危机情绪，有利于东道国的经济安全、扩大就业以及加速与国际接轨。

（2）本土化的原因分析

中国出版业的跨国经营是在与国内完全不同的背景下进行的，强调跨国经营的本土化主要是基于以下四个方面的原因：

第一，社会环境的原因

海外出版分公司的跨国经营是在完全陌生的环境中进行的，面临的社会环境与国内相比存在着巨大的差别。陌生的政治制度、陌生的法律条文、陌生的文化观念和陌生的道德伦理等众多的社会环境因素都会对这种跨国经营产生制约和影响，致使经营效益降低，经营风险暗伏。因此，海外出版分公司需要积极分析和深入了解这些因素的内涵、性质、特征、影响方式以及适应的途径和技巧，为本土化做相应的前期准备。

第二，经济成本的原因

国内出版企业跨国经营的成本包括生产性成本和非生产性成本两部分。非生产性成本主要包括国内总公司派往海外的经营管理人员的收入（包括国内给付的工资、国外派遣的收入及各种补贴）、搬家费、交通费、住宅补助费、公假旅游费、教育培训费以及社会保障费等。跨国经营时，这种非生产性成本往往非常巨大，且呈现不断上升趋势，甚至在一定意义上抵消了跨国经营的收益。日本学者安室宪在一项研究中指出，一个中等规模的跨国企业派驻海外人员的年人均成本是 1200 万日元，假如该公司每年派驻海外人员（仅限高级管理人员）10 人，仅此一项开支就超过 1 亿日元，再加上其他开支则此项费用更高，而一个中等规模的跨国企业海外年均收益（指净收益）不过 1 亿日元。①

第三，贸易保护的原因

与电影、电视、音像等一样，出版业跨国经营的最终成果——图书——也是一种凝结着不同国家和民族价值观、思想和意义的文化商品，与一般意义上的商品明显不同，它"传达着一种观念、价值和生活方式，反映了一个国家的多重身份及

---

① 赵曙明. 国际企业：组织、环境与战略 [M]. 南京：南京大学出版社，1995：260.

其公民的创新的多样性"①。 如果完全遵照国际贸易的最惠国待遇原则和国民待遇原则处理，势必破坏一些国家和民族的文化独特性及其独特地位，因此，一些国家倡导国际贸易中的"文化例外"，以寻求"一种机制能够使本国的文化生产保持在一定的水平上并有所发展，以反映当地文化的表达形式，避免趣味和习惯的标准化及文化的同质化"②。 这种"默认的理解"③使中国出版业在跨国经营中难免会遇到来自部分国家的关税壁垒、非关税壁垒和投资壁垒的不同形式的保护性障碍。

第四，经营距离的原因

国内出版总公司远离自己的海外出版分公司，很难获得实施远程战略管理所必需的全部、真实的信息；不同的海外出版分公司位于有着不同的政治、经济、社会和文化环境的国家和地区，必须依据这些国家和地区的实际情况开展跨国经营，国内出版总公司的管理和指导不可能完全按照一种模式进行；包括文化因素在内的各种经常性冲突因素的存在及其在跨国经营中发生的作用，使海外出版分支机构很容易遭受一定的效率损失。 这种"经营距离"的制约使国内出版总公司不可能进行完全有效的指导，本土化势在必行而又理所当然。

（3）本土化策略的主要内容

中国出版业跨国经营本土化的过程，也是海外出版分公司实施跨国经营时尽可能地把自己逐步融入当地社会、经济、文化体系的过程，本土化策略具体包括以下内容：

---

① 李怀亮. 当代国际文化贸易与文化竞争. 广州：广东人民出版社，2005：119.
② 李怀亮. 当代国际文化贸易与文化竞争. 广州：广东人民出版社，2005：123.
③ 李怀亮. 当代国际文化贸易与文化竞争. 广州：广东人民出版社，2005：119.

第一，企业员工本土化

一般来说，海外出版分公司的企业员工包括"一般员工"和"管理人员"两部分。"一般员工"指从事图书的选题组稿、编辑加工、装帧印制、发行营销以及财务等方面工作的员工；"管理人员"指海外出版分公司承担中层以上管理工作的那部分具有一定领导职务的员工。成本的制约和图书生产的特殊性使得上述"一般员工"不可能完全由国内派遣，只能通过"本土化"的方式在当地直接聘请；"管理人员"的本土化则需要经历一个较为明显的发展过程。跨国经营的初始阶段，为了有效转移国内的编辑出版理念、经营方式和管理方法等，国内总部常采用管理人员海外派遣的方式，由被派遣人员直接担任海外出版分公司中层以上管理领导职务，他们被赋予一定的职权，是海外出版分公司日常经营的主要决策者。但是，随着跨国经营的逐步深入以及海外出版分公司与东道国本地关系的深层次发展，在双方关系趋于融洽的同时，有些方面也在不断地形成和积累着各种各样的矛盾和冲突，影响跨国经营的实际成效。这种情况下，适时地采取管理人员本土化和管理职务本土化，从当地直接选聘合适的出版经营管理人员进入相应岗位，将有助于这些矛盾和冲突的消融，提高跨国经营的效益。由此可以看出，"管理人员"的本土化过程实际上是海外出版分公司的经营管理职权（特别是核心职权）由国内总公司派遣向东道国本土经营管理人员迁徙、转换的过程。

第二，企业资金本土化

海外出版分公司的跨国经营离不开充裕的资金。这些资金除跨国经营初期由国内总公司进行一部分直接投资外，后期运营及进一步发展所需要的资金则主要通过资金本土化的方式进行筹集。这种本土化包括两方面内容：一是融资本土化，主要指海外出版分公司通过东道国当地资本市场直接进行融资，以获取重大出版项目及出版业务的扩展和图书市场的开拓所需要的资金。 这可以通过推进分公司的海外上市（独立上市或借壳上市）、发行企业债券、当地金融机构间接融资等途径来进行。这种融资本土化可以使海外出版分公司"借船渡海"，在促进业务扩展和市场开拓的同时，也加深了海外分公司本土化的深度，有利于进一步融入当地的社会、经济、文化体系。 二是经营利润再投资，主要指海外出版分公司把在当地图书市场的经营利润转换为生产性资本，用于扩大再生产或出版业务的深度扩展。 这种方式一方面有利于海外出版分公司的资本积累和出版规模的总体扩张，另一方面有利于减少国内总公司的资本投入，有利于国内总公司在全球范围内进行资本的优化配置，同时，也有利于东道国当地的经济发展和文化繁荣，提高就业率，因而会受到当地政府和民众的强烈支持。

第三，生产销售本土化

除了文化传播这一根本性目的外，中国出版业跨国经营的主要目的是为了进一步贴近海外图书市场，更好地了解海外读者的阅读需求、阅读偏好及其变化，以便向海外读者提供更适合他们需要的中国题材的图书，而这一目的的实现必然离不开图书生产与销售的本土化。 这种本土化的内容主要有：第一，选题本土化。 尽可能选聘当地员工担任责任编辑，让他们在对当地图书市场和读者状况进行充分调研的基础上，策划出符合当地读者阅读口味和阅读兴趣的中国题材的选题，如外文局与香港联合出版集团在美国成立的长河出版社就采用了"市场调研和选题策划在国外，推广发行在国外"的"两头在外"的本土化战略，有效推进了中国内容的图书真正进入美国主流图书市场。① 第二，组稿本土化。 符合当地读者阅读口味和阅读需求的选题只有邀请精通中国文化的当地学者、专家来撰写，才

---

① 张翠侠.中国外文局率先"走出去" 初建美国出版本土化平台
　 [N].中国图书商报,2006－8－22：006 版.

更显原汁原味。 第三，编辑加工本土化。 选聘当地员工对完成的书稿进行编辑加工，这样更能体现出当地的语言习惯和表达方式。 第四，装帧设计本土化。 不同的国家和地区有不同的文化传统与风俗习惯，对图书内容的版式设计、封面的色彩和图案都有着各自特殊的要求，当地员工进行的本土化装帧设计更能迎合当地读者的阅读习惯。 第五，发行营销的本土化。一方面选用熟悉当地图书市场运行状况、了解当地读者情况的本地员工担任发行营销人员；另一方面设法进入当地主流发行渠道，这种渠道更便于图书的推广和市场占有率的提高，如中国民营书业在海外的第一家出版社——新经典出版社为了实现"把新经典办成一家英国本土公司"的目标，发行渠道上选择由兰登书屋代理新经典的发行业务，一举打通了英国、美国等欧美市场以及印度、新加坡等国的亚洲市场。①

第四，运营管理本土化

海外投资项目的日益增多、跨国经营规模的逐步扩张和当地图书市场的不断开拓，使国内出版业跨国经营的管理日趋复杂，难度日趋加大，国内出版总公司集中管理的效率明显降低，海外出版分公司运营管理的本土化日益迫切。 这种本土化的方式主要有：第一，把国内出版总公司的经营理念和管理方法通过适当的方式和途径有效转移到海外出版分公司，实现管理理念与方法的有机整合，以保证和提高跨国经营的运营管理效率。 第二，为实现这种理念与方法有机整合的有效进行，国内出版总公司需要及时派遣管理教育经理到海外出版分公司进行管理理念与方法的教育，向当地管理人员宣传、灌输和普及国内出版总公司的管理理念和管理思想，通过一系列的途径和方法不断提高海外出版分公司管理人员的管理效率和工作效

---

① 黄永军. 开拓海外图书市场的本土化道路探索 [J]. 出版广角，2009（10）：66-68.

率。　第三，海外出版分公司建立、健全行之有效的人力资源开
发管理机制，选拔通晓当地文化传统、精通出版经营与管理、
熟悉当地图书市场的本地优秀经营管理人员，通过系统化的专
门培训，努力提高他们的管理水平，并促进其管理理念、管理
思想与国内出版总公司的趋同与一致。　第四，有计划、有步骤
地提升当地管理人员的管理职务和管理权限，提供诸如选题策
划、市场开拓、图书营销等核心业务的经营、管理机会，建立
合理、规范的激励保障机制，培育他们对海外出版分公司的忠
诚精神。

第五，企业文化本土化

海外出版分公司经过一段时间的跨国经营会逐步由经营理
念、团队精神、公司形象、社会声誉和企业价值观等相互作用
而形成一种企业文化，这种企业文化实质上是海外出版分公司
的一种精神系统和进一步发展的精神导向，它通过为当地读者
提供优秀图书产品和服务而渗透到东道国的社会意识和消费意
识中，最集中充分地反映了海外出版分公司的海外战略愿景和
经营理念，成为其海外社会定位的基本标识。　但是，一方面，
海外出版分公司是一个多元文化的结合体，不同类型的文化、
不同文化背景的员工彼此之间的冲突、摩擦和理解与交流的障
碍难以避免；另一方面，海外出版分公司的跨国经营是在一个
与国内完全不同的文化背景下进行的，不同区域、不同民族、
不同组织、不同个人之间的"文化的差异性有可能导致来自不
同文化背景的人与人之间的文化冲突"①、文化误解。　这些文
化障碍和文化风险常会使跨国经营遭遇各种各样的陌生理念、
陌生行为和处事方式，影响企业文化的形成和建构，降低跨国
经营的管理效率，而企业文化的本土化则可以有效地消弭文化

---

① 唐晓华，王伟光.现代国际化经营［M］.北京：经济管理出版社，
　2006：315.

冲突的不利影响、规避产生的文化风险。这种本土化主要通过文化整合来实现海外出版分公司中不同文化的相互吸引、相互融合和调和以至趋于一体。整合的方式主要有适应性整合（指海外出版分公司主动适应当地国文化，自愿被当地文化同化而产生的一种企业文化类型）、融合性整合（指海外出版分公司采取文化创新的办法融合机构内不同文化之长而形成一种企业文化类型）等。

以上分析表明，为了有效地避免或降低社会环境、经济成本、贸易保护、经营距离等多种不利因素的影响，中国出版业进行跨国经营时需要围绕企业员工、企业资金、生产销售、运用管理和企业文化五个方面全面实施本土化，以尽可能融入当地的社会、经济、文化环境，规避和防范源于经营环境差异的环境威胁和环境风险，提高跨国经营的总体效率。这种本土化的实质是海外出版分公司为了适应与国内完全不一样的经营环境而进行的一系列融入性调整。调整的意义体现在能使跨国经营更好地贴近海外图书市场、贴近读者需求，增强与当地政府和市场的合作深度从而获得不容易得到的强有力的支持，更好地发挥国际企业的经营优势。毋庸置疑，这种调整一旦到位，中国出版业的跨国经营必将大受裨益，同时，也必将为我国的新闻出版强国建设，为中国出版业进一步融入世界，为中国文化的海外传播奠定更加坚实的基础。

（二）图书推出的品牌化策略

这种策略包括两层涵义。第一层涵义是出版企业在中国出版业"走出去"、中国图书走向世界过程中要注重品牌形象的塑造，包括图书品牌和出版社品牌；第二层涵义是利用业已形成的出版品牌来推动中国图书"走出去"，扩大"走出去"的效果。

湖南出版集团总经理朱建纲曾说过这样一句话："企业的生命在于质量，企业的活力在于人才，企业的希望在于品牌。良好的图书品牌蕴涵着巨大的市场价值,可大大增强出版企业的竞争能力和抗风险能力。"①因此,国内出版企业在推动中国图书走向世界的过程中应当高度重视图书品牌的塑造和利用。 品牌是实力的象征,是一连串成功选题的积累,是长期经营、久经考验的结果,是比选题更有价值的无形资产。 其内涵可分两个层面:第一层面是创建品牌的初级阶段。 表现为出版社经过一段时间的努力逐步形成了不同于其他出版社的出书风格和个性形象,有了一定的知名度和市场占有率。 出版社的名称开始从一种单纯的文字识别符号转化为一种图书文化的象征,开始成为读者熟悉而又亲切的"代码",生成了新的附加值即其他出版社的同类书所不具备的价值。 它出版的图书会使读者产生物有所值或物超所值的感觉,花同样的钱却能得到更为丰富的精神享受和更为愉悦的情感体验。 第二个层面是创建品牌的成熟阶段即拥有一笔可观的无形资产。 无形资产是出版社创造品牌的最高阶段,这时出版社的名称已从其所代表的实体中分离出来,从一般意义上的文化象征进一步转化为有使用价值和价值的"商品",成为具有潜在市场效应的社会存在,生成了新的社会财富。②

图书推出的品牌化策略立足于中国出版业"走出去"、中国图书走向世界过程中品牌形象的作用,强调在中国出版业"走出去"过程中应当设法采取各种措施、通过一定的步骤努力塑造出版社的品牌形象。 这种品牌形象的塑造是一项复杂的系统工程,可以通过以下两条途径来实现:

第一,依靠自身力量形成品牌

① 朱建纲.形成立体概念 构筑全新品牌 [J].出版参考,2003(9)下旬刊:4.

② 朱胜龙.品牌竞争——出版竞争的制高点 [J].新闻出版导刊,2002(6):41-42.

主要是出版社在出版实践中结合自身的出版战略、出书特点和优势出版资源，对自己进行准确的市场定位，长期专注于某一类图书的出版，注重其质量和品位，同时加强图书的市场营销策划和出版社的形象宣传，久而久之必能有所建树，逐步造就一系列品牌图书，形成自己总体独特的出书风格，在读者中间产生了一种无形的亲和力和优势影响，形成了出版社独特的品牌形象。例如，浙江少年儿童出版社长期以来一直把原创儿童图书作为自己的战略重点，非常重视儿童图书的质量管理和市场营销，在出书结构上，原创图书一直占到整个品种的70％以上，尤其在原创儿童文学图书方面更是投入了很大的精力，他们策划的"红帆船丛书"和"中国幽默儿童文学创作丛书"是国内原创儿童文学的著名品牌；原创科普百科读物《走进博物馆丛书》、《科学改变人类生活的 100 个瞬间》、低幼读物"儿童诵读系列"、《完全妈妈丛书》等，无论是创意、内容还是制作水平都足以与国外同类图书相媲美。在全国少儿图书市场占有率排行榜中浙少社已连续三年名列前三位，自 2002 年6 月起更是跃居第一，在我国出版界树立了自己儿童图书出版的总体出版形象。

第二，借助他山之力构筑品牌

出版社在出版实践中根据自己的出版战略、市场定位、图书结构和出书特色，确定自己版权引进的方向和重点，使引进的图书形成一定的规模、优势和市场占有率，逐步形成自己的特色出版，借此构筑和提升出版社的总体品牌形象。例如，四川教育出版社总结出自己的出版优势在于教育和心理类图书的出版上，但尚未形成自己总的品牌形象。因此，出版社积极开拓国际出版资源，大力开展国外相关品牌图书的版权引进工作，主要集中在两套图书的版权引进上：一是当代教育前沿译丛，现已引进《给小学教师的 500 个忠告》，策划引进《文化与教育：基础教育比较研究》和《教育的叙事研究》；二是大众心理健康译丛，现已引进《儿童的心看得见吗》，策划引进《失去控制力》、《无恐惧爱》、《无恐惧生活》等，通过系列引进，四川教育出版社在引进品牌图书的同时也引进了世界一流的出版理念和操作模式，改变了自己单纯出版一般教材教辅的图书结构，带动了一般图书的开发，进而优化结构，构筑了四川教育社教育图书的总体出版形象。 又如，浙江教育出版社是以百科类图书为出版特色的出版社，中国作者原创的《中国少年儿童百科全书》、《世界科普画廊》等优秀品牌图书都是该社的拳头产品，代表了该社的总体出版形象。 为了进一步强化自己的特色出版，巩固自己的品牌形象，浙江教育出版社在开展版权贸易时积极在国际范围内寻找与自己的出版特色相一致的合作伙伴，大力引进能巩固和提升自己品牌形象的国际品牌图书。 为此，浙江教育出版社从以出版百科类图书闻名全球的法国拉鲁斯出版集团购买了《拉鲁斯青少年百科全书》的简体中文版；考虑到现代人们越来越渴望接近大自然、了解大自然的需求，又决定引进该集团下属的 SPL 公司一直在出版的一系列介绍世界各地珍稀野生生物的杂志（该杂志刊登了大量动物学家考察所得的珍贵资料和拍摄的照片），以图书的形式进行出版。 经重新策划出版了《狩猎明星》、《最后的贵族》、《西部的英雄》等八本书，丛书命名为《世界野生动物百科全书》，共介绍了72种动物。 该书成为浙江教育出版社百科类图书系列品牌中一个新的品牌，充实并提升了出版社的整体品牌形象。

中国出版业"走出去"过程中，品牌形象的塑造可以通过以下主要策略进行：

第一，人才资源策略

人才资源是出版社塑造品牌形象的关键。 出版社品牌形象的塑造广泛涉及编辑、出版、发行、市场营销、广告宣传、市场策划、财务、企业管理等各方面人才。 因此，出版社应大力实施人才资源战略，引进和培养一流的编辑出版人员、一流的发行营销人员、一流的宣传策划人员和一流的企业管理人员,高度重视对各类人才的开发和利用,设法为他们各尽所能创造一个良好的外部环境,采取奖惩和激励机制,以充分调动他们的工作积极性、激发他们对企业的亲和力和凝聚力,从而为出版社的品牌战略提供强有力的人才保证。

第二,市场定位策略

结合自身的实际情况进行准确的市场定位是出版社塑造品牌形象的基础。因此,出版社要结合自身的经营特点和资源优势,适应多层次、多元化的读者需求趋势和细而窄、专而深的图书市场特点,把自己的策划优势和一定的市场需求结合起来,找准选题策划的突破口,对自己进行准确的市场定位,然后,在单个选题成功的基础上,再向纵深开掘,综合运用营销、宣传、管理手段,逐渐将选题做大做强,最后形成品牌。如金盾出版社成立之初就从自身的实际出发,确定了"少讲为什么,多讲怎么办"的图书选题策划思路,将自己定位于农村科普图书的出版上,经过多年的苦心经营,终于在这一领域形成了自己的特色和优势,树立了自己在这一领域的品牌形象;被称为南方音乐码头的湖南文艺出版社在准确把握市场的基础上将自己准确定位于钢琴类图书的出版上,推出了从封面设计到版式、印刷均为一流的"钢琴家之旅"丛书《跟我学》(6种),并在国内首次引进了德国骑熊人音乐出版社出版的《贝多芬交响乐总谱全集》(1—9),从而确立了自己在这一领域的领先地位,等等。这些都是由于市场定位准确而形成自己特色品牌的成功范例。

第三,质量管理策略

图书的质量是出版企业的生命线和立社之本,是出版社品牌创建的核心内容。因此,出版社在品牌形象的塑造过程中应强化图书的质量管理,建立和健全出版社图书质量保障体系,以确保图书的内容、编校、装帧设计、印刷装订等全方位的高质量。　首先，加强编辑队伍和作者队伍建设。出版社要加强对编辑人员的培养和引导，不断提高他们的政治素质和业务素质，同时积极挖掘和开发优秀的作者资源。　这是出版社核心竞争力的根本，品牌建设的关键。　其次，严格审定选题。　要求每个选题都有详细的选题报告，成立选题审批委员会，负责选题的论证和审批，以减少选题的盲目性和无效性，避免平庸之作和人情图书。　再次，规范工作流程。　建立和健全严格的规章制度和工作流程，做到有章可循、有据可查、责任明确、奖惩分明，保证"三审三校"的严格到位和执行，以确保图书质量，提高工作效率，规范日常工作。　第四，严格质量检查。　即出版社成立图书质检部门，在图书开印之前对图书的质量进行全面的检查，使之达到合格品以上，不合格的图书必须重新返工直到合格为止。　第五，建立反馈机制。　图书推向市场以后要及时进行市场调查以了解读者对图书质量情况的反映，并把有关的反馈信息及时传递给作者和编辑人员。　第六，实施质量认证。　目前，国内已经有出版社（如电子工业出版社）完成了ISO9000系列质量认证，自觉接受国际标准化组织的质量监督。

第四，广告宣传策略

指为扩大出版社品牌图书以及出版社自身品牌形象的知名度而提出的广告决策、广告计划以及实施广告决策、检验广告决策的全过程所做的预先的考虑和设想，它是一个系统性的工程。　出版社品牌图书的培育和品牌形象的塑造离不开广告宣传，只有进行强有力的宣传活动，出版社的优质图书和出版社的自身形象才能为读者所知晓所接受并在心目中留下强烈的印象，才能迅速占领市场，产生品牌效应。　据了解，英美等国家的图书宣传投入占到了图书定价的10%左右，重点书的投入则更高，相比之下，我国出版社的广告宣传投入明显偏低，致使一些图书在市场上的品牌地位难以确立。　因此，出版社应调动各种手段，根据不同类型的图书采取不同形式的宣传方式，设法在各种媒体上宣传自己的精品图书和自己的出版社，这对于出版社品牌图书的创建和品牌形象的塑造具有非常重要的意义。华东师大出版社1997年以前几乎没有广告投入，1998年开始有效利用各种媒体做企业形象宣传和图书宣传，当年广告投入达100万元左右，1999年更是达到150万元，占到年度销售码洋的1.5％，在读者心目中树立了良好的社会形象，初步在市场上形成了"华东师大版"的良好品牌。

第五，营销策划策略

广告宣传侧重的是宣传、介绍，营销策划侧重的是品牌图书的市场营销，在品牌图书的市场占有率大大提高的时候，出版社的品牌形象也就在不知不觉之中移植到读者的脑海中了。因此，出版社在品牌塑造的过程中，应跳出传统、落后的营销手段的旧框框，大力加强图书市场营销的策划含量，提升销售理念，推行销售手段，积极进行从实物营销向概念营销的转化。概念营销要求在营销策划过程中以概念先行，深刻挖掘图书所代表和折射出的社会心理和审美情趣，以恰到好处的营销诉求向读者灌输图书的概念，以有效激发、激活读者潜在的、隐含的有效阅读需求和购买需求，并将之转化为显性的优势需求。不少出版社以打造概念为突破口，引领图书消费时尚，在推出图书的同时精心"制造"出相应的消费概念，在读者心目中形成"意识造型"，使读者在对消费概念认同、内化的过程中从"要我买"变成"我要买"，从而产生购买欲望引发购买行为。

第六，品牌文化策略

品牌文化是指有利于识别出版社出版的图书或提供的服务并使之与其他出版社的图书或服务区别开来的名称、名词、标记、符号和设计，或者是这些要素的组合，是指文化特质在品牌中的沉淀，和品牌经营活动中的一切文化现象以及它们所代表的利益认知、情感属性、文化传统和个性形象等价值观念的总和。它有三大内涵特征：（一）品牌附着着特定的文化。不同的出版品牌附着着不同的文化，这种文化深藏在图书与品牌的内层，又显现在品牌的各构成要素之中，是出版社一笔巨大的财富。（二）品牌中蕴藏着民族精神。（三）品牌中蕴藏着企业经营理念。品牌正是透过其文化力去赢得读者对其标定的图书产生认同感、亲和力进而提升品牌形象、促进图书销售的。品牌是市场竞争中一种强有力的手段，又是一种文化现象，具有丰富的文化内涵。品牌是文化的载体，文化是品牌的灵魂，是凝结在品牌上的出版企业的精华。在出版社塑造品牌形象的过程中，文化必然渗透和充盈其中并发挥无可比拟的作用，它是一种催化剂，能使品牌更加具有意蕴和韵味，让消费者回味无穷，牢记品牌，从而提高了品牌的知名度和美誉度，提高品牌的市场占有率。文化内涵是提升并巩固出版社品牌形象、提升其品牌附加值、图书竞争力的原动力。因此，出版社在品牌创建过程中应积极实施品牌文化战略，加强企业的文化建设，使得从选题策划、编辑校对、出版发行到市场营销、广告宣传、企业管理等的一系列环节都沐浴在浓浓的企业文化氛围之中，让企业文化中的价值观、经营哲学、行为准则、职业道德、制度规范等深深地扎根于品牌之中，扎根于每一位员工的脑海中，扎根于每一本图书中，进而通过图书再深深地影响着每一位读者。

（三）版权推出的集团化策略

版权输出是一项系统性很强、涉及面很广的复杂工程，单个出版企业操作起来难免显得势单力薄、力不从心。因此，中国图书走向世界过程中，版权推出的集团化策略本着"1＋1＞2"的核心理念，主张出版企业输出版权时走一条联合推出的集团化之路，具体而言包括以下四方面内容：

第一，联合组团，壮大力量。版权输出业务较大的出版企业可以联合起来组建自己的版权集团，以形成合力，壮大输出版权的资源力量、人员力量、渠道力量，共同打造能够远洋海外的、不沉的版权"航母"。

第二，联合参展，集团推出。 出版企业联合起来共同参加大型国际书展，集体推出自己的版权，壮大中国版权输出的声势。 2002 年，上海市出版企业联合在俄罗斯圣彼得堡举办俄罗斯上海书展，展览现场兼办"江南情"中国画展和"今日上海"摄影展，营造了一种良好的中国江南文化氛围，于静默中吸引了大批俄国读者，有力促进了沪版图书的版权输出。 2004年，北京很多出版企业在政府的统一组织下精心挑选了 800 种优秀图书版权赴台湾地区交流。 2005 年 11 月份举行的第 57 届法兰克福国际图书博览会上，包含上海新闻出版发展公司、上海世纪出版集团、中国出版集团、辽宁出版集团、广东出版集团、外语教学与研究出版社、广东国际出版集团、山东出版集团八家单位的中国展团集体亮相，取得了引进版权 881 项，输出版权 615 项的喜人成绩，大幅度缩小了版权贸易逆差，扩大了中国文化的影响力。 最近几年国内出版集团的外出参展基本上都采取这种做法，取得了令人满意的合作效果。

第三，联合宣传，共同造势。 版权输出离不开国际宣传，出版企业可以联合起来共同策划对外宣传的方法、手段、策略和渠道，通过一种最佳的组合方式在国际上联合宣传自己的企业、自己出版的图书、中国的文化、中国的历史和现状。

第四，联合外设机构，谋求长远发展。 为了更好地开拓和利用国际图书市场，更便捷快速地传播中国文化，谋求版权输出的长远发展，出版企业还可以联手在国外创建自己的版权分支机构，直接对外宣传和输出自己的版权资源，播扬中华文明。

（四） 对外推介的形象化策略

这一策略主张出版企业首先要通过精心组织、精心策划的各种国际书展来树立自己的良好形象。出版企业可以通过书展所产生的凝聚力与辐射力来提高自身的国际形象和国际影响，借以推广自己的品牌图书、企业形象，加强与世界各大出版公司的友好往来和业务联系，让国外读者、国外出版公司和国际图书市场更多地了解和接触自己的企业、自己的精品图书，增进彼此的了解、增加相互的信任、扩大版权的输出。如中国出版集团及其所属出版企业在每届北京国际图书博览会上都精心制作大型图册《中国出版集团版权交易推介书》，通过典雅的书影和精要的文字介绍来展示集团的整体品牌形象、版权业绩和重点推介书目，以便在参展商中树立自己的良好形象；中国国际出版集团则把集团推介、产品推介与宣传中国文化与展台设计融为一体，借以营造出一种浓烈的民族文化氛围，吸引更多国外出版商的关注。

其次，通过和国外出版公司的版权合作来树立自己的良好形象。版权贸易是一项复杂的系统性工程，在和国外出版公司的版权合作过程中，出版企业严谨认真的工作态度、规范细致的业务操作以及良好的合作诚信非常有利于树立自己在国外出版公司和国外读者中的良好形象，有利于中国文化的国际传播和交流。如辽宁科技出版社在和意大利一家世界著名的建筑与室内设计出版公司初次合作时，由于选题独特、图书质量很高，具体的版权操作非常规范、严谨、守信，得到了他们的高度赞赏，树立了自己的良好形象；通过这家出版公司，辽宁科技出版社的图书不仅进入意大利图书市场，而且还通过他们的营销网络进入欧洲和美国的图书市场。

（五）版权输出的合作化策略

这一策略主张出版企业在版权输出过程中主动走出去，不断开发、创新合作模式，在资源共享、优势互补的基础上积极在海外寻找紧密的战略合作伙伴，共同策划、共同制作，努力开发海外出版资源。

　　首先，与国外出版公司建立战略合作伙伴关系，积极开展版权合作。如在 2005 年 10 月份举行的第 57 届法兰克福国际书展期间，外语教学与研究出版社和牛津大学出版社签署协议，正式结成"辞书编纂战略合作伙伴"关系，在辞书编纂领域展开积极合作，利用各自的资源、市场优势共同研究、开发合作项目。上海世纪出版集团在提高编辑人员素质和出版物内容质量的基础上，与海外出版商合作反向开发海外图书市场；牛津大学出版社和汤姆森学习集团等国际出版巨头都主动从上海世界出版集团引进英语学习读物，输出到其他国家和地区，带动了版权的输出；上海外语教育出版社与国际著名的 50 多家出版机构建立了长期的合作关系，极大地促进了版权输出。

　　其次，与国外出版公司共同合作开发出版项目，利用对方的海外渠道进入国外市场。如第 57 届法兰克福国际书展期间，辽宁出版集团与德国、韩国、加拿大达成了四方共同开展教育合作、动漫合作项目的协议，为版权输出打开了方便之门。中国出版集团与麦克米兰、托比伊迪公司达成合作意向，积极推进了版权领域的对等合作，还根据国际图书市场的需要共同策划开发适合国际市场需求的出版项目，并根据中国出版界国际合作从业人员的需要，共同策划和组织一系列的培训项目。外语教学和研究出版社则提出了自己的"对外汉语出版工程"，计划每年投资 1000 万元人民币，10 年陆续投资 1 亿元人民币，在图书出版、汉语培训及网络信息服务领域积极探索汉语产业的国际化之路，积极促进对外汉语类图书的版权输出，切实推进以汉语为载体的中国文化的国际传播。

　　再次，与国际出版公司合作组建海内外合资公司，推动版权输出。如辽宁出版集团与贝塔斯曼公司合资组建发行公司，有效提高了集团的国际知名度，为其输出出版物进入海外主流销售渠道打下了重要基础；第 57 届法兰克福书展上，外语教学与研究出版社与培生教育集团、麦克米伦教育集团成立"对外汉语出版工程"海外合资公司,凭借具有国际竞争力的产业化手段与商业模式,有效整合了外研社的对外汉语出版资源与国外先进的管理运营模式和销售渠道,很好地实现了双方的优势互补和资源整合,积极推动了外研社的版权输出和传统文化的走向世界。

最后,与国外出版公司合作在海外组建出版企业,直接从事图书的编辑、出版和发行。如辽宁出版集团在美国登记注册了大中华出版公司,与加拿大一家国际出版公司合作组建威斯塔出版公司,直接在加拿大进行选题策划、组稿和出版,有力地促进了中国文化的海外传播。中国外文出版发行事业局通过参股的方式在美国成立常和出版社,直接聘请当地美国人和华人做编辑,系统介绍中国的传统文化、语言和社会的发展,很受当地读者的欢迎,常和出版社还通过图书馆发行系统进入各地的图书馆,并与巴诺、亚马逊等各大连锁店建立了良好的供货关系,有效地使自己的图书进入了海外图书发行主渠道。2007年9月—10月间,中国出版集团公司在海外分别建立了中国出版(巴黎)有限公司、中国出版(悉尼)有限公司和中国出版国际公司(纽约)。2007年4月,中国青年出版社在英国伦敦正式成立海外分社。2007年9月,中国出版对外贸易总公司在加拿大合资新建中国现代书店列治文分店。2008年6月,国内出版业跨国并购首案——湖南出版投资控股集团并购韩国阿里泉出版株式会社顺利完成。2008年7月8日,我国在国外投资成立的第一家医学专业出版机构——人民卫生出版社美国有限责任公司正式宣布成立。2008年8月1日,中国出版集团公司与美国百盛公司共同投资在纽约华人聚居区法拉盛开设海外第一家新华书店分店,等等。①

---

① 潘文年.中国出版企业海外市场投资模式比较分析 [J].中国出版,2009(2):37-41.

6.3.2 "走出去"出版企业的内容性策略

中国出版业"走出去"的核心和关键是包含有中国元素和中国内容的图书的"走出去"，要使此类图书能真正走出国门、畅销海外，还需要采取一定的策略措施，包括选题策划的国际化策略、内容结构的多元化策略和内容出版的全媒体策略等。

（一）选题策划的国际化策略

这一策略要求以国际化的视角进行图书的选题策划，以提高图书选题策划的针对性，使图书内容更适合海外市场和海外读者。具体来说，这一策略包括三层涵义。

第一，选题的国际化视角

策划外向型选题时，实现选题视角的转变，把思考选题的视角从国内图书市场和满足国内读者的需求转向国际图书市场、满足海外读者的需求，全面、细致地调研输入对象国（或地区）读者的文化背景、阅读心理、风俗习惯、审美情趣以及阅读、接受方式等，尽可能地充分了解国外出版商的图书出版规划、图书品牌特征和图书选题取向，真正了解海外图书市场上的读者需求和阅读偏好，在此基础上整合自身的出版资源和其他资源，针对海外不同国家和地区特定读者群体的阅读需要进行"量体裁衣"，策划出真正符合他们的文化特点、阅读习惯，适合他们阅读口味和需要的选题。此外，也可直接邀请海外不同国家或者地区的风格各异的出版公司进行选题策划，交给国内出版社在国内进行组稿、编稿和定稿，最后把成稿通过版权贸易的方式进行对外输出，直接在国外印刷、出版。如辽宁出版集团与加拿大一家出版公司就进行了类似的合作。加拿大的这家出版公司策划的选题《中国启示录》由辽宁出版集团在国内组稿，再通过版权贸易输出加拿大，向欧美国家介绍中国历史、中国文化和改革开放后中国发生的巨大变化，取得了很大的成功。还可以效仿中国外文出版发行事业局的做法，通过参股的方式直接在国外设立出版社，有意识地将选题策划和编辑工作前移至国外，聘请国外人员担任编辑，适应当地读者的阅读需求策划选题。 最后，选题的内容上，除特有的中国元素外，应选择策划一些像环境保护、爱情、人与自然之类人类共同关心的全球性的话题，如《狼图腾》版权输出的巨大成功很大程度上是由于该书描述了人与动物如何相处、如何解决农耕文明与游牧文明的冲突等全球关注的话题，是一种没有文化差异的动物的故事。 这种选题的国际化视角可以有效防止立足国内市场所策划出的图书"走出去"时"水土不服"现象的出现，提高中国图书"走出去"的成功率。 上海世纪出版股份有限公司根据海外读者的阅读需求和阅读偏好，与全球最大的出版企业之一美国汤姆森学习出版集团共同确定"上海系列"丛书系列选题中每本图书的名称和基本内容，以保证内容准确、全面、实用，适合海外读者需求，然后由上海世纪出版股份有限公司挑选合适的作者进行编写，再将中文翻译成英语，交由汤姆森学习出版集团进行编辑加工，使丛书在出版体例和写作风格上更符合欧美读者的阅读习惯。

第二，组稿的国际化视角

外向型选题确定之后，要求作者一定要结合国外读者的文化背景、阅读习惯和审美情趣进行写作；如果国内找不到合适的作者，可以把目光转向国际市场，进行国际组稿，通过这种方式获得的稿件必然更适合国外市场需求。 如辽宁科技出版社为了进一步拓展稿源，积极在美国、法国、德国、西班牙等国建立海外图书编辑部，进行国际组稿。 辽宁出版集团在美国注册"大中华出版公司"，依托加拿大一家大出版公司组建威斯塔出版公司，直接在国外进行选题策划、组稿和出版。 科学出版社2006年出版的《几何测度引论》（英文版）和《哈密顿Ricci流》（英文版）由于定位于不存在引文阅读障碍的高级研究人员，责任编辑直接在国外进行组稿，邀请国外著名专家直接用英文进行撰写，出版英文版本，分别与美国的 International Press 和美国皇家数学学会合作出版、销售，并约定中国（含港澳台地区）由科学出版社销售，其他地区由美方销售。 上海外语教育出版社为了加强与海外出版机构和作者队伍的联系，早在 2002 年就在美国设立了出版分社以开展更加深入的版权合作。该社出版的《朗文中学英语分级阅读》、《朗文小学英语分级阅读》等的选题由上海外语教育出版社开发，但稿件的撰写由朗文出版社的外国专家完成，以地道的英语展现我国读者易理解、感兴趣的内容。 此外，一些外版图书经上海外语教育出版社引进改编后，国外出版社又反过来购买了版权，如根据《新牛津英语词典》翻译而成的《新牛津英汉双解大词典》，这也是另一层面上的国际组稿。

第三，设计的国际化视角

选题策划阶段，还应该把选题内容和输出对象国读者的文化背景、阅读习惯、阅读心理、审美标准等结合起来，设计出符合他们审美要求的装帧设计和版式设计。 如外文局通过参股方式在美国成立的常和出版社直接聘用当地美国人和华人担任编辑，不仅选题、组稿直接在美国进行，而且能结合当地读者的阅读习惯设计出他们乐于接受的封面和版式，很受当地读者欢迎。 2006 年 10 月，在第 58 届法兰克福国际书展上，山东出版集团与英国一家出版机构签署了合作开发英文版《孔子之路》的协议。 根据这份协议，《孔子之路》的文字和图片资料由中方提供，图书的整体设计、编辑印刷则由英方出版机构根据英国读者的实际需要和阅读习惯负责。

（二）内容结构的多元化策略

自 20 世纪 90 年代中期以来，我国图书版权贸易呈现出明显的集中化趋势。 一是内容的集中化。 图书内容主要集中在中国传统文化领域，它们在版权输出中占了相当大的比例。据笔者统计，2003年我国输出了以历史、地理、文化为主的社会科学类图书版权590种，占输出总数的72.75％；图书商品输出在输出种次上也存在着相对集中的倾向。二是区域的集中化。我国大陆地区版权输出的区域主要集中在亚洲地区，尤其是我国的台湾地区、香港地区和韩国，2003年我国输往这三地的版权数量之和共739种，占输出总数的91.12％。

随着我国综合国力的逐步增强、国际地位的逐步提高和大国地位的逐步巩固，除亚洲地区以外，其他地区已经有越来越多的外国人对中国表现出浓厚的兴趣，他们不仅想了解过去的中国、中国的文化和中国的传统，更想了解现在的中国社会、中国的现状和当代年青人的思想状况。这种客观需要迫切要求我国图书在"走出去"过程中力求内容结构的多元化，以满足海外读者对中国图书的多元化需求。因此，国内出版企业在推动中国图书"走出去"时需要跳出以往图书版权商品输出的拘囿，采取一种多元化的视角来审视图书版权输出和图书商品输出的内容及区域，以中国传统文化为基础，尽可能全方位地拓展其他领域的图书输出，从以往集中于中医、中国文化、经典文学方面拓展到了计算机、时政、收藏、旅游、漫画绘本、青春文学、宗教甚至唐宋诗词和音乐等门类，以及对外汉语教学和汉语考试方面的图书、生活保健方面的图书、儿童图书、反映当代中国人思想风貌的文学作品等，把一个多元化的、丰富多彩的中国展示给世界，以满足世界各地读者对中国全方位了解的渴望。

近年来，在中国图书走向世界过程中，国内一些出版企业已经敏锐地意识到这一问题的存在，自觉地贯彻实施这一策略并取得了一定的成效。如辽宁出版集团近年来把自己输出版权的图书结构在原来的传统文化类、中医中药类、保健按摩类基础上进一步增加了以《我的父亲毛泽东》为代表的领袖人物类、以《幻城》、《梦里花落知多少》为代表的现当代文学作品类、以《新日汉辞典》等语言辞书工具书类和以《中国国家能力报告》为代表的研究当代中国经济发展现状的一系列精品图书；中国社会科学出版社的《中国大战略》被通过版权输出的方式输送到韩国，吉林出版集团的"收藏入门百科"包括翡翠、奇石、古典家具和古玉、古瓷系列等，上海文艺出版社出版的《中国旅游导航——国家4A级景区全搜索》的繁体字版被输出到香港地区。 此外，版权输出时作品翻译中的"老大难"问题——古诗词——也得以翻译并输往海外，如华东师范大学出版社出版的《"轻松英语"唐宋诗词100首》的版权被输出到美国，受到很多美国读者的欢迎，取得了很好的市场销量。黄山书社出版的《图说观音菩萨》等宗教图书被输出到我国的台湾地区，很好地适应了海外图书市场的变化，满足了海外读者对中国读物多元化的阅读需求。 正因为如此，近年来我国图书版权输出和图书商品输出的内容结构正在悄悄地发生改变，介绍中国传统文化的图书虽然仍然是版权输出的重要内容，但一般性的中医、历史、旅游、饮食类图书的版权输出比例趋于下降，生活、科技类、学术类、教育类、儿童图书、青春文学等图书的版权输出比例明显上升，《狼图腾》、《尘埃落定》等一批当代文学图书的海外热销更是有力地昭示了这种改变。

图书商品贸易方面，据笔者根据新闻出版总署公布的数据统计，2003到2016年间，我国图书商品出口总体集中在哲学社会科学类、文化教育类、文学艺术类、少儿读物类和综合类五个类别，十四年间出口数量平均占比分别是14.7％、17.5％、16.5％、24.9％、19.4％，呈现出出口多样化的总体态势。 十四年间，哲学社会科学类、文化教育类、文学艺术类等大类的出口数量占出口总量的比例总体上呈逐年下降趋势，少儿类图书出口数量占比总体呈现明显的上升趋势，综合类图书出口数量占比一直较高，2008 年占到出口总量的34.79％。十四年间出口数量平均占比是 19.4％，呈现出较高的比例。这表明，我国图书商品输出从内容角度看近年来也在向多元化方向发展（表6-3）。

表6-3　2003—2016 年间我国图书商品输出数量占输出总量的比例

年份 ＼ 类别	哲学社会科学类	文化教育类	文学艺术类	少儿读物类	综合类
2003	19.87％	14.81％	19.29％	12.53％	24.96％
2004	16.57	18.6％	17.43％	16.45％	20.74％
2005	22.01％	22.01％	20.9％	10.71％	18.29％
2006	25.64％	19.14％	21.2％	6.9％	16.96％
2007	16.09％	23.49％	22.1％	10.01％	19.59％
2008	18.69％	15.96％	16.15％	9.83％	34.79％
2009	13.45％	19.84％	16.82％	11.31％	24.16％
2010	14.89％	17.57％	18.34％	19.86％	20.88％
2011	11.86％	18.47％	16.90％	23.98％	22.00％
2012	9.93％	13.41％	14.82％	36.93％	18.78％
2013	9.18％	22.23％	11.71％	41.69％	11.60％
2014	7.62％	14.75％	9.82％	55.06％	9.92％
2015	10.09％	13.51％	12.73％	43.49％	16.36％
2016	10.07％	10.90％	13.05％	50.33％	12.26％
平均	14.7％	17.5％	16.5％	24.9％	19.4％

（资料来源：根据新闻出版广电总局历年《新闻出版业基本情况》统计数据计算所得）

（三）内容出版的全媒体策略①

人类已进入数字化时代，各种新型媒体层出不穷。同一内容的全媒体形态呈现为出版业发展开拓了广阔的发展空间，也为中国出版业"走出去"提供了一个全新的思路，相应的全媒体出版策略在中国出版业"走出去"过程中值得高度重视，国内全媒体出版的成功案例则为此提供了很好的经验借鉴。

时代新媒体出版社是时代出版传媒股份有限公司旗下唯一一家专业从事数字出版的单位。据统计，时代新媒体出版社发展至今，共积累有1500多种内容，包括数万小时的视频内容和数千小时的音频内容，且每年以一定规模的速度持续增加。2013年出版社共新出光盘83种，重印38种；制作有声读物300多部，近500小时；录制IPTV（交互式网络电视）节目共7个产品包，1000多个小时。②2009年，时代新媒体出版社提出了"立体化"出版方案，随即开始与保健大使戴光强合作制作健康新概念系列节目。2010年6月"戴光强健康新概念"系列产品推出以来，一直保持强劲的销售势头。该系列已经成为出版社的一大品牌，大大增强了出版社的品牌影响力。2012年6月，为更好地拓展市场，"戴光强健康新概念编辑部"在时代新媒体出版社成立，首创作者在出版社直接成立编辑部的合作模式，开始了出版社与作者的全方位合作。

"戴光强健康新概念"系列是时代新媒体出版社重点打造的拳头产品之一。时代新媒体出版社充分挖掘内容资源的价值，采用"立体化的全媒体出版"思路进行推广。合作至今，出版

---

① 潘文年，何培瑶.新媒体环境下电子音像出版社全媒体出版策略分析——以开发出版"戴光强健康新概念"为例[J].中国出版，2015（7）：40-44.

② 数据来源于时代新媒体出版社总编办。

社共出版《吃的新概念》等 4 套盘配书读物,《怎样喝出健康》、《让生命远离猝死之痛》等 8 种 DVD 光盘（数字多功能光盘）, 录制了 20 多种 IPTV（交互式网络电视）视频, 内容涵盖吃、喝、运动、休息、心态等六个科学养生板块。 接入电信、联通、移动等平台后, 出版社利用自身录制设备, 将已录制视频内容的声音部分单独制作成音频文件, 上传至有声阅读平台发布。 另外, 出版社还将内容资源细化, 按小类拆分成时长在 10 分钟以内的微视频, 方便手机用户点播。 针对日益兴起的 APP（第三方应用程序）第三方应用, 出版社也及时推出适用于 Android（安卓）系统和 ios（苹果）系统的"戴光强健康新概念系列" APP。

"立体化全媒体出版"的思路为时代新媒体出版社带来了良好的经济效益与社会效益。 据初步统计,"戴光强健康新概念"系列累计销售单册盘配书读物与光盘 10 万余册, 成套销售 4000 多套; 天翼有声阅读购买用户近万, 仅安徽电信 IPTV 付费点播用户就达 1 万以上。 随着时代新媒体出版社成功接入全国各地 IPTV 和有声阅读频道, 该系列的销售量更是一路攀升。

此外, 随着戴光强教授的社会知名度不断提升, 各地政府、企事业单位举办健康讲座的邀约不断。 讲座对时代新媒体出版社来说, 不仅是一场出版社与企事业单位的合作的"会议出版", 也是一场产品宣传展销会, 更是"戴光强健康新概念"系列内容的录制现场。 据统计, 通过各类讲座现场销售的"戴光强健康新概念"系列读物 5000 余册。 这些讲座进一步提升了"戴光强健康新概念"的品牌知名度, 为出版社增加了无形价值。

1. 全媒体出版的实施条件

全媒体出版是"一种整合多种媒体形式对同一内容进行多

媒介同步发行的全新出版理念"①，包括传统出版和手机出版、网络出版、手持阅读器出版等多种出版形式，是近年来出版业的热点话题，涉及出版载体、出版机构、传播方式及传播理念的转变。 这种出版形式的优势十分明显，它丰富的传播方式融合了各种媒介的传播特点，能够以读者为中心，寻找适合读者阅读消费习惯的出版形式，吸引更多潜在读者转换成现实读者；它提高了出版社内容资源的利用率，避免了单一渠道传播带来的资源浪费；它兼顾了传统出版与数字出版，实现两者的互动双赢。 尽管如此，透过上述案例我们不难发现，制作成本、效益情况等的制约又使得并非所有的出版内容资源都可以采用全媒体出版的形式实现内容增值，换而言之，实施全媒体出版策略需要具备一定的条件。

（1）内容资源符合全媒体出版条件

内容是作品的灵魂。 一部作品采用何种出版形式才能够充分挖掘内容的价值，是编辑人员需要认真考虑的问题。 从内容角度分析看，时代新媒体出版社将"戴光强健康新概念"系列内容按照发布终端的特点和格式要求进行加工制作，实现内容一次创作，多样化出版，为读者个性化阅读提供内容定制。 这种出版形式使我们认识到，数字化、新媒体环境下出版社通过全媒体出版形式是完全可以实现内容增值的，但内容资源必须符合全媒体出版条件。 这主要体现在三个方面：

第一，选题内容能够满足读者需求，有一定的市场空间。出版物具有精神产品与物质产品的双重属性。 精神产品属性要求出版物能够满足读者的精神文化需求，也只有符合读者需求的出版产品才能有市场。 出版物是劳动产品，从选题策划到编

---

① 靳徐进，石磊．全媒体出版——出版业的趋势［J］．出版参考，2010（2）上下旬合刊：10．

辑加工再到产品发行都包含着出版工作者辛勤的劳动。 出版单位若计划将某个选题以全媒体出版方式出版，需要考虑市场需求的大小。 只有那些能够满足读者需求、读者普遍感兴趣、拥有很大的市场空间的内容才有必要考虑以全媒体出版形式制作出版，否则极易造成人力、物力资源浪费。 在新媒体环境下，读者的阅读习惯和消费习惯不同，有的习惯于传统的阅读与消费，而有的倾向于数字化的阅读与消费。 采用全媒体出版方式不仅能够满足不同消费习惯的读者，更好地为读者服务，也能同时占领线上线下两个市场，使产品更具竞争力。

第二，内容通俗易懂，适合制作音频、视频。 人们通过音频和视频获取信息时，由于声音和视频画面在播放过程中转瞬即逝，信息在脑海中一闪而过，基本没有让人细细思考的时间，人们很难通过音、视频来仔细研读深刻的内容，体味那些具有深度的语言文字。 因此，真正适合做成音、视频文件的内容都是通俗易懂，或者解说深入浅出。 而那些过于深刻，过于专业的内容即使做成了音、视频文件出版，也很有可能因为读者阅读效果不理想而难以推广。

第三，内容短小精悍，能够做成独立的微视频。 现代快节奏的生活方式和巨大的生活压力，使得人们的阅读越来越碎片化。 随着智能手机、IPAD（苹果平板电脑）等移动终端的普及，人们获取信息更加随时随地。 人们以碎片化的时间和有限的注意力，以浏览的方式在网络海量的信息中搜索自己感兴趣的内容。 阅读时间的零散性要求出版产品简洁明了、短小精悍，能够做成十几分钟的微视频放在移动终端上阅读；而有限的注意力要求内容之间相互独立，主题明确。

（2）出版单位的制作能力与所掌握的内容发布平台

全媒体出版形式包括传统的纸质书出版、光盘出版和新兴的新媒体出版形式，如手机出版、IPTV（交互式网络电视）视频、有声阅读等。 出版产品的质量与产品销售之间的关系不言自明，而影响产品质量的因素，除作者、编辑制作人员的主观因素之外，还有出版单位的制作能力，它对新媒体出版物的质量具有关键性的影响。 制作能力强的出版单位能够制作出优质的内容产品，使优秀的选题和内容锦上添花，而制作能力弱的单位即使有好的选题与内容，也会因产品质量的差异而被出版市场上同类产品所淘汰。 如前文分析，我国部分出版单位在音、视频产品制作上有着很大的优势，但是随着技术的进步，音、视频生产设备越来越先进，制作的音、视频产品清晰度更高，音质更好。 没有先进的制作设备作保障，出版单位的制作能力就显得有所欠缺，产品竞争力有限。

出版社生产的内容产品需要经过各种发行渠道才能到达读者。 传统出版环境中，谁掌握的发行渠道越多，维护越好，其出版产品的市场覆盖面就越广。 数字技术的出现和新媒体出版的兴起，改变了传统出版形式，内容产品开始以数据的形式存储在服务器中，通过网络进行传播。 随着电子商务的不断发展与成熟，出版单位在维护传统发行渠道的同时，更加大了网络渠道的建设。

全媒体出版方式中，纸质书、CD（光学光盘）等传统出版物仍以传统发行渠道销售，音、视频等内容产品则须经过各新媒体发布平台进行传播。 出版单位接入电信、联通、移动等渠道运营商，将内容产品上传至新媒体发布平台，通过与各渠道运营商合作实现产品销售。 但是我国的移动、联通、电信等三大运营商在各个省份都是独立经营的，出版单位想要接入平台须与各省单独洽谈合作业务。 因此，对于电子音像出版单位来说，其能够接入的运营平台越多，其制作的 IPTV（交互式网络电视）视频、有声阅读等内容产品发行范围就越广，就越能占有市场。 换而言之，没有足够的内容发布平台，即使采用全媒体出版方式制作出内容产品，也达不到内容增值的目的，反而造成资源的浪费。

（3）出版物产品的品牌知名度

出版物的生产需要耗费大量人力、物力和财力。将一部作品以全媒体形式出版，出版单位需要认真考虑其生产总成本和利润情况，"有利可图"才会付诸生产。市场经济条件下，品牌效应对市场的影响巨大，能够为商品生产者带来巨大的经济效益和社会效益。

传统出版活动成功打造的出版物品牌能够促进新媒体出版内容的销售。全媒体出版形式反过来又能够扩大出版物品牌的知名度。全媒体出版产品能够同时通过网络电子商务和实体销售网点进行销售，线上市场和线下市场同时铺开，扩大市场占有率。当然，其营销效果也是惊人的。新媒体时代，"全媒体出版"一词本身就是一个营销点，加上同一内容、多种形式的出版产品能够满足拥有不同阅读习惯的消费者需求，"口碑营销"、网络营销等营销方式更有利于扩大出版物的品牌知名度，从而形成良性循环。

2. 全媒体出版的盈利方式分析

全媒体出版是一种将内容资源赋予多种媒介进行出版的传播形态，通过传统出版与新媒体数字出版的协同发展，使内容资源得到最大限度的传播和利用。不同于传统出版多数情况下仅仅依靠图书销售获得收入的盈利方式，全媒体出版多样化的出版形态为出版社带来了多样化的盈利方式，在中国出版业"走出去"过程中也必将有着广泛的运用。

（1）实体出版物销售

传统出版社中有的以图书出版为主，有的以出版音像制品为主，磁带、录像带、DVD光盘（数字多功能光盘）、CD（光学光盘）等出版物的销售则一直是这类出版社收入的主要来源。 新媒体环境下，传统出版社积极发展全媒体出版业务，但是 DVD 光盘（数字多功能光盘）等实体出版物仍是出版社盈利的重要组成部分。

（2） 音、视频付费点播

新媒体技术的不断进步、三网融合的不断推进使出版业与电信、联通等平台运营商的合作更加紧密，IPTV（交互式网络电视）、网络视频用户数量大幅度增长。 据统计，"2012 年我国国内 IPTV（交互式网络电视）用户数量达到 2300 万，比 2011 年底的 1400 万增长了 900 万户，年增长幅度达 64%"①，"宽带中国"工程的进一步实施将使 IPTV 及其增值业务获得更大的发展空间，很多电子音像出版单位对拓展新媒体业务，制作出版 IPTV 等音、视频产品的前景十分看好。

目前，大多数电子音像类出版社的音、视频产品主要通过网络发行，采用付费点播的方式进行销售。 付费点播已成网络媒体对内容收费的主要手段，已形成稳定的盈利模式。 用户只需花费很少的钱就能够享受到优质的正版内容服务，付费消费已经被越来越多的用户所接受。 随着用户数量的不断增加，音视频内容付费点播积少成多，也是一笔不少的收入。

（3） APP（第三方应用程序）应用付费下载

APP（第三方应用程序）是英文 Application 的简称。 移动互联网技术的进一步发展与手机等智能移动终端的广泛普及，使越来越多的企业开始研发并不断升级自己的 APP 客户端，借以积聚受众，稳定目标客户。 据报告，"我国移动互联网用户规模已接近 5 亿，使用移动终端收看视频的用户已经过亿，电脑用户正加速向移动互联网环境下的'智能移动终端＋APP

---

① 高红波.2012 年中国数字电视产业发展报告［R］//唐绪军.新媒体蓝皮书：中国新媒体发展报告 No.4（2013）.北京：社会科学文献出版社，2013：342.

（第三方应用程序）'的移动新媒体模式迁移"①。

　　目前 APP 的盈利模式以付费下载、应用内购买、虚拟货币和移动广告为主。在具备一定条件的情况下，全媒体出版策略具有较为灵活、实用的盈利方式，是数字化、新媒体环境下未来出版业发展的趋势之一。随着新媒体技术的不断进步，未来全媒体出版涵盖的媒体范围必将越来越广泛，得天独厚的优势也必然会更加凸显，在中国出版业"走出去"过程中必将发挥越来越大的作用。

① 唐绪军，黄楚新，刘瑞生.发展中的新媒体：创新与融合成为主流
　［R］∥唐绪军.新媒体蓝皮书：中国新媒体发展报告 No.4
　（2013）.北京：社会科学文献出版社，2013：11.

第七章 /

结束语

此为全书的最后一章。 在前述研究的基础上对相应的研究结论进行了总结，归纳了本研究的创新之处：中国出版业"走出去"的动因分析、风险分析和模式研究。 这种创新主要体现在研究内容上，有些研究或许能填补国内出版学理论研究上的部分空白。 最后指出了研究尚存的不足之处：涵盖的研究领域有限、中国出版业"走出去"的文化性尚待挖掘。

7.1　研究结论

通过上述研究，基本可以得出以下结论：

第一，中国出版业"走出去"的实质可以从以下三个方面进行解读：（1）中国出版业"走出去"是国内出版企业的一种国际化经营行为；（2）中国出版业"走出去"是国内出版企业的一种文化传播行为；（3）中国出版业"走出去"是政府部门的一种制度安排。

第二，制度动因是此次中国出版业"走出去"的直接的外在动因，而政治动因、经济动因、文化动因则构成了中国出版业"走出去"间接的内在动因。

第三，中国出版业"走出去"具有文化目的与产业目的的双重目的性特点。　文化目的是通过大力推动中国出版业"走出去"的方法来带动中国图书"走出去"和中国文化"走出去"，以实现扩大中国文化海外影响、提升国家文化"软实力"、实现中外文化之间共融与共生的文化目的；产业目的是在出版业市场化进程加快、转企改制完成的背景下，通过"走出去"的方式鼓励中国出版业"走出去"进入海外市场从国外出版业发达国家学习、吸取到更多的经营、管理经营，提高中国出版业的国际市场适应能力和海外竞争能力，实现中外出版产业之间的共融与共生。

第四，结合国内其他行业"走出去"实践和中国出版业"走出去"的现实情况，目前情况下中国出版业"走出去"主要有图书商品输出（贸易式）、图书版权输出（契约式）和海外直接投资（投资式）三种基本模式。　这三种模式对海外出版市场介入的深浅、资源投入的程度有所差别，存在着一定的优劣、利弊，适合不同类型的国内出版企业结合自身状况和国际国内形势及市场情况综合研判后做出灵活的、理性的选择。

第五，中国出版业"走出去"意味着国内出版企业将在与国内完全不同的市场环境中进行图书商品的生产、经营，风云变幻的政治、经济形势以及文化背景的差异必然使这种经营活动面临与国内完全不同的风险，这种风险可大致概括为政治风险、经济风险和文化风险三种基本类型。这些风险产生的根源各不相同，但客观性和可回避性的特点决定着这些风险是可以通过一定的措施进行防范的。由于中国出版业"走出去"刚起步不久，"走出去"的国内出版企业可能并没有遭遇到这种风险，甚至都没有完全感觉到这些风险的威胁，但这并不等于说这些风险不存在，只不过目前尚处于潜伏状态没有爆发而已，拟"走出去"、正在"走出去"或业已"走出去"的国内出版企业对此必须有冷静、清晰的认识。

第六，中国出版业"走出去"是一项复杂的系统性工程，离不开政府主管部门、出版行业组织和图书出版企业的共同参与、相互配合与相互协调，只有这样才能更有效地推动中国出版业"走出去"，近几年的"走出去"现状很好地说明了这一点。而相应的政府部门的宏观策略、行业组织的中观策略和出版企业的微观策略的运用则有助于各自角色作用的充分发挥，有助于实现中国出版业"走出去"的预期成效。

7.2　创新之处

本书的创新之处主要体现在研究内容上，有些研究或许能填补国内出版学理论研究上的部分空白。作者认为，中国出版业"走出去"有其独特的内涵和实质。一般意义上的中国出版业"走出去"是指国内出版企业利用自身比较优势和竞争优势，把自己生产的图书商品通过不同方式和途径直接或间接推向国际图书市场以带动中国文化走向世界、促进出版产业发展壮大的一种过程，广义上通常包括图书商品输出、图书版权输出和海外直接投资三种基本模式①，狭义上则仅指海外直接投资。 本书论及的中国出版业"走出去"有着特殊的内涵，特殊性体现于它专指2003年1月新闻出版总署旨在扩大中国文化的海外影响，塑造国家的文化形象，提升国家文化"软实力"，实现中外文化之间、出版产业之间的共融与共生而提出新闻出版业"走出去"战略并陆续出台一系列鼓励性政策措施，进行了一定的制度安排之后国内出版企业包括图书商品输出、图书版权输出和海外直接投资三种基本模式在内的出版业"走出去"活动。 中国出版业"走出去"的实质主要体现在三个方面。首先，它是国内出版企业的一种国际化经营行为；其次，它是国内出版企业的一种文化传播行为；最后，它是政府部门的一种制度安排。

在此基础上，本书的创新之处主要体现于以下三个方面：

第一，探讨了中国出版业"走出去"的动因。 本书认为，制度动因是此次中国出版业"走出去"的直接的外在动因，而政治动因、经济动因、文化动因则构成了中国出版业"走出去"间接的内在动因。

第二，探讨了中国出版业"走出去"的风险。 国际市场变幻莫测，"走出去"的中国出版业将面临哪些风险？ 如何防范和规避？ 全球化背景下运用新制度经济学和国际经济学相关理

① 有些学者认为国际合作出版也是中国出版业"走出去"的一种模式
　　［如王雪野《国际图书与版权贸易》（中国传媒大学出版社2009年
　　版）第219页；张洪波、貌晓星《多管齐下，力推"中国出版走出
　　去"》（载《中国编辑》2004年第4期，第24—27页）等］，但笔
　　者不同意这种观点。 笔者认为，国际合作出版是中外出版界在图
　　书出版过程中在某些出版环节上进行的一种劳务合作行为，最终要
　　么归结为图书贸易，要么归结为版权贸易。

论进行中国出版业"走出去"的风险研究，探讨了国内出版企业"走出去"过程中可能面临的政治风险、经济风险和文化风险的内涵、特点、根源及防范措施，意在抛砖引玉，期待进一步的更深层次的研究。

第三，进行了中国出版业"走出去"的模式研究。本书认为，中国出版业"走出去"主要有贸易式、契约式和投资式三种基本模式。目前，国内出版业海外投资方面的研究非常少，商品贸易和版权贸易的研究成果虽较为丰硕，但运用国际经济学、新制度经济学、跨国经营方面的理论进行研究以及出版业"走出去"的模式选择研究除本人自己发表的几篇单篇论文外目前尚无人涉及。无疑，这种进一步的探讨对拓宽研究视野、拓深研究深度具有一定的理论意义和现实意义。

7.3 不足之处

本书虽然对中国出版业"走出去"的内涵、实质、动因、基本模式、主要风险和策略措施进行了较为系统和深入的分析，得出了一些结论，也存在着一定的创新，但笔者觉得本书之研究尚存在一些不足之处，有待后续阶段的进一步深入研究，主要有：

第一，本研究涵盖的研究领域有限。中国出版业"走出去"是一些系统性的复杂工程，涉及众多领域和诸多方面，本书只是探讨了中国出版业"走出去"的内涵、实质、动因、基本模式、主要风险和策略措施几个方面的问题，明显感觉到还有一些研究领域尚未涉及，如中国出版业"走出去"存在的内容型文化风险，中国出版业"走出去"的效应分析，中国出版业"走出去"的政策措施分析等，由于时间、能力、资料等方面的原因，这些问题只能留待以后研究。

第二，本书的理论基础是新制度经济学理论和国际经济学理论，由于中国出版业"走出去"是在中国政府大力倡导下、经由行业组织的积极协调配合、最终由国内出版企业具体实施的一种国际化经营行为。　作者认为，以这些理论作为本书的理论基础是恰当的和合适的。　但是，中国出版业"走出去"的真正动机是为了实现扩大中国文化海外影响、提升国家文化"软实力"的文化目的。　那么，如何运用文化学理论，纯粹从文化的角度进行中国出版业"走出去"的文化性分析，也将是一个有意义的课题，而这一点在本书的体现却乏善可陈，颇感遗憾。　但遗憾之余，其实也给自己找到了一个后续研究的新课题。

参考文献

1. 中文著作

［1］阿弗里德·马歇尔.经济学原理［M］.廉运杰，译.北京：华夏出版社，2005.

［2］阿芒·马特拉.世界传播与文化霸权［M］.陈卫星，译.北京：中央编译出版社，2001.

［3］爱德华·W.萨义德.文化与帝国主义［M］.李琨，译.北京：生活·读书·新知三联书店，2003.

［4］奥利弗·E.威廉姆斯.资本主义经济制度［M］.段毅才，王伟，译.北京：商务印书馆，2002.

［5］陈庆云.公共政策分析［M］.北京：北京大学出版社，2006.

［6］陈同仇，薛荣久.国际贸易［M］.北京：对外经贸大学出版社，1997.

［7］陈振明.政策科学［M］.北京：中国人民大学出版社，2003.

［8］程大中.国际服务贸易学［M］.上海：复旦大学出版

社,2007.

［9］单波，石义彬.跨文化传播新论［M］.武汉：武汉大学出版社，2005.

［10］道格拉斯·C·诺思.经济史中的结构与变迁［M］.陈郁，罗华平，译.上海：上海三联书店，上海人民出版社，1994.

［11］道格拉斯·C·诺斯.制度、制度变迁与经济绩效［M］.刘守英，译.上海：上海三联书店，1994.

［12］邓洪波.中国企业"走出去"的产业分析［M］.北京：人民出版社，2004.

［13］丁德章，张皖明.中国企业"走出去"战略［M］.北京：中国经济出版社，2008.

［14］方虹.国际企业管理［M］.北京：首都经济贸易大学出版社，2006.

［15］冯子标，焦斌龙.分工、比较优势与文化产业发展［M］.北京：商务印书馆，2005.

［16］冯宗宪.国际服务贸易［M］.西安：西安交通大学出版社，2008.

［17］弗雷泽.软实力：美国电影、流行乐、电视和快餐的全球统治［M］.刘满贵，等，译.北京：新华出版社，2006.

［18］傅殷才.制度经济学派［M］.武汉：武汉出版社，1995.

［19］高占祥.文化力［M］.北京：北京大学出版社，2007.

［20］耿相新.英美出版文化行记［M］.开封：河南大学出版社，2006.

［21］宫承波，要力石.出版策划［M］.北京：中国广播电视出版社，2007.

［22］顾江.文化产业经济学［M］.南京：南京大学出版

社,2007.

[23] 郭铁民,王永龙,俞姗.中国企业跨国经营 [M].北京:中国发展出版社,2002.

[24] 胡惠林.文化政策学 [M].太原:书海出版社,2006.

[25] 黄飞鸣.国际经济学 [M].南京:南京大学出版社,2008.

[26] 黄硕风.综合国力新论:兼论新中国综合国力 [M].北京:中国社会科学出版社,1999.

[27] 贾西津,沈恒超,胡文安.转型时期的行业协会——角色、功能与管理体制 [M].北京:社会科学文献出版社,2004.

[28] 简明大不列颠百科全书中美联合编审委员会.简明大不列颠百科全书 [Z].第9卷.北京:中国大百科全书出版社,1986.

[29] 康芒斯.制度经济学 [M].于树生,译.北京:商务印书馆,1962.

[30] 康润华.解密国际传媒集团 [M].广州:南方日报出版社,2003.

[31] 考恩.创造性破坏:全球化与文化多样性 [M].王志毅,译.上海:上海人民出版社,2007.

[32] 克鲁格曼,奥伯斯法尔德.国际经济学理论与政策 [M].第6版.海闻,等,译.北京:清华大学出版社,2004.

[33] 拉里·A·萨默瓦,理查德·E·波特.跨文化传播 [M].闵惠泉,王纬,徐培喜,等,译.北京:中国人民大学出版社,2004.

[34] 蓝庆新,夏占友.中国企业"走出去" [M].北京:对外经济贸易大学出版社,2007.

[35] 雷蒙德·弗农,小路易斯·T·威尔斯.国际企业的

经济环境 [M].沈根荣，译.上海：上海三联书店，1990.

[36] 李方.中国综合国力论 [M].合肥： 安徽科学技术出版社，2002.

[37] 李怀亮.当代国际文化贸易与文化竞争 [M].广州：广东人民出版社，2005.

[38] 李怀亮.国际文化贸易导论 [M].北京：中国传媒大学出版社，2008.

[39] 李怀亮.国际文化贸易教程 [M].北京：中国人民大学出版社，2007.

[40] 李惠斌.全球化与现代性批判 [M].桂林：广西师范大学出版社，2003.

[41] 李建伟，王志刚.版权贸易基础 [M].开封：河南大学出版社，2006.

[42] 李希光，周庆安.软力量与全球传播 [M].北京：清华大学出版社，2005.

[43] 李湛忞.全球化时代的文化分析 [M].杨彩霞，译.南京：译林出版社，2008.

[44] 理查森.英国出版业 [M].袁方，译.北京：世界图书出版公司，2006.

[45] 梁蓓，杜奇华.国际投资 [M].北京：对外经济贸易大学出版社，2004.

[46] 廖运凤.中国企业海外并购 [M].北京：中国经济出版社，2006.

[47] 刘厚俊.中西方贸易 [M].南京：南京大学出版社，1994.

[48] 刘英奎.中国企业实施"走出去"战略研究 [M].沈阳：辽海出版社，2005.

[49] 卢汉林.国际投资学 [M].武汉：武汉大学出版社，2005.

［50］卢现祥,朱巧玲.新制度经济学［M］.北京:北京大学出版社,2007.

［51］鲁桐.中国企业跨国经营战略［M］. 北京:经济管理出版社,2003.

［52］罗必良. 新制度经济学［M］.太原: 山西经济出版社, 2005 .

［53］罗宾·科恩,保罗·肯尼迪.全球社会学［M］.文军, 等, 译.北京: 社会科学文献出版社,2001.

［54］马云泽.规制经济学［M］.北京: 经济管理出版社, 2008.

［55］门洪华.中国:软实力方略［M］.杭州:浙江人民出版社, 2007.

［56］孟亮.大国策:通向大国之路的软实力［M］.北京:人民日报出版社, 2008.

［57］明安香. 传媒全球化与中国崛起［M］. 北京: 社会科学文献出版社, 2008.

［58］倪世雄. 当代西方国际关系理论［M］. 上海:复旦大学出版社, 2001.

［59］潘一禾.文化安全［M］.杭州: 浙江大学出版社, 2007.

［60］乔治·霍兰·萨拜因.政治学说史［M］.盛葵阳,崔妙因, 译. 北京:商务印书馆,1986.

［61］芮杰明.产业经济学［M］.上海:复旦大学出版社, 2005.

［62］塞缪尔·亨廷顿,彼得·伯杰. 全球化的文化动力:当今世界的文化多样性［M］. 北京: 新华出版社, 2004.

［63］邵津.国际法［M］.北京:北京大学出版社,高等教育出版社,2000.

［64］邵祥林."走出去"跨国经营——中国经贸强国之路

[M].北京:中国经济出版社,2005.

[65] 沈福伟.中西文化交流史[M].上海:上海人民出版
社,2006.

[66] 思拉恩·埃格特森.新制度经济学[M].吴经邦,
李耀,朱寒松,王志宏,译.北京:商务印书馆,1996.

[67] 苏国勋,张旅平,夏光.全球化:文化冲突与共生
[M].北京:社会科学文献出版社,2006.

[68] 孙宝寅,崔保国.准市场机制运营——中国的出版集
团发展与现状[M].北京:清华大学出版社,2007.

[69] 谈萧.中国"走出去"发展战略[M].北京:中国社
会科学出版社,2003.

[70] 唐海燕.现代国际贸易的理论与政策[M].汕头:汕
头大学出版社,1994.

[71] 唐晓华,王伟光.现代国际化经营[M].北京:经
济管理出版社,2006.

[72] 天海翔.中国文化产业[M].北京:中央编译出版
社,2006.

[73] 童世骏.文化软实力[M].重庆:重庆出版社,2008.

[74] 王超逸.软实力与文化力管理[M].北京:中国经济
出版社,2009.

[75] 王伟光.现代国际化经营[M].北京:经济管理出版
社,2006.

[76] 王学成.全球化时代的跨国传媒集团[M].北京:社
会科学文献出版社,2005.

[77] 王雪野.国际图书与版权贸易[M].北京:中国传媒
大学出版社,2009.

[78] 王志民."走出去"战略与制度创新[M].北京:经
济科学出版社,2006.

[79] 魏玉山,杨贵山.西方六国出版管理研究[M].北

京：中国书籍出版社，1995.

［80］肖勤福.中国走出去战略研究报告［M］.北京：中共中央党校出版社，2004.

［81］徐大同.西方政治思想史［M］.天津：天津人民出版社，1985.

［82］徐建华.版权贸易新论［M］.苏州：苏州大学出版社，2005.

［83］杨大楷.国际投资学［M］.第三版.上海：上海财经大学出版社，2003.

［84］杨德才.新制度经济学［M］.南京：南京大学出版社，2007.

［85］杨公朴，夏大慰，龚仰军.产业经济学教程［M］.第三版.上海：上海财经大学出版社，2008.

［86］杨贵山.海外版权贸易指南［M］.北京：水利水电出版社，2005.

［87］杨建文.产业经济学［M］.上海：学林出版社，2004.

［88］姚望.大国崛起的步伐——中国"走出去"战略［M］.北京：科学出版社，2008.

［89］易图强.出版学概论［M］.长沙：湖南师范大学出版社，2008.

［90］余敏.国外出版行业协会研究［M］.北京：中国书籍出版社，2005.

［91］余敏.国外出版业宏观管理体系研究［M］.北京：中国书籍出版社，2004.

［92］俞新天，等.强大的无形力量——文化对当代国际关系的影响［M］.上海：上海人民出版社，2007.

［93］袁庆明.新制度经济学［M］.北京：中国发展出版社，2005.

［94］袁舟.媒体集团的经营与管理［M］.汕头：汕头大学

出版社，2003.

[95] 约瑟夫·奈.软力量：世界政坛成功之道 [M].吴晓辉，钱程，译.北京：东方出版社，2005.

[96] 约瑟夫·奈.硬权力与软权力 [M].门洪华，译.北京：北京大学出版社，2005.

[97] 曾华国.媒体的扩张 [M].广州：南方日报出版社,2004.

[98] 张二震.比较国际贸易学 [M].南京:江苏人民出版社,1995.

[99] 张美娟.中外版权贸易比较研究 [M].北京:北京图书馆出版社,2004.

[100] 张晓虹，郭波，施小蕾. 新编国际投资学 [M]. 大连：东北财经大学出版社，2005.

[101] 张旭东.全球化时代的文化认同：西方普遍主义话语的历史批判 [M].北京：北京大学出版社，2006.

[102] 张宇燕.经济发展与制度选择 [M].北京：中国人民大学出版社，1992.

[103] 张志强.现代出版学 [M].苏州:苏州大学出版社,2003.

[104] 赵曙明.国际企业：风险管理 [M].南京：南京大学出版社，1998.

[105] 中国出版年鉴社.《中国出版年鉴》(2006) [Z].北京：中国出版年鉴社,2007.

[106] 中国国际贸易促进委员会.中国企业"走出去"发展报告 [M].北京:人民出版社,2008.

[107] 周斌.国际直接投资教程 [M].北京：中国对外经济贸易出版社，2003.

[108] 周建华.国际投资学概论 [M].北京:清华大学出版社,2007.

［109］周敏凯.国际政治学［M］.上海：华东师范大学出版社，1998.

［110］周小普.全球化媒介的奇观［M］.北京：中国社会科学出版社，2006.

［111］邹广文，徐庆文.全球化与中国文化产业发展［M］.北京：中央编译出版社，2006.

［112］"走出去"的开放战略课题组.中国如何"走出去"［M］.北京：中共中央党校出版社，2003.

2. 英文著作

［1］ Akira Iriye. Culture Internationalism and World Order ［M］. Baltimore and London：John Hopkins University Press，1997.

［2］Alastair Lain Johnston. Culture Realism：Strategic Culture and Grand Strategy in Chinese History ［M］. Princeton：Princeton University Press，1995.

［3］Anthony Giddens. The Consequence of Modernity ［M］. 剑桥：政体出版社，1991.

［4］Arif Dirlik. After Revolution ［M］. 威斯利延大学出版社，1994.

［5］Augustin Girard，et al. Cultural Development：Experiences and Policies ［M］. UNESCO Publishing，1983.

［6］Carlton J. H. Hayes. Essays on Nationalism ［M］. New York：The Macmillan Company，1926.

［7］Christopher A. Bartlett. Managing Across Borders：The Transnational Solution ［M］. Boston，Mss：Harvard Business School Press，1989.

［8］Christopher Gordon. European Perspectives on Cultural Policy ［M］. UNESCO Publishing，2000.

itantostąg

[9] David Hesmondhalgh. The Cultural Industries [M]. London: SAGE Publication, 2007.

[10] Dieter Senghass. The Clash within Civilizations [M]. London: Routledge, 1998.

[11] F. M. Keesing. Cultural Anthropology: The Science of Custom [M]. New York: Holt, Rinehart, & Winston, 1965.

[12] Gargi Bhattacharyya. Race and Power: Global Racism in the Twenty-first Century [M]. London: Routledge, 2002.

[13] Gary Stoneburner. Risk Management Guide for Information Technology Systems [M]. National Institute of Standards and Technology, 2002.

[14] Gerrit W. Gong. The Standard of "Civilization" in International Society [M]. Oxford: Clarendon Press, 1984.

[15] Guiomar Alonso, Cano et al. Culture, Trade and Globalization: Questions and Answers [M]. UNESCO Publishing, 2000.

[16] Hans Khon. The Idea of Natonalism, a Study of its Origins and Background [M]. New York: The Macmillan company, 1946.

[17] Immaneul Wallerstein. The Modern World-system: 第 1 卷. 纽约: 学术出版社, 1974.

[18] Jeffrey C. Alexander, et al (ed). Culture and Society: Contemporary Debates [M]. Cambridge University Press, Cambridge, 1990.

[19] John H. Dunning. Explaining International Production [M]. London: Unwin Hyman, 1989.

[20] John H. Dunning. Multinational Enterprises and the Global Economy [M]. Unwin Hyman, 1992.

[21] Joseph S. Nye. Bound to Lead: The Changing Nature of

American Power [M]. New York: Basic Books, 1990.

[22] Kenneth Dyson, et al (ed). Culture First! — Promoting Standards in the New Media Age [M]. Cassell Wellington House,1996.

[23] Kenneth Scott Latourette. A History of Christianity [M]. Harper & Row, Publishers, Inc.1975.

[24] Lillian H. Chaney, Jeanette S. Martin. Intercultural Business Communication [M]. 第2版（影印版）. 北京: 高等教育出版社, 2002.

[25] Michael E. Porter. Competition in Global Industries [M]. Boston, Mss: Harvard Business School Press, 1986.

[26] Michael E. Porter. The Competition Advantage of Nations [M]. New York ,NY: Free Press,1990.

[27] Philip Cateora. International Marketing [M]. Fifth Edition. Homewood,Ⅲ.:Richard D. Irwin, Inc., 1983.

[28] Raymond Williams. The Sociology of Culture [M]. Fontana Paperbacks, London, 1981.

[29] Richard Ohmann (ed.). Making & selling culture [M]. Wesleyan University Press,1996.

[30] Scott. Liu. Foreign Direct Investment and the Multinational Enterprise: Using Signaling Theory [M]. Macmillan Press Ltd, 1998.

[31] Sklair. The Global System [M]. 哈威斯特·威特谢夫出版社,1991.

[32] Stephen E Siwek and Gale Mosteller Economists Incorporated. Copyright Industries in the U.S. Economy: the 1998 Report, Prepared for the International Intellectual Property Alliance. 1999.

[33] Stephen H.Hymer. The International Operations of Na-

tional Firms：Study of Foreign Investment［M］. Cambridge，Mass：
MIT Press，1976.

［34］ Subhash C. Jain. International Marketing Management
［M］. Boston：Kent Publishing Company，1984.

3. 中文期刊论文

［1］常燕荣. 论跨文化传播的三种模式［J］. 湖南大学学报，
2003（5）：100-103.

［2］邓晓兰，谢平，赵智勇. 新制度经济学视角下地方公债风
险研究［J］. 宏观经济研究，2001（5）：62-66.

［3］冯晓玲.考纳特模型下的需求偏好相似理论［J］.大连海
事大学学报，2002（5）：110-111.

［4］顾天辉，张光宝，李丽，吕超. 文化风险与企业国际化
［J］. 技术与创新管理，2009（1）：54-56.

［5］胡守文. 开放的眼光，世界的胸襟——中国出版国际化
路径说略［J］.编辑学刊，2005（2）：10-11.

［6］黄先蓉，张裕. 改革开放三十年我国出版行业组织发展
的回顾与前瞻［J］. 中国编辑，2008（4）：32.

［7］黄永军. 开拓海外图书市场的本土化道路探索［J］. 出
版广角，2009（10）：66-68.

［8］姜伟.比较优势理论与竞争优势理论的比较［J］.现代经
济，2007（6）：17-19.

［9］蒋兆毅. 跨国企业的跨文化冲突解决之道［J］. 西华师
范大学学报，2004（5）：97-99.

［10］李峰，皱晓东. 从强势购权到国际组稿——版权贸易与
"世图"的发展理念［J］. 出版发行研究，2002（5）：10-12.

［11］李新. 如何解决出版"走出去"中的翻译问题［J］. 出
版参考，2008（11）上旬刊：15.

［12］林余荫. 从版权贸易看中国出版"走出去"战略［J］.

广西民族大学学报，2005（12）：359-361.

[13] 刘建军.跨学科视角下的国家主权理论之演进——否定或限制主权学说 [J].江西行政学院学报，2003（6）：49-51.

[14] 刘玉军.试论全球经济一体化背景下中国图书"走出去" [J].北京印刷学院学报，2008（5）：12-15.

[15] 龙文善.出版"走出去"有哪些战略？[J].出版参考，2003（7）上旬刊：8.

[16] 卢进勇.海外直接投资的动机和理论分析 [J].山东对外经贸，1996（5）：6-11.

[17] 芦珊珊.论中国出版"走出去"的差异化战略 [J].编辑之友，2008（4）：32-34.

[18] 罗丹丹.网络时代版权代理业的运作策略 [J].出版发行研究，2001（2）：19-20.

[19] 罗家如.从版权贸易看中国出版"走出去" [J].中国编辑，2005（4）：20-23.

[20] 潘文年，何培瑶.新媒体环境下电子音像出版社全媒体出版策略分析——以开发出版"戴光强健康新概念"为例 [J].中国出版，2015（7）：40-44.

[21] 潘文年.论我国政府在出版业"走出去"中的角色 [J].国际新闻界，2009（6）：100-103.

[22] 潘文年.论中国图书走向世界过程中政府的策略 [J].中国出版，2009（9）：50-53.

[23] 潘文年，张志强.国内出版社网站版权贸易信息分析 [J].编辑学刊，2009（8）：10-15.

[24] 潘文年.中国出版企业海外市场投资模式比较分析 [J].中国出版，2009（2）：37-41.

[25] 潘文年.中国出版业"走出去"：出版行业组织的作用分析——以新制度经济学为理论框架 [J].出版发行研究，2010（2）：9-13.

[26] 潘文年. 中国出版业"走出去": 跨国经营的本土化分析 [J]. 中国出版, 2010 (17): 30 - 33.

[27] 潘文年. 中国出版业"走出去": 跨国经营的文化风险分析——以跨文化传播为理论视角 [J]. 国际新闻界, 2010 (9): 72 - 78.

[28] 潘文年. 中国出版业"走出去": 新建式投资模式分析 [J]. 科技与出版, 2009 (10): 16 - 19.

[29] 潘文年. 中国图书走向世界的模式分析 [J]. 现代传播, 2009 (4): 92 - 94.

[30] 阙道隆. 中国出版怎样走向世界 [J]. 编辑学刊, 2005 (2): 4 - 5.

[31] 任志茜. 中国出版业走出去发展战略初探 [D]. 河北大学传播学硕士论文, 2006.5.

[32] 邵益文. 出版国际化: 更好地为更多的读者服务 [J]. 中国编辑, 2005 (2): 4 - 6.

[33] 宋定西. 台湾图书走向世界的经营理念和经验 [J]. 出版参考, 2003 (12) 下旬刊: 31.

[34] 万君宝. 论"软实力"的基本理论模型与中国软实力的最新发展态势——基于国外学者的研究视角 [J]. 上海交通大学学报: 哲学社会科学版, 2001 (5): 5 - 12.

[35] 王鹤. 经济全球化与地区一体化 [J]. 世界知识, 2002 (1): 17 - 18.

[36] 王化鹏. 谈谈中国的出版走向世界 [J]. 出版发行研究, 2003 (9): 43 - 47.

[37] 王学军, 王沛英. 跨国投资理论与我国企业跨国投资 [J]. 山东经济, 2001 (2): 6 - 9.

[38] 吴月英. 跨国公司应如何预测和规避政治风险 [J]. 对外经贸实务, 1994 (2): 22 - 23.

[39] 武铁传. 文化软实力理论以及提升我国软实力的方法

[J]. 国外理论动态, 2009 (6): 110-113.

[40] 夏申. 论不完全竞争与国际贸易: 下 [J]. 对外经济贸易大学学报, 1994 (2): 71-75.

[41] 谢清风. 出版国际化的核心是打造具有世界影响和作用的中国出版力量 [J]. 编辑之友, 2004 (6): 25-27.

[42] 熊花, 马春庆. 制度经济学的解释: 行业协会在政府信用建设中的作用 [J]. 生产力研究, 2006 (9): 27.

[43] 须俊. 跨国经营中的政治风险及规避策略 [J]. 国际化经营, 1997 (3): 39-41.

[44] 阎孟伟, 朱丽君. 全球化的实质和进程与马克思的全球化理论 [J]. 南开大学学报: 哲学社会科学版, 2007 (1): 79-85.

[45] 姚成龙. 科技出版国际化之我见 [J]. 科技与出版, 2006 (4): 29-30.

[46] 姚红. 图书出口: 暗流涌动 规模初现 [J]. 出版商务周报, 2008-10-27.

[47] 于永湛. 关于中国出版走出去的思考 [J]. 出版科学, 2006 (2): 4-7.

[48] 余敏. 中国出版走向世界的难点和建议 [J]. 出版发行研究, 2004 (12): 70-75.

[49] 张贵洪, 蒋晓燕. 跨国公司面对的政治风险 [J]. 国际观察, 2002 (3): 49-52.

[50] 张洪波, 貌晓星. 多管齐下, 力推"中国出版走出去" [J]. 中国编辑, 2005 (4): 24-27.

[51] 张洪, 田杨. 辽宁出版集团"走出去"的实践与探索 [J]. 出版发行研究, 2006 (12): 62-64.

[52] 张瑶. 企业政治经营: 中国企业国际化战略新视角 [J]. 经济论坛, 2006 (17): 15-17.

[53] 张雨晗. 河南出版"走出去"战略分析 [J]. 出版发行

研究，2007（8）：67 - 69.

［54］张志强.转制后中国出版企业的发展与社会责任［J］.中国出版，2010（14）：3 - 7.

［55］张子辉. 出版走出去，经济可先行［J］. 出版发行研究，2008（2）：45 - 48.

［56］赵斌. 中国出版如何走出去［J］. 出版广角，2004（10）：36 - 37.

［57］赵婷.国外出版行业协会运作模式［J］.编辑之友，2008（4）：95 - 96.

［58］周穗明. 西方全球化理论与反全球化思潮［J］. 岭南学刊，2002（1）：81 - 86.

［59］周霞，徐强平. 中外出版行业协会发展比较研究［J］.大学出版，2005（2）：23 - 26.

［60］朱朝旭. 为中国出版走出去出良策［J］. 出版参考，2004（8）下旬刊：19 - 20.

［61］朱建纲. 形成立体概念　构筑全新品牌［J］.出版参考，2003（9）下旬刊：4.

［62］朱胜龙.品牌竞争——出版竞争的制高点［J］.新闻出版导刊，2002（6）：41 - 42.

4. 英文期刊论文

［1］ Amitabh Singh. Foreign Direct Investment from Developing Countries: a Case Study of India［D］. University of North Carolina,2001:43.

［2］ Anonymous. Moreover: Culture Wars ［J］. The Economist. London，Sep 12, 1998:45.

［3］David Rothkopf. In Praise of Cultural Imperialism?［J］. Foreign Policy. No. 107，Summer 1997（3）:98.

［4］Don Adams and Arlene Goldbard. Cultural Policy in U. S.

History [J]. Cultural Democracy. 1986 (3): 87.

[5] Gary StoneBumer. Risk Management Guide for Information Technology Systems [J]. National Institute of Standards and Technology. 2002:1-10.

[6] Gene M. Grossman. and Helpman, E. Protection for Sale [J]. American Economic Review. 1994 (9): 67-70.

[7] Gopinath. The Business of Exporting Culture... and Resisting it, Businessline. Islamabad,2000:134.

[8] Joseph S. Nye. Soft Power [J]. Foreign Policy. No.80, Fall 1990: 153-172.

[9] Kishore Gawande, Krishna, P., and Robbins, M. J. Foreign Lobbies and US Trade Policy, NBER Working Paper Series. 2004 (1):35.

[10] Robert Konopaske, Steve Werner, Kent E. Neupert. Entry Mode Strategy and Performance: the Role of FDI Staffing [J]. Journal of Business Research, 2002 (55):759-770.

[11] Wilfred J. Ethier, James R. Markusen. Multinational firms, technology diffusion and trade [J]. Journal of International Economics. 1996 (41):56.

[12] Wladimir Andreff. The New Multinational Corporations from Transition Countries [J]. Economics Systems. 2002 (3): 26.

5. 网络文献

[1] Jung Hwa Hong. Political Risk and Foreign Investment Decision of International Hotel Companies [EB/OL]. [1999-05]. http://www. hotel-online. com/Trends/PanAmerProceedingsMay99/ PolRiskInvestHotels.html.

[2] 法兰克福书展: 中国展团版权输出成绩斐然 [EB/OL]. [2008 - 10 - 23]. http://news. hexun. com/2008 - 10 - 23/

110344264.html.2008.10.23.

[3] 黄新萍.2007年世界书业数据出炉［EB/OL］.［2008－06－11］.http：//www. ewen. cc/books/bkview. asp? bkid＝156542&cid＝480766.2008－6－11.

[4] 两大计划保驾护航 中国出口图书有望获资金扶持［EB/OL］.［2010－04－12］.http：//news.xinmin.cn/rollnews/2010/04/12/4394465.html.

[5] 王坤宁.中图国图多项举措力避图书出口贸易风险［OL］.［2009－02－20］.www.jyb.cn.2009.2.20

[6] 新闻出版总署《关于进一步推进新闻出版体制改革的指导意见》［EB/OL］.［2009－04－09］.http：//www.yysbb.gov.cn/news.asp? id＝1981.2009.04.09

[7] 《以科学发展观为指针深化出版体制改革》课题组.出版体制改革如何打破"条条框框"［OL］.［2009－04－20］.http：//www. chuban. cc/toutiao/200904/t20090420 _ 47410. html.2009.04.20.

[8] 余晖.行业协会及其在中国转型期的发展［EB/OL］.［2006－03－24］.http：//www.crcpp. org/cpipphtml/yuhui_regulation/2006－3/24/200603242306_8.htm.

[9] "中国图书对外推广计划"实施与最新进展［OL］.［2007－08－25］.http：//www. china. com. cn/book/zhuanti/blh/2007－08/25/content_8745000.htm.2007－08－25.

致　谢

　　读晚清秀才、国学大师王国维先生的不朽之作《人间词话》时，印象最深的是书中用三句古诗词十分形象地道出读书治学的三种境界：

　　"昨夜西风凋碧树。独上高楼，望尽天涯路。"此第一境界也。"衣带渐宽终不悔，为伊消得人憔悴。"此第二境界也。"众里寻他千百度，蓦然回首，那人却在灯火阑珊处。"此第三境界也。

　　读书、治学如此，本书主题之研究又何尝不是如此呢？这种研究也可视为是人生中一种难得的经历和体味，是学术上一种艰辛的摸索和探求。期间，有过"独上高楼，望尽天涯路"的苦闷和彷徨，有过"衣带渐宽终不悔，为伊消得人憔悴"的执着和坚持，也有过"众里寻他千百度，蓦然回首，那人却在灯火阑珊处"的轻松、惊喜和释然。书稿的最终完成，是否就是这最后一种体验呢？从目前这一阶段来说，或许是吧。但学无止境，前方的路——探究的路——依然漫长……

　　衷心感谢我的导师张志强教授在本书写作过程中给予的无私指导、帮助和鼓励，这种帮助和鼓励一直是我求学道路上前行的动力，书稿的顺利完成凝聚着导师的关切，也凝结着导师的心血。

先生严谨敦实的治学精神和治学态度令我感慨和敬佩，这种治学理念将使我受益终生，也在改变着我的一生，再次道声谢谢！

感谢师友周化铁、蔡健、王宏波、阮捷、肖洋和郝彬彬在书稿写作过程中给予的启发和帮助，师门难忘，永远忘不了你们的争论、你们的思想、你们的睿智和你们的笑容。

感谢南京大学信息管理学院刘火雄博士为此书及丛书出版所付出的无私奉献和辛勤劳动！

感谢南京大学出版社郭艳娟编辑的帮助、鼓励和支持，她的辛勤付出和大量细致入微的工作为保证本书的高质量出版提供了确定性保障，再次致以隆重感谢！

感谢我的爱人高黛云女士和儿子潘煜天，感谢你们一直以来对我学习、研究的理解与支持，感谢你们所付出的巨大艰辛和无私奉献，这也成为我前行的强大动力。 没有你们的付出，就不会有我的哪怕是丝毫的收获，再次道声谢谢！

最后，谨以此书感谢所有帮助我、关心我、鼓励我的人，谢谢你们！

潘文年

2011 年 6 月 15 日